Hans Ulrich Reck

Pasolini.
Der apokalyptische Anarchist

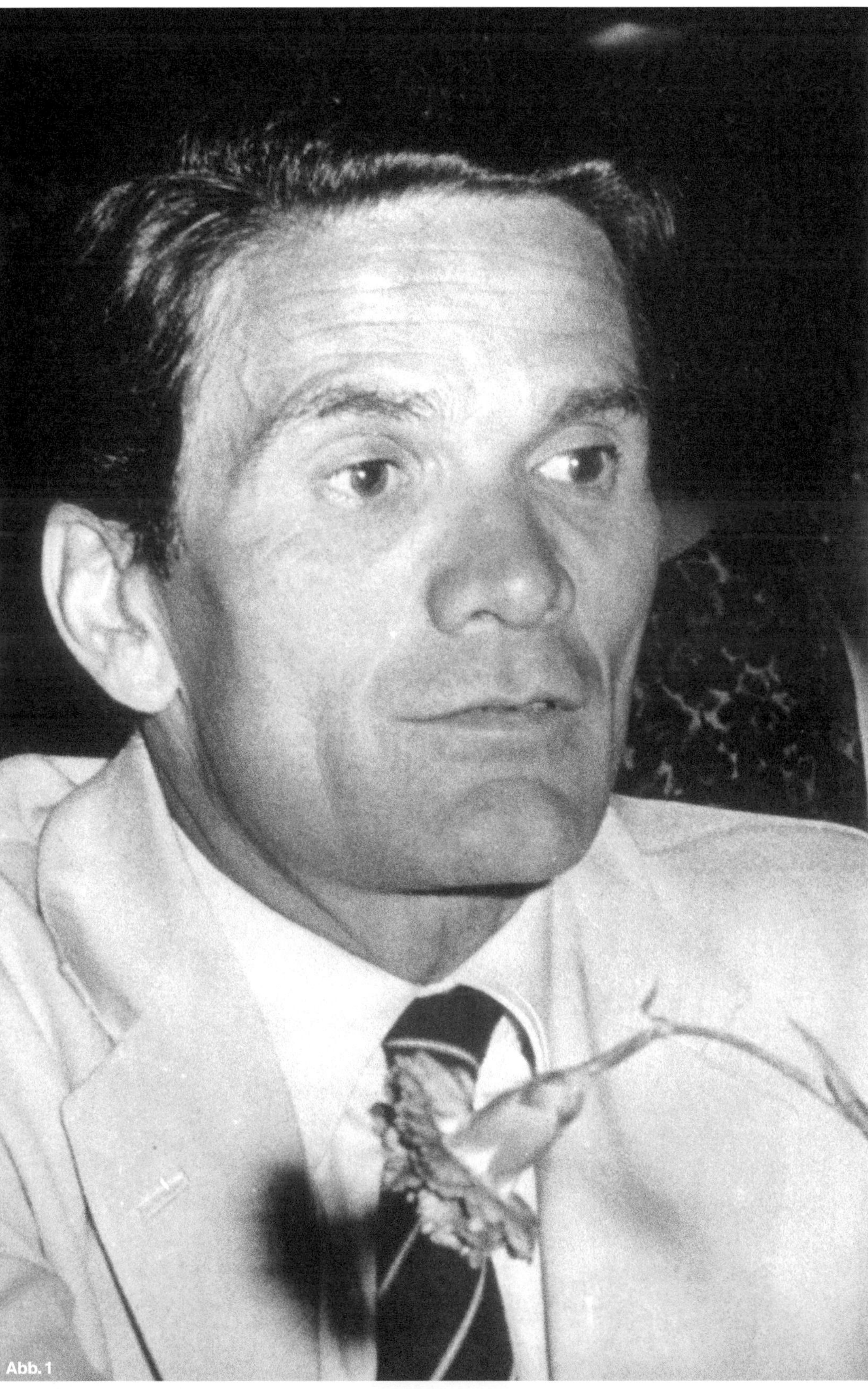

Abb. 1

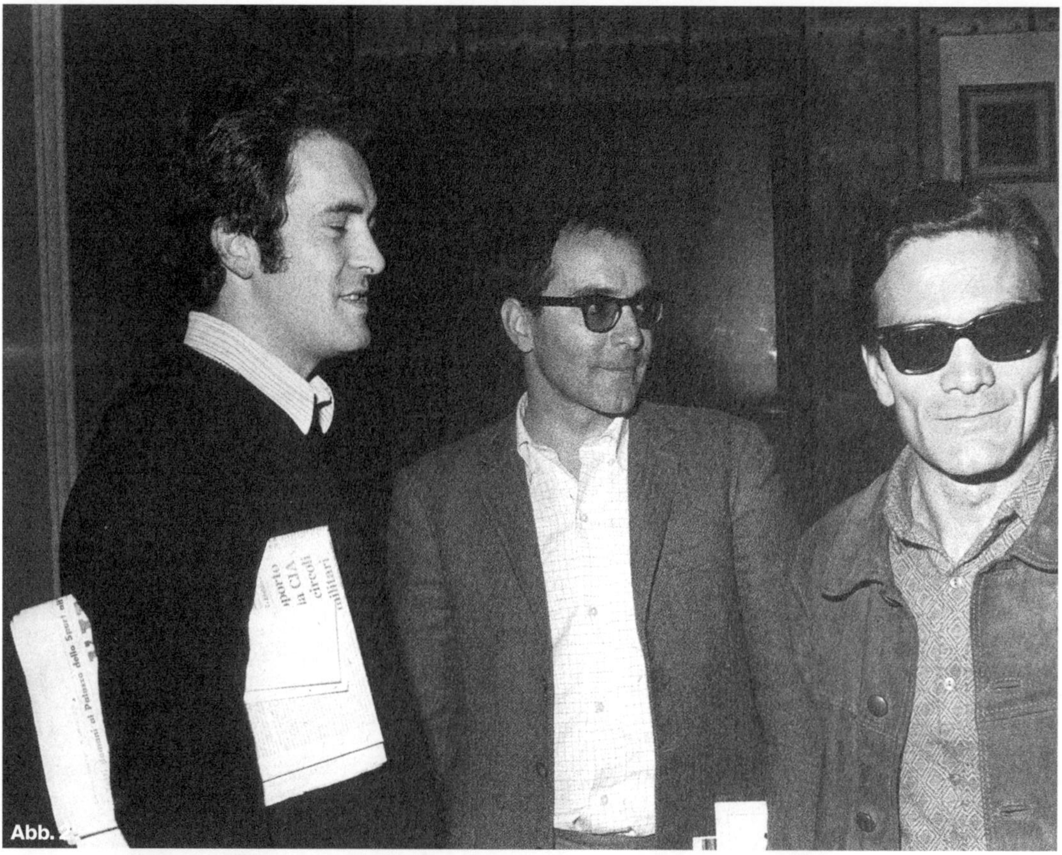

Abb. 2

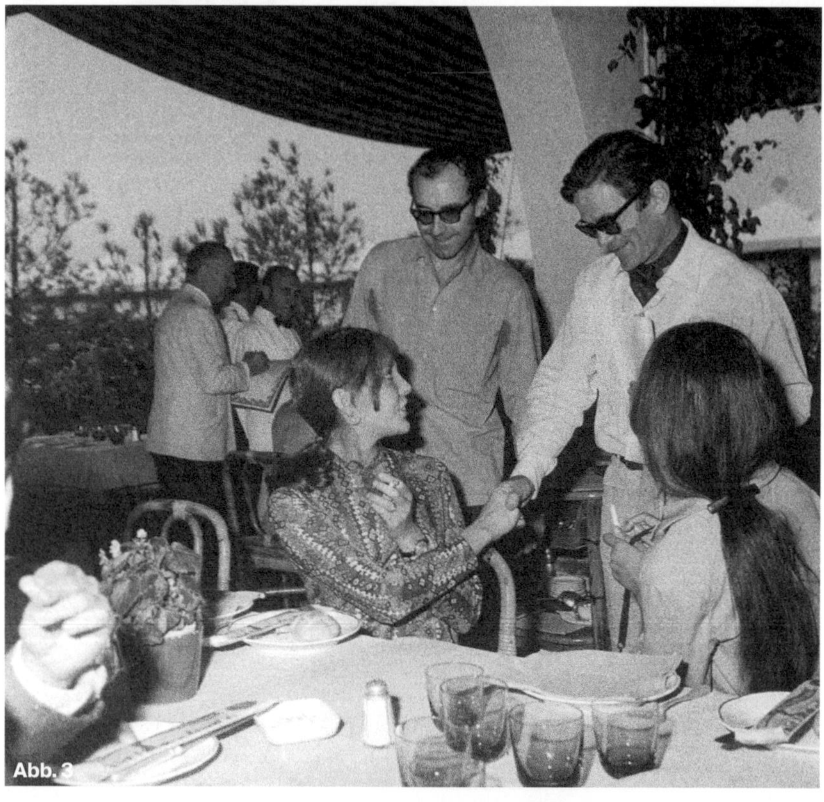

Abb. 3

Abb. 1 Pier Paolo Pasolini
Abb. 2 Bernardo Bertolucci, Jean-Luc Godard, Pasolini (v. l. n. r.), 1969
Abb. 3 Pasolini mit Anne Wiazemsky und Jean-Luc Godard, 1967
Abb. 4 Pasolini am Schreibtisch in der Via Fonteiana, Rom, 1957
Abb. 5 Pasolini mit Ninetto Davoli in Venedig, Anfang der 1970er Jahre

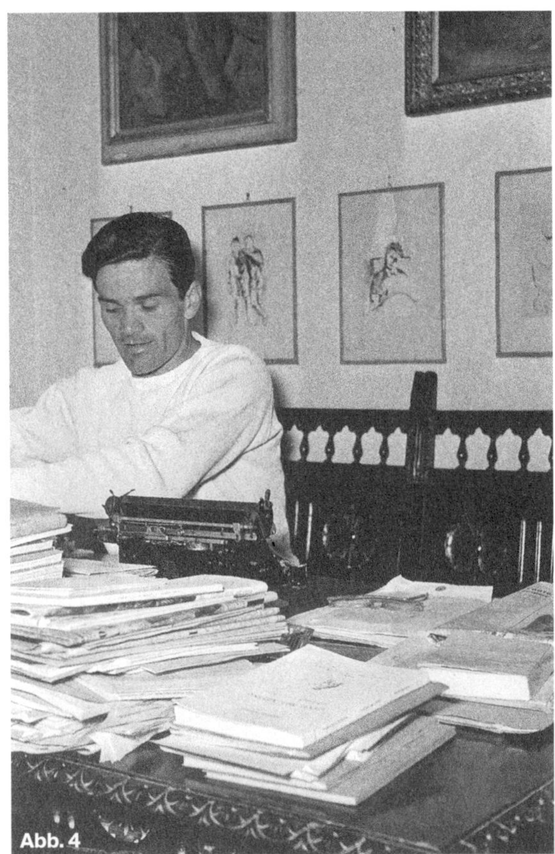

Abb. 4

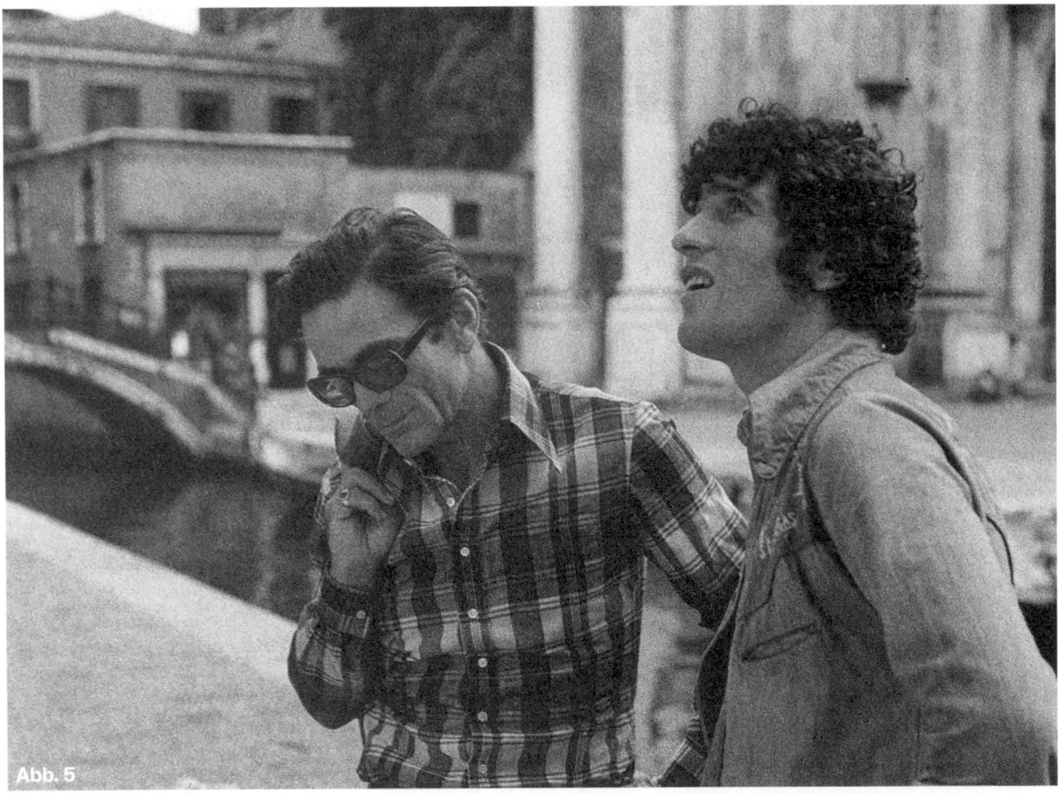

Abb. 5

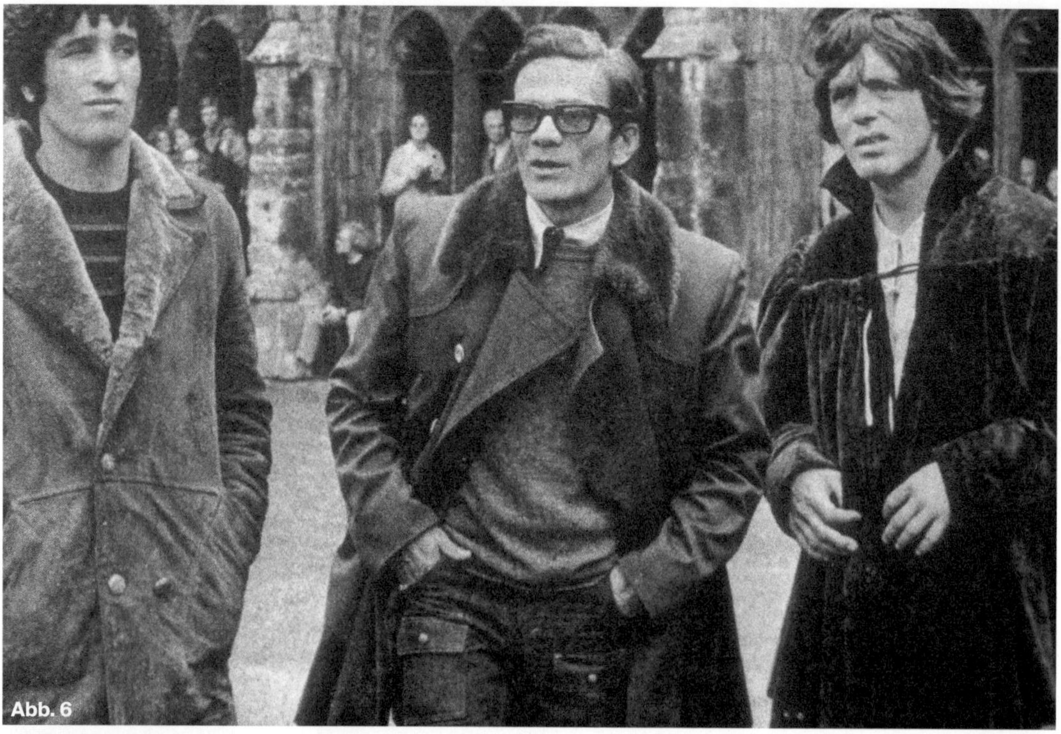

Abb. 6

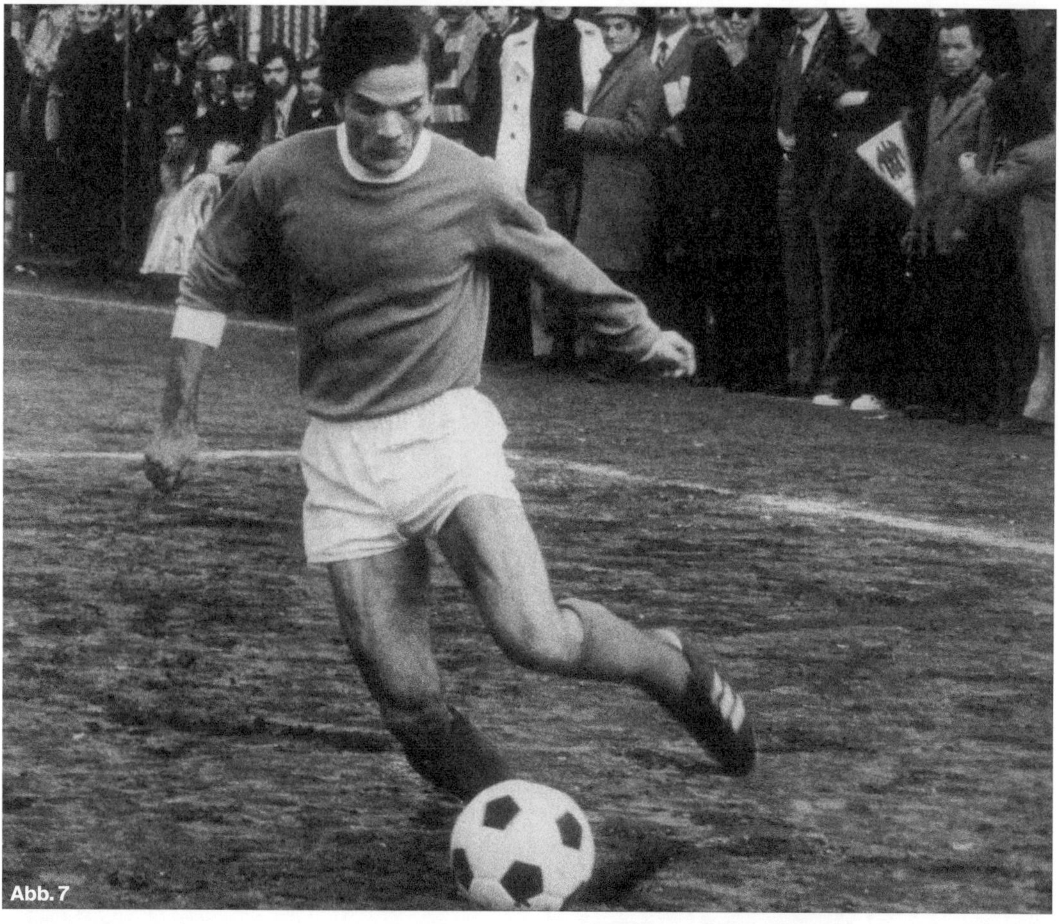

Abb. 7

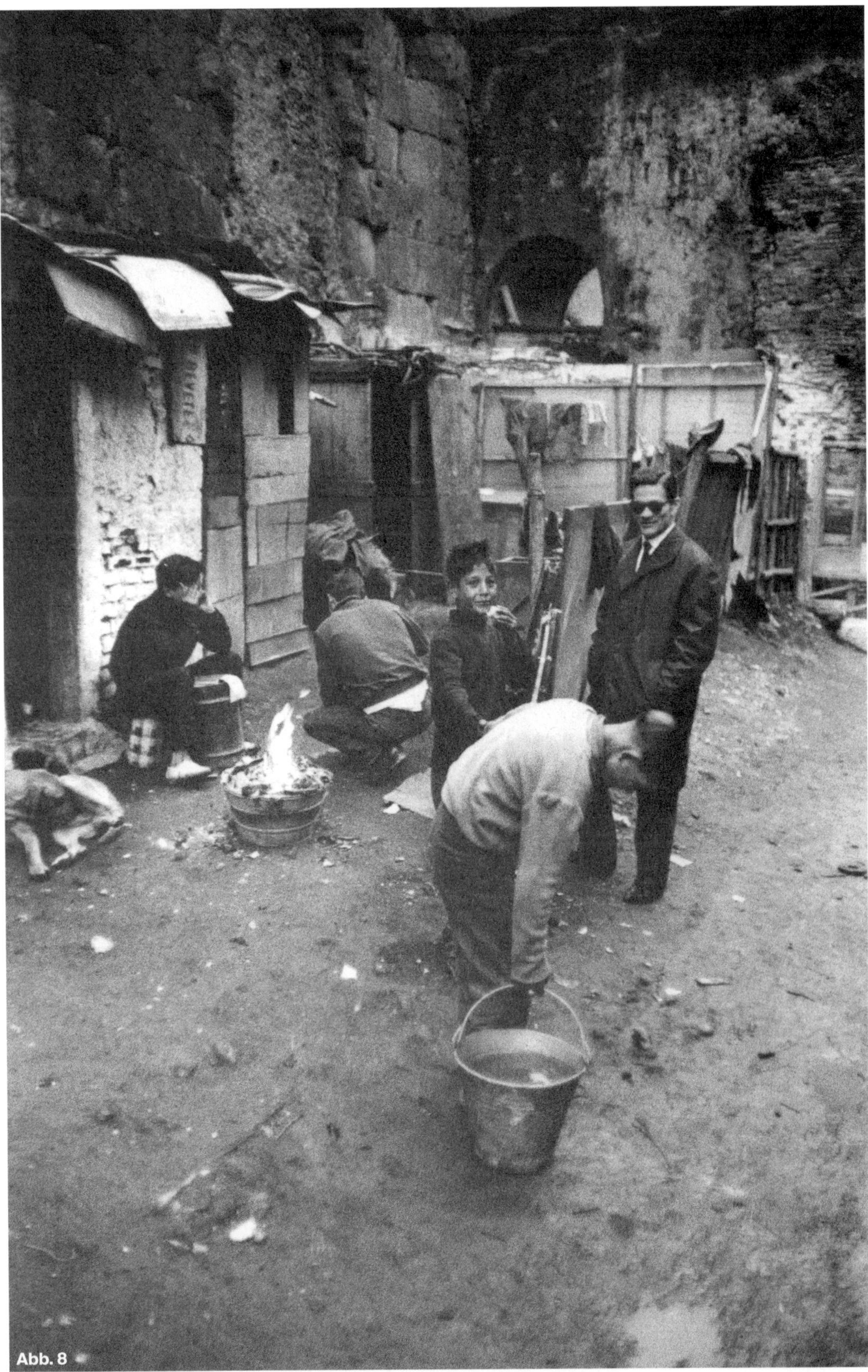

Abb. 8

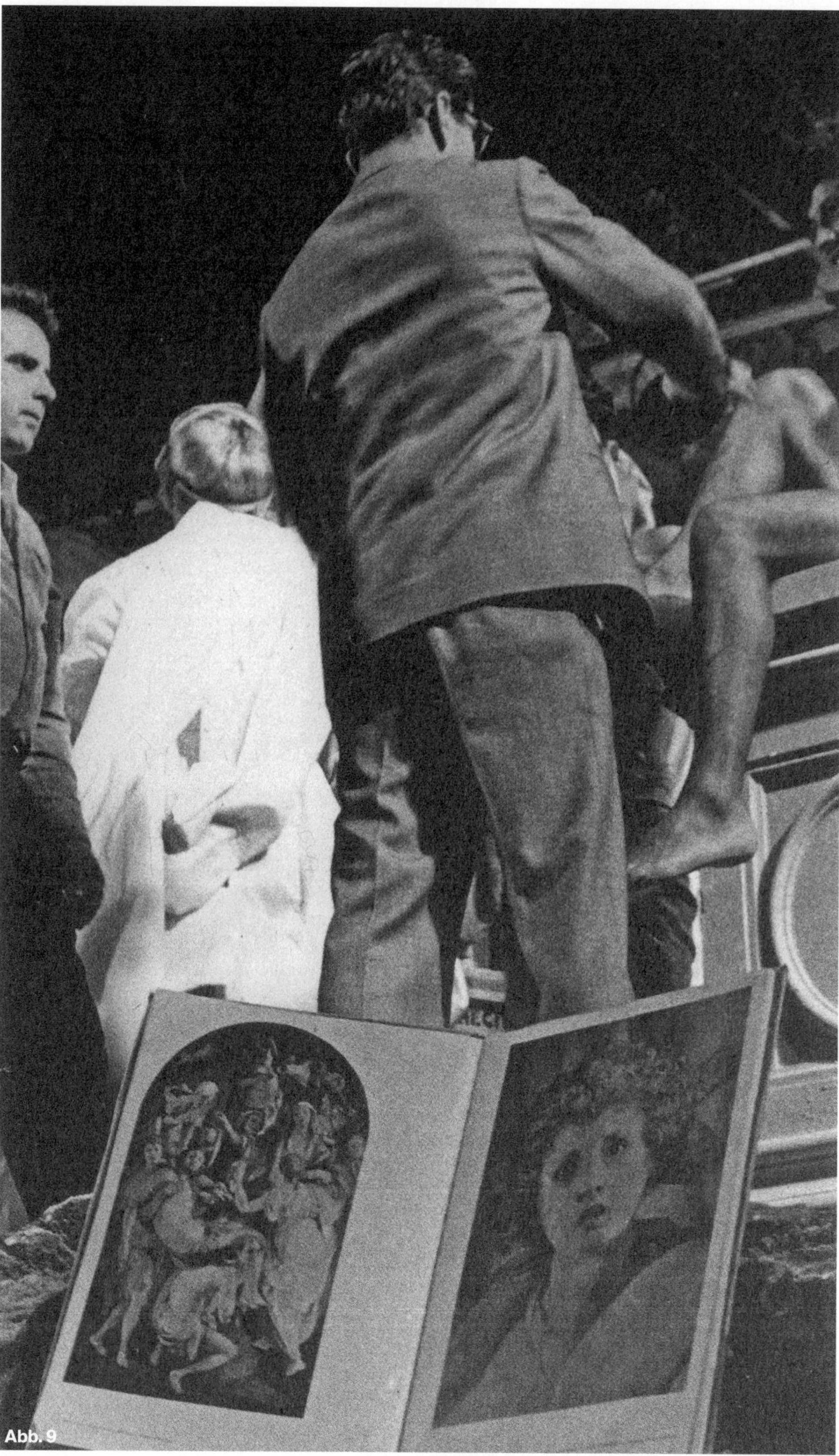
Abb. 9

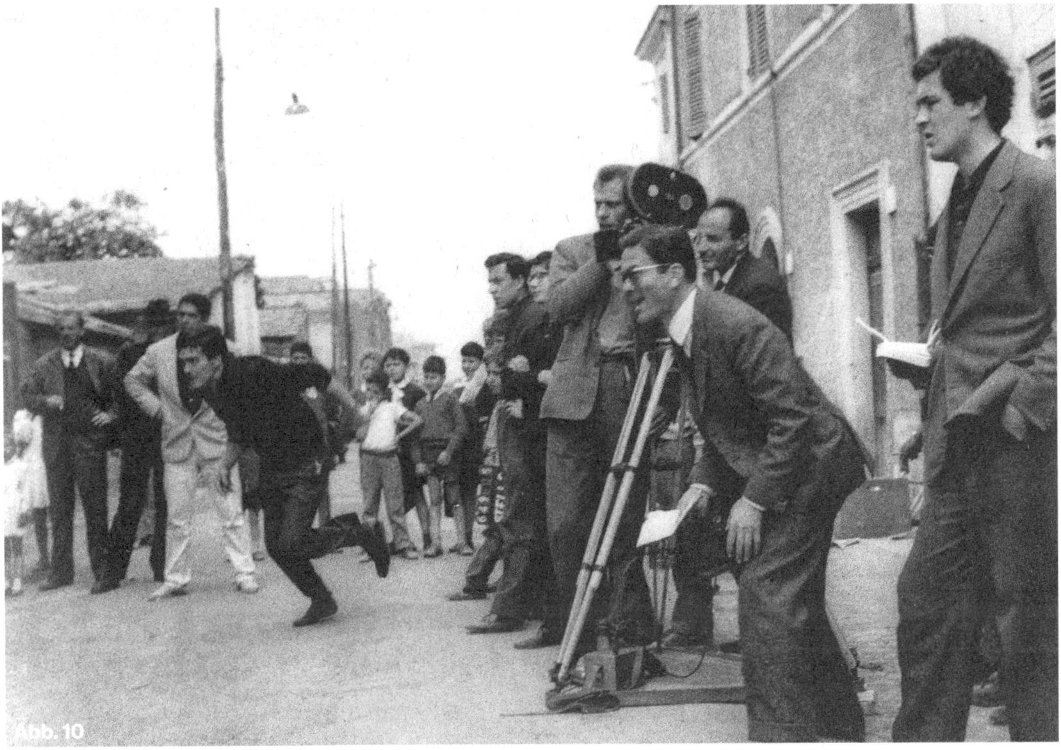

Abb. 10

Abb. 6 Ninetto Davoli, Pasolini, Franco Citti (v. l. n. r.), ca. 1974
Abb. 7 Pasolini spielt Fußball
Abb. 8 Pasolini im Viertel von Mandrione in Rom, 1961, fotografiert von Henri Cartier-Bresson
Abb. 9 Pasolini bei den Dreharbeiten zu *La ricotta,* 1962; unten ein klassisches Werk-Verzeichnis mit dem Bild der Kreuzabnahme von Jacopo Pontormo, nach dem Pasolini den Aufbau und die Anordnung der Figuren als Nachstellung im Sinne eines ›Tableau vivant‹ im Film realisiert hat
Abb. 10 Pasolini und Bernardo Bertolucci am Set von *Accattone*, 1961
Abb. 11 Pasolini in seiner letzten Römer Wohnung an der Via Eufrate im Viertel E. U. R

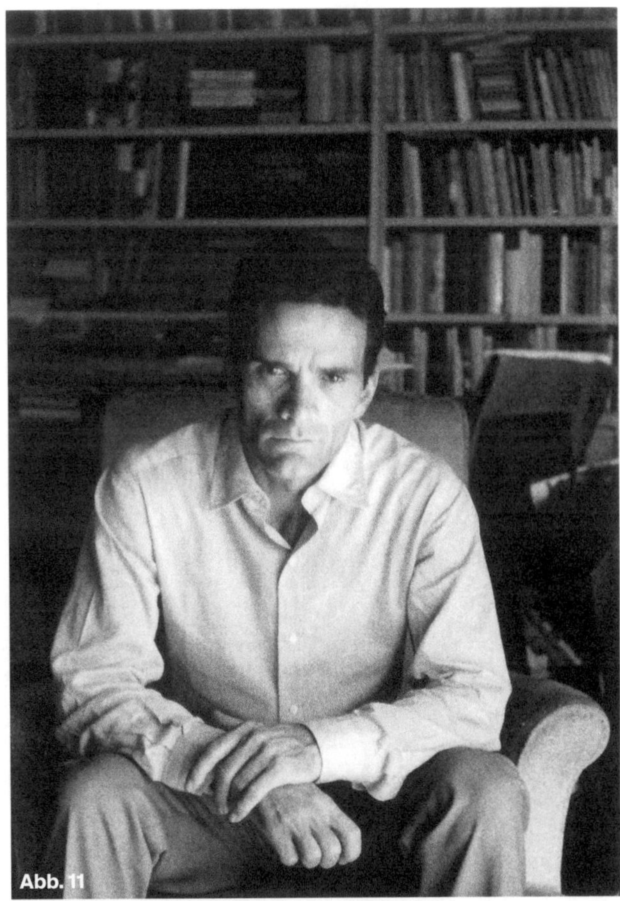

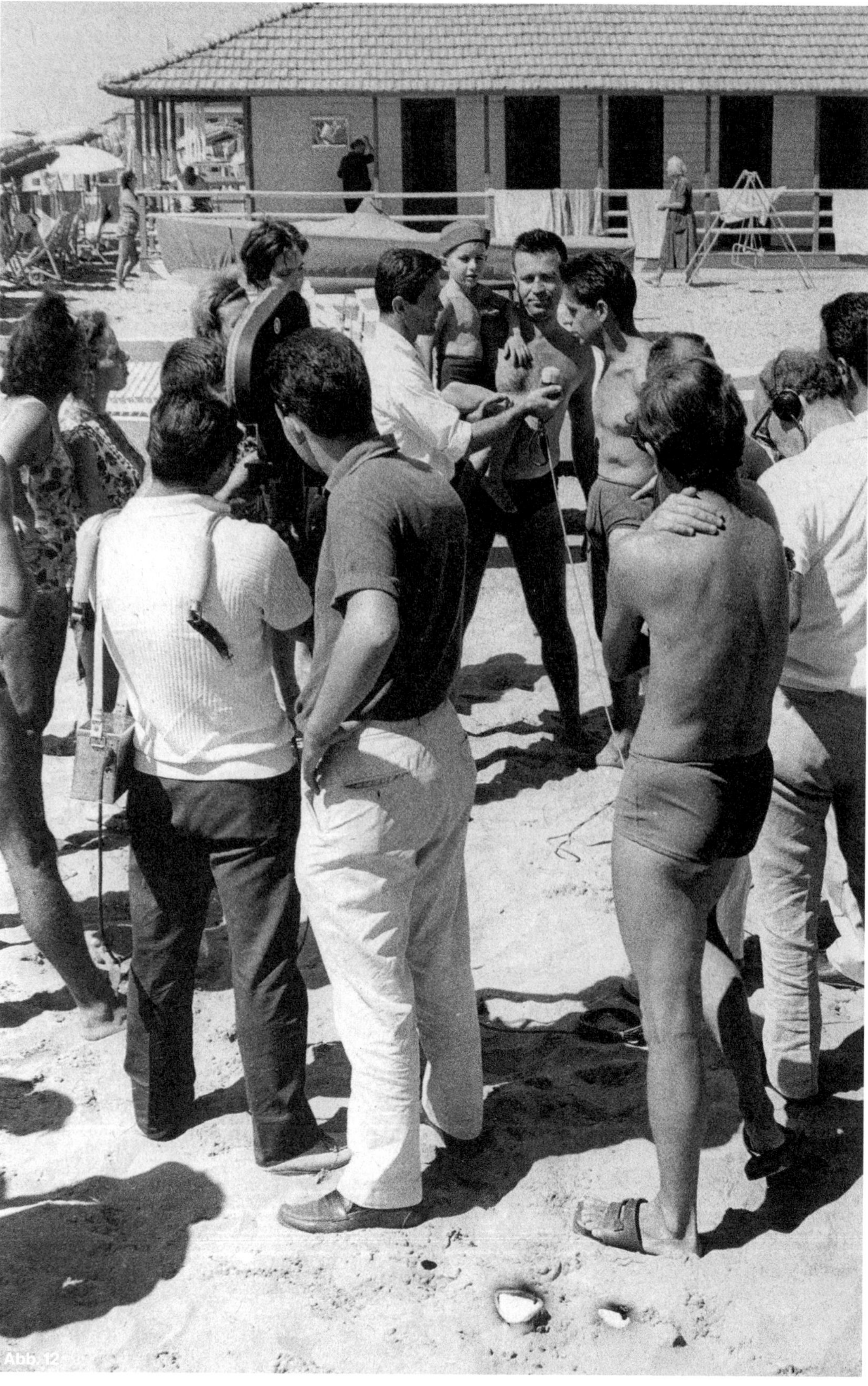

Abb. 12

Abb. 12 Bei den Dreharbeiten / Interviews zu *Comizi d'amore*, 1963
Abb. 13 Unterwegs zu einer Preisverleihung.
Abb. 14 Während der Dreharbeiten von *Accattone*, 1961
Abb. 15 Pasolini mit Silvana Mangano, 1968, fotografiert von Angelo Novi
Abb. 16 Pasolini mit Maria Callas und zwei Pudeln in Griechenland, 1969

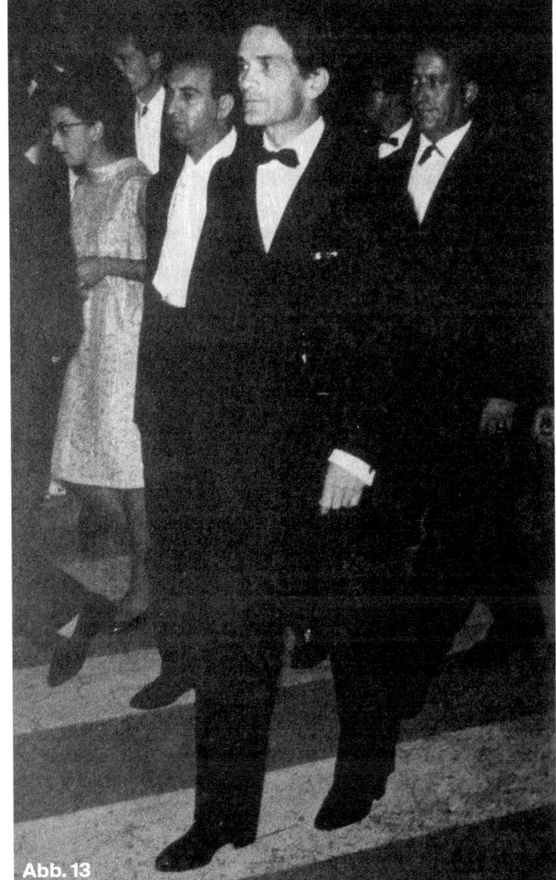

Abb. 13

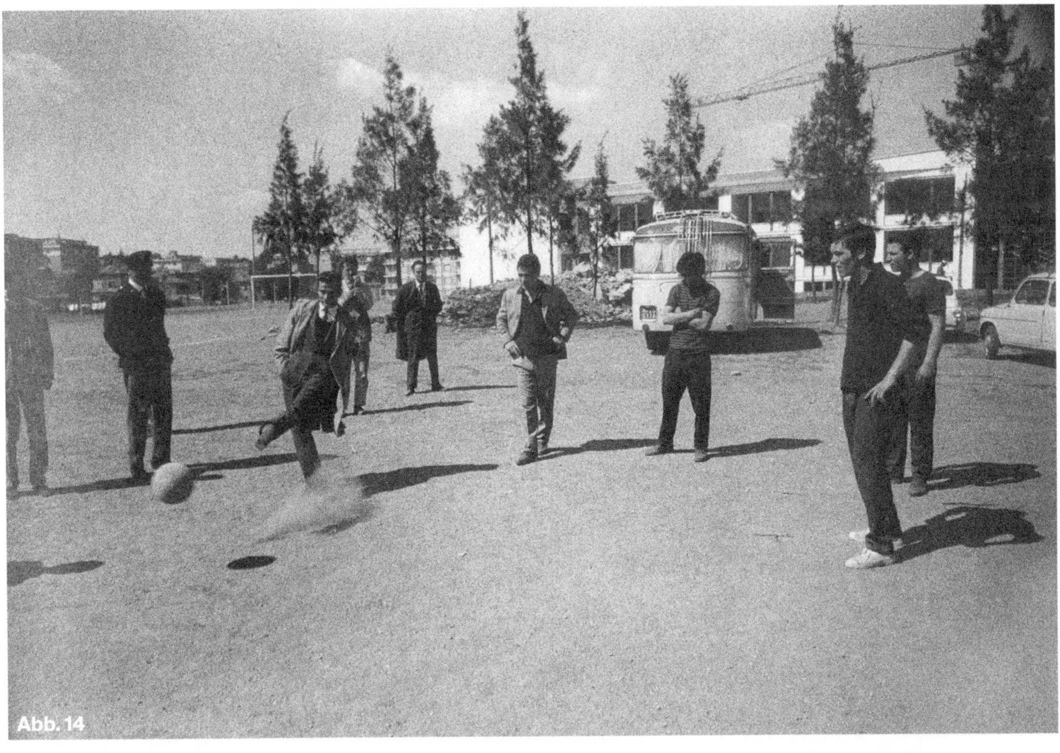

Abb. 14

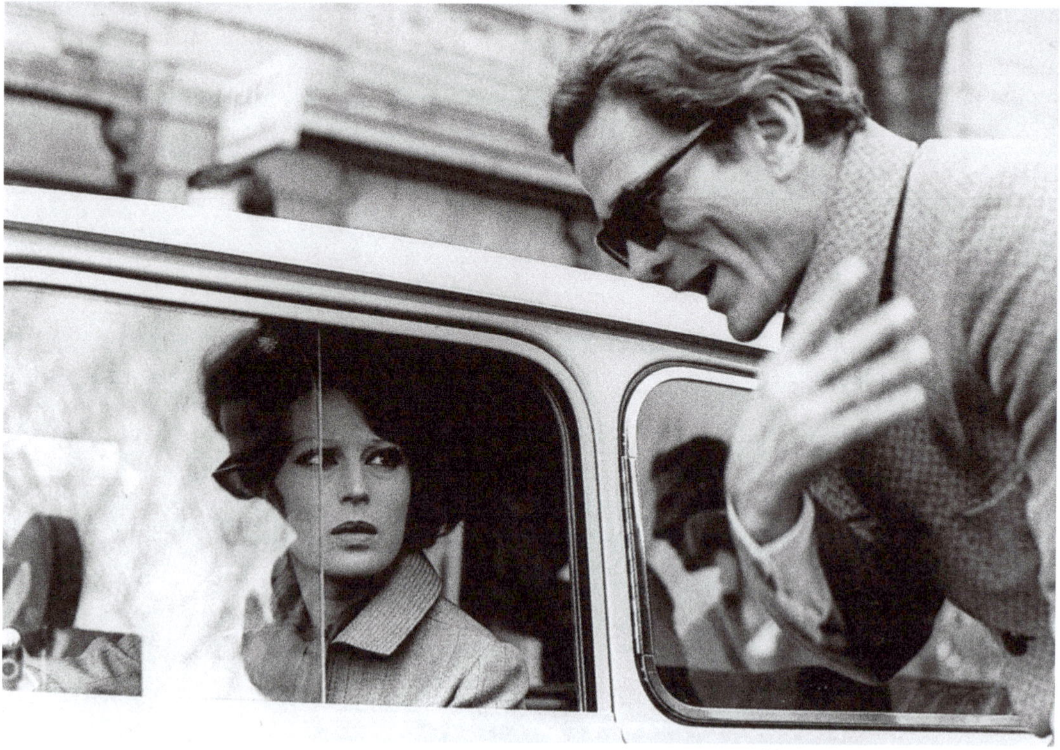

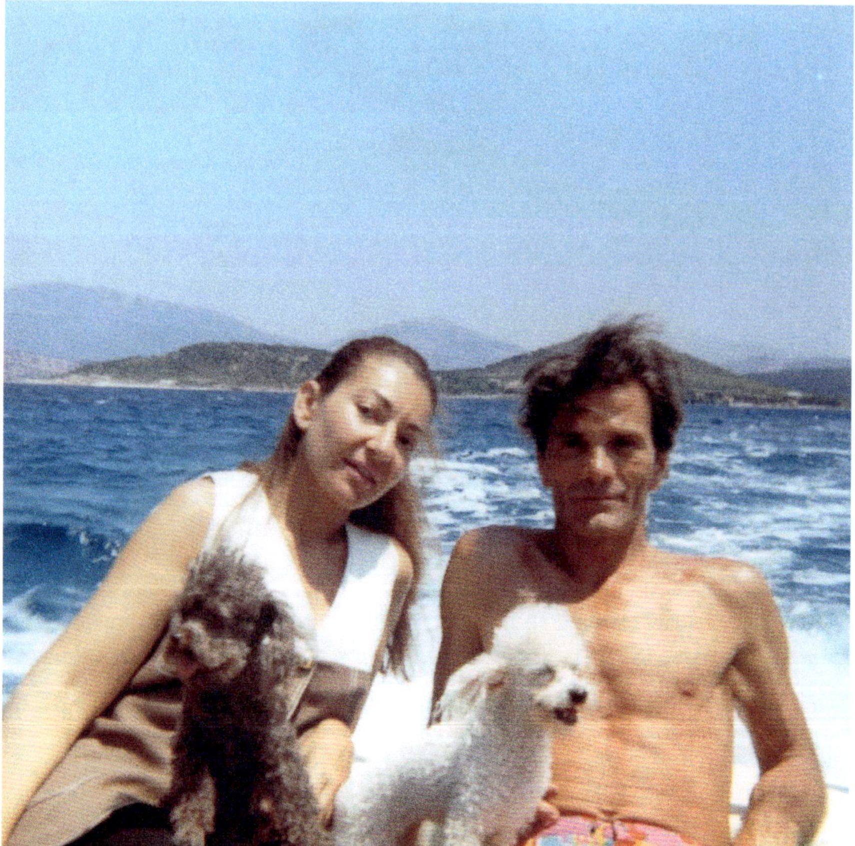

Abb. 16

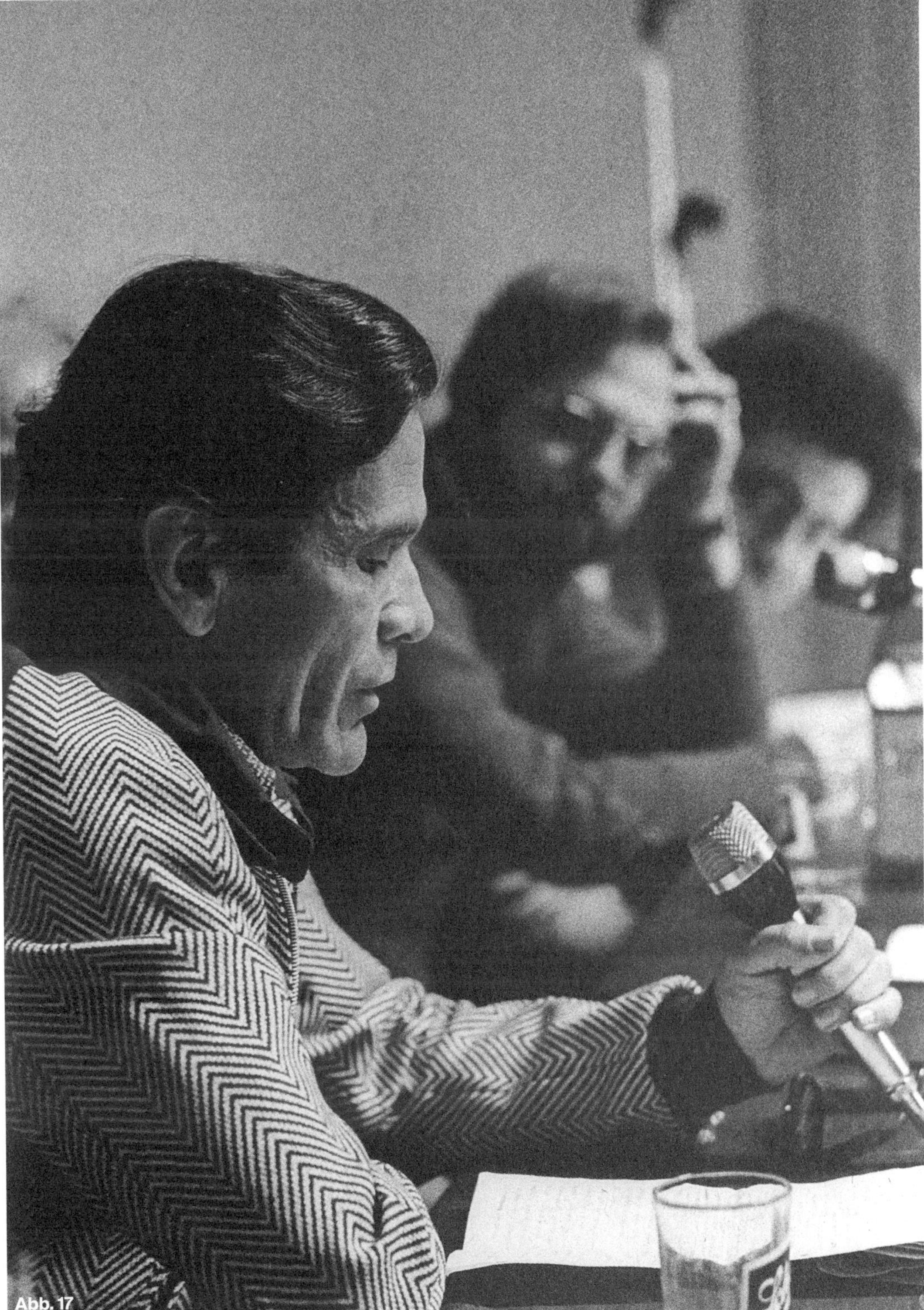
Abb. 17

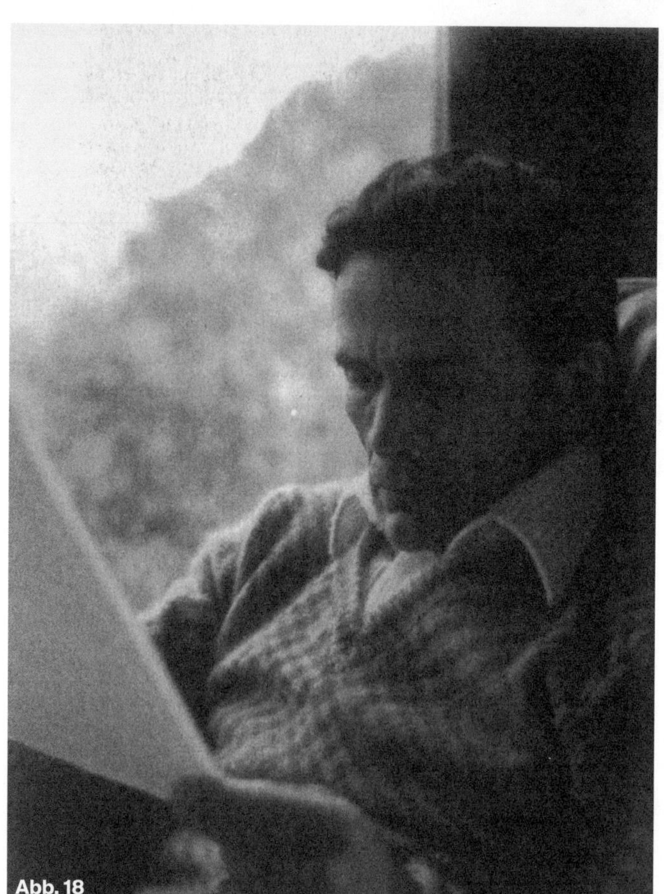
Abb. 18

Abb. 17 Pasolini auf einer Versammlung mit jungen italienischen Kommunisten, wenige Tage vor seinem Tod, 1975. Im Hintergrund Gianni Borgna und Antonio Semerari
Abb. 18 Pasolini, lesend in seiner Torre Chia bei Volterra, ca. 1974
Abb. 19 Pasolini, Maria Callas und Alberto Moravia in Mali, 1970
Abb. 20 Pasolini in New York, 1966

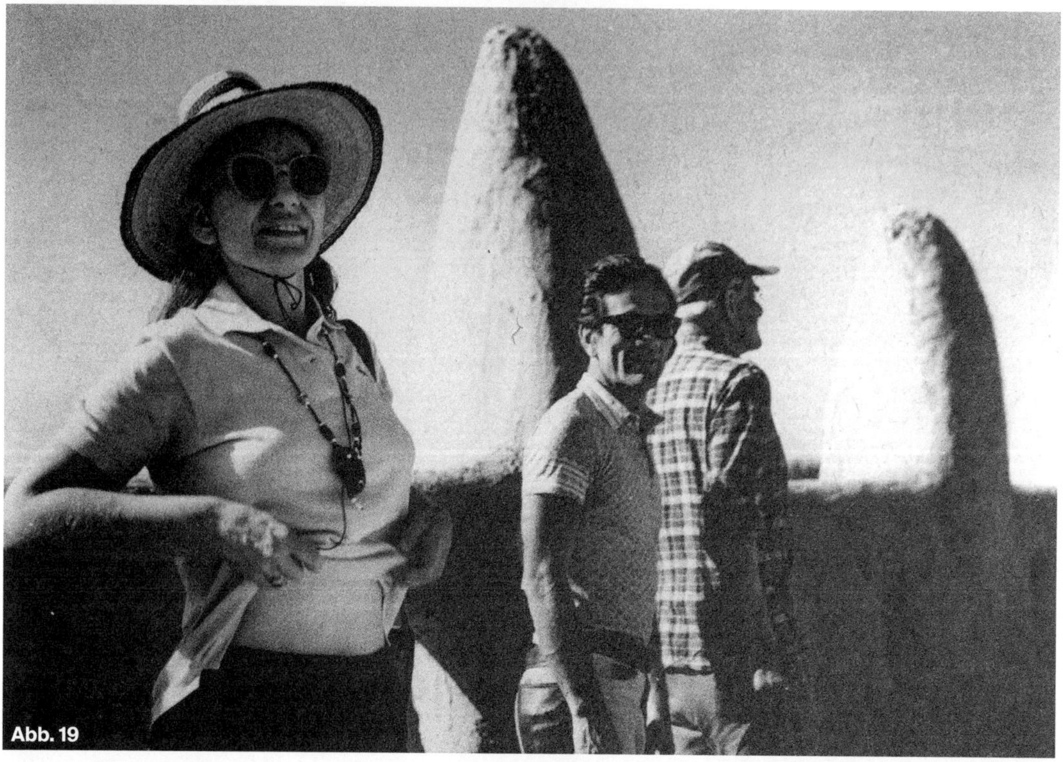

Abb. 19

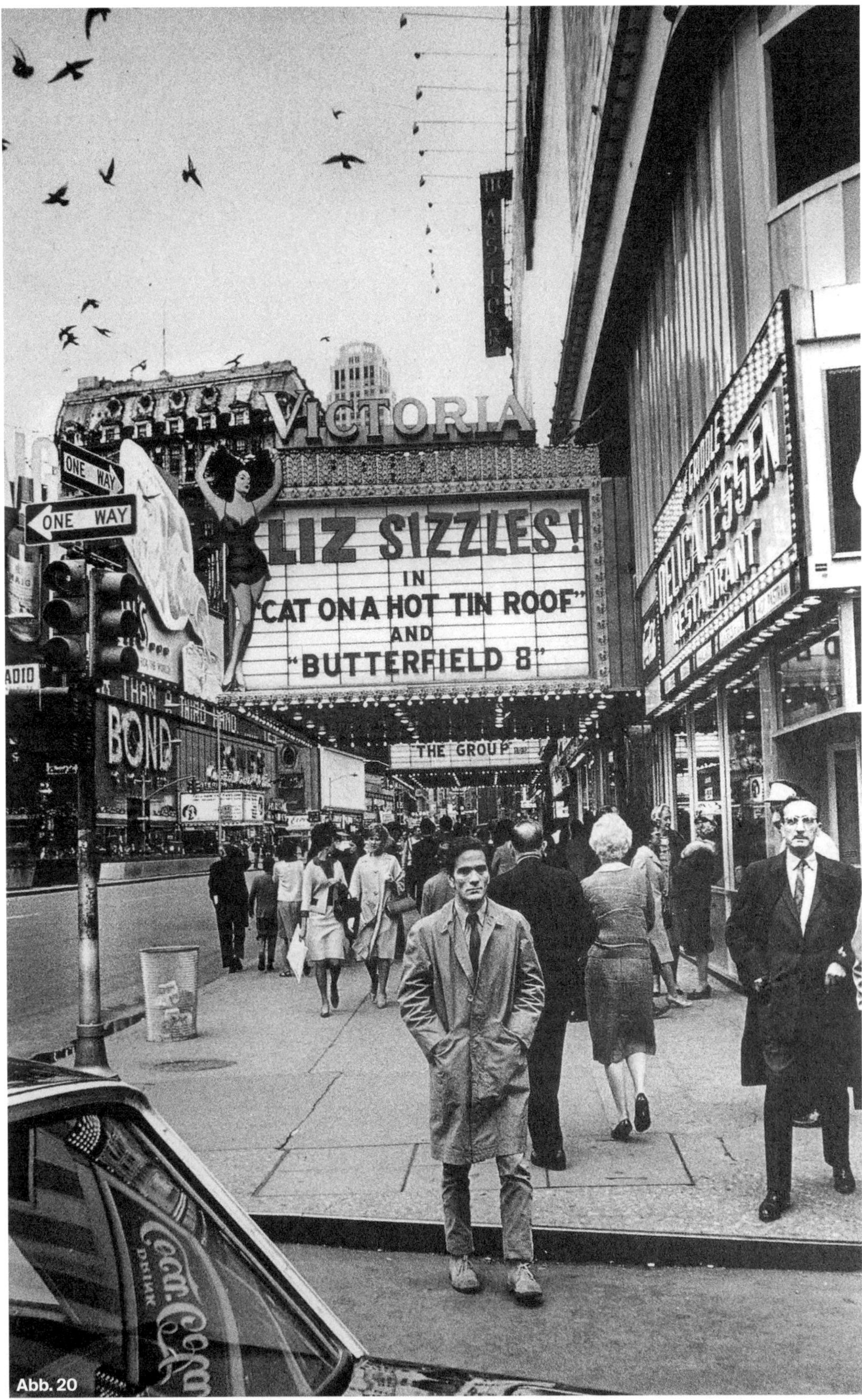
VICTORIA
LIZ SIZZLES!
IN
"CAT ON A HOT TIN ROOF"
AND
"BUTTERFIELD 8"
ONE WAY
ONE WAY
BOND
THE GROUP
DELICATESSEN
RESTAURANT
Abb. 20

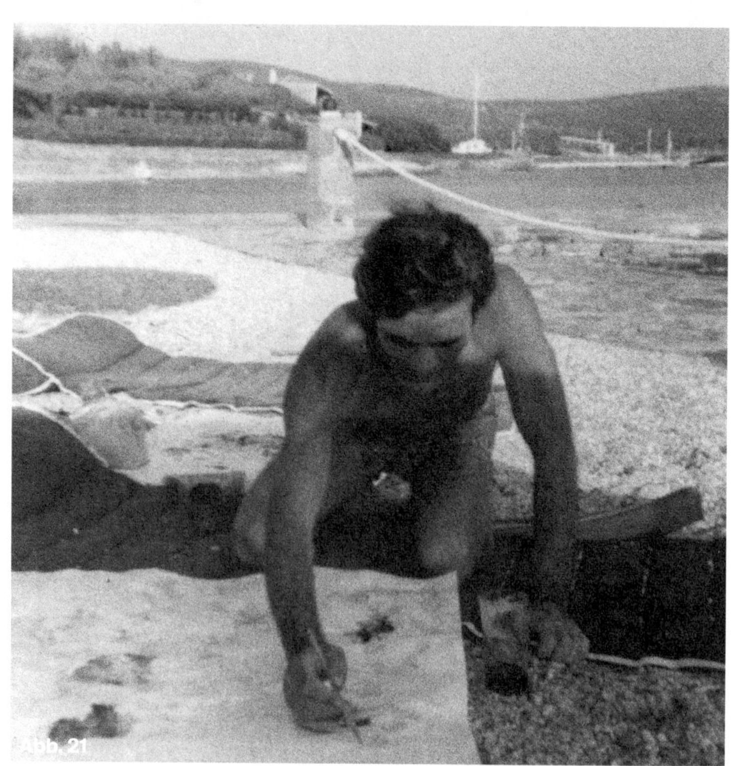

Abb. 21 Pasolini beim Zeichnen, in Griechenland mit Maria Callas, 1969
Abb. 22 Pasolini vor der Torre Chia bei Volterra, 1973

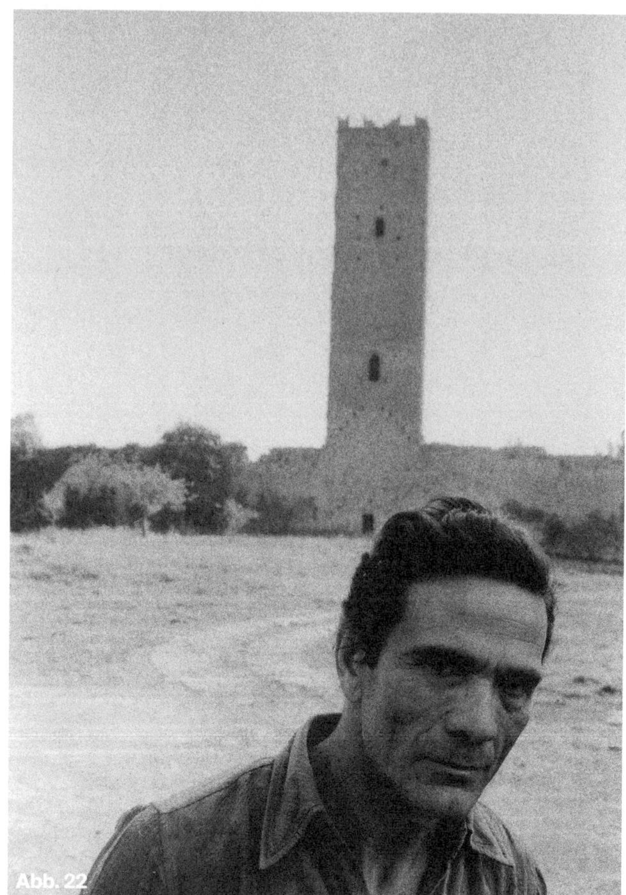

Hans Ulrich Reck

Pasolini.
Der apokalyptische Anarchist

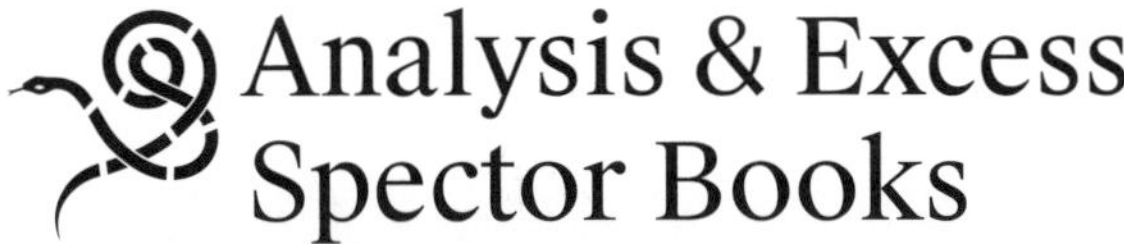

Analysis & Excess
Spector Books

Inhalt

Kapitel I

Pasolini von heute aus

Viel Material von und zu Pasolini ist greifbar. Liegt vor, ist erhältlich, verfügbar, auch wenn außerhalb Italiens Wesentliches immer noch nicht zugänglich ist, nur fragmentarisch übersetzt, nicht selten erheblich ver- und gekürzt publiziert. In den letzten Jahren gab es zahlreiche Ausstellungen, Retrospektiven und Re-Editionen. Dokumentarfilme, zuweilen von zweifelhaftem Niveau wurden gezeigt (*Rom-Passion Pasolini*, 2014, arte-Sendung *Akte Pasolini*, 2013). Abel Ferrara hat die letzten Tage Pasolinis inzwischen (2014) in großem Stil verfilmt. Radiosendungen, Rezensionen, Erwähnungen komplettieren das Bild. Beachtliche bis ausgezeichnete wissenschaftliche, poetologische Analysen sind in den letzten Jahren gehäuft erschienen. Aber die televisuellen und kinematografischen Aufbereitungen schreiben Missverständnisse und Mythisierungen – absichtlich, zumindest fahrlässig – fort. Der politische Kritiker, der Rechercheur in Sachen Enrico Mattei und der Mafia, der zahlreichen internationalen Geheimdienste und der unübersichtlichen Herrschaftsstrukturen hinter den Herrschaftsformen, dieser politische Pasolini, der über eine gefährliche Öffentlichkeit für seine Recherchen verfügte, gerät erneut nicht in den Blick, dabei ist das doch genau das, was noch unerhellt ist.[1] Stattdessen: Geheimniskrämereien, dunkles Raunen, alchemistisch-archetypische Spekulationen vom Typus des leider überaus verwirrten alten Freundes Zigaina. Eine Beweislage zu sichern ist juristisch ebenso geboten wie vergeblich – dazu ist es zu spät. Die Wiederaufnahme der Ermittlungen zum Mordfall Pasolini wird daran nichts ändern, hat man doch zu lange wichtige Zeugnisse unterschlagen und verschwinden lassen. Für die Bildung der Thesen aber reicht das Zeugnismaterial der Freunde, reichen die Dokumente zum Stand der Arbeiten und Pläne. Lächerlich zu meinen, Pasolini hätte das werdende literarische Hauptwerk, ja, das ausgreifende Werk seines Lebens schlechthin, *Petrolio*, freiwillig verfrüht aufgegeben. Das literarische Niveau der hinterlassenen Fragmente, immerhin 650 Seiten, ist derartig hoch, dass zumindest von einem anhaltenden Scheitern, von festsitzender Lähmung oder Verzweiflung nicht auszugehen ist. Die Gefährdungen sind immer akut und spontane Unkontrolliertheit natürlich möglich, aber auch eine suizidale Neigung ist in den letzten Jahren nicht gewachsen und nicht zu diagnostieren, wenigstens nicht stärker als früher. Niemand ›weiß‹ im strikten Sinn des Wortes etwas. Aber für unsere Zwecke soll als Hypothese gesetzt werden: Pasolinis Tod war und bleibt ein politischer Mord, der konkret auf seine Veröffentlichungen und Ankündigungen der Recherchen im Falle Mateis und der kriminellen italienischen Nachkriegsgesellschaft beruht. Um es nochmals zu sagen: Niemand weiß es, niemand wird es genau wissen, doch diese Hypothese wegzuschieben, kann nicht der schieren Setzung aller nur erdenklichen Spekulationen folgen, gelingen oder genügen. Man muss dazu schon sehr starke Argumente und Begründungen liefern. Diese sind aber bisher von keiner ernsthaften Seite zu vernehmen.

So präsentiert sich die Lage der letzten Jahre. Immerhin: Vorzüglich sind die Editionen mit weit ausgreifenden Beigaben auf DVDs, so dass nun auch die vordem kaum je zu sehenden Episodenfilme im Gesamtzusammenhang nebst vielen

Zeugnissen, Erinnerungen von Produzenten, Kollegen, Freunden und weiteren Dokumenten zur Lage der Dinge über die Zeiten zugänglich geworden sind.

Pasolini ist, man muss sagen: wieder, in vieler Munde. Das wird weiter zunehmen. Er ist also bekannt und doch verstellt, geläufig und doch unbekannt. Nicht nur – was sich von alleine versteht – in Einzelheiten und wechselnden Wertungen oder Gewichtungen, dem Vorziehen und Zurücktreten der Aspekte und Eigenheiten. Sondern – irritierender – zuweilen gar im Ganzen. Es verwischt sich die Kontur, verschattet sich auf einen Schlag das Bild, das man eben noch meinte, im Ganzen genau zeichnen zu können. Es drängt sich die Vermutung auf, es stehe eine Würdigung des ›ganzen Pasolini‹ noch aus. Vieles ist verdunkelt durch rhetorische Figuren, stereotype Motive und allzu abgegriffene, aus einer späteren Zeit rührende, erstarrte, verhärtete Vorstellungsbilder. Insbesondere darüber, wie ein Dissident auszusehen, ein Homosexueller sich auszudrücken und zu verstehen, sodann auch, wie ein existenzieller Künstler sich zu artikulieren habe. Vieles daran hat Pasolini selbst initiiert: so die ständige Wehklage um sein allerdings alles andere als eingebildetes Verfolgtsein, sein Leiden an einer untergehenden Welt, seine Diagnose von einer mörderisch gleichmachenden Konsumgesellschaft, seine Diagnose, Italien sei untergegangen, das Wesentliche ohnehin seit Langem verschwunden und auf ewig verloren. Es braucht mehr als bloß große historische Distanz, um diese Äußerungen nicht nur angemessen zu verstehen, sondern auch zu würdigen.

Voraussetzung und Quintessenz jeder ernsthaften Beschäftigung mit Pasolini können in folgenden Satz gefasst werden: Pier Paolo Pasolini passt in kein Schema, auch nicht in dieses soeben, klischiert und paradox, beanspruchte, er passe in kein Schema.

Gegen Konformismus

Hinzu kommt, dass sich Pasolini schon zu Lebzeiten strikt gegen jede verordnete, empfohlene oder einfach habituell oder konsensuell konfirmierte Sprach- und Denkregelung gewendet und vehement verwahrt hat. Jede politische Korrektheit, insbesondere die, welche eine konformistisch gewordene Homosexuellenbewegung mit ihrer eher aufdringlichen Folklore seitdem auf die Tagesordnung gesetzt hat, war ihm zuwider. Abstrakte, aus Macht rührende Verbote und Gebote hat er abgelehnt und schon bei ersten Anklängen einer möglichen Zensur vehement das freie, in alle Richtungen vorstoßende, unbegrenzte, und ungehemmte irreguläre und wilde Denken praktisch befördert, nicht nur gefordert.

Kein Thema war hiervon ausgeklammert. Homosexuelle, denen der Rekurs auf das Sexuelle – für Pasolini eine im strikten Sinne ohnehin bedeutungslose, da nicht symbolisch zu zähmende oder anzueignende Naturgewalt – als politische Artikulation, Programm oder gar Identitätspostulat genügt, wären der ätzenden Verachtung durch einen Pasolini sicher gewesen, der Solidarität nicht mit ideologischem Zwang und ›inversen Doktrinen‹ verwechselte. Intellektuelle, die nur die Rigidität einer Moral im Rücken haben, deren Äußerung aber vorschnell und leichtfertig betreiben, um jeder Evokation, Krise, Zwiespältigkeit, Undeutlichkeit, ja: jedem unvermeidlichen Ungenügen der eigenen Person in der sozialen Situation auszuweichen, hat er ebenso verachtet wie jene, die in politischen Lagern oder solchen einer auf ewige Zeiten zu huldigenden rituellen Zuschreibung privilegierter Opferrollen denken. Privilegierungen eines Genozids, für wen und weshalb auch immer, fand er schlicht obszön. In alldem war Pasolini immer einer der bedeutendsten und schärfsten Denker einer akut zugespitzten Gegenwart.

Exposition eines psychodynamischen Profils

Je tiefer man in das Werk des Poeten, Philosophen, Cineasten, Poetologen, Romanciers und bildenden Künstlers, kurzum: des Autors Pasolini eindringt, je länger man sich mit den unzähligen Facetten seines Werks und seiner Arbeitsweise beschäftigt, desto subtiler und komplexer, irritierender und faszinierender erweist es sich.[2] Der ›Kosmos Pasolini‹ ist unerschöpflich und erweist sich für viele theoretische, poetische und politisch-philosophische Debatten nicht nur im Sinne einer Kontinuität oder eines Anhaltenden als aktuell, sondern immer wieder als aktueller denn vieles sonst. Nicht selten taucht Pasolinis diskursiv-polemische Diagnostik mit einem Schlag als scharfer Schnitt durch Zeitgeist und Lügen aus dem Dunkeln, Vergessenen, Verschwiegenen wieder auf. So gerade heute in einem Italien, in dem es weder die Autoren noch die Produzenten von einst, weder die Filme noch die Zeitungen und Verlage aus der Epoche der kritischen Autorschaft, weder die politische Sensibilität noch den Schmerz um die Verluste durch die Nivellierung der diversen sozialen Lebensform von einst oder damals gibt, sondern – wie um seinen Negativismus in grotesker Weise ins Maßlose zu steigern – nur noch die heftigen Verwerfungen Pasolinis: die Kriminalität, die Lügen des Kleinbürgertums, den Medientotalitarismus, die Gleichschaltung von oben, die Kumpaneien des Verbrechens im offiziellen wie im ›sotto governo‹, dem alles mit krimineller Energie versorgenden und ansteckenden Schattenstaat, dem damals, Mitte der 1970er Jahre, in absurder wie zynischer Opfer-Symmetrie unter den Prominentesten, Pier Paolo Pasolini und Aldo Moro zum Opfer fielen.

Es handelt sich bei Pasolinis erwiesener politischer Insistenz um fruchtbare Momente eines Denkens und Arbeitens, das in der Ungleichzeitigkeit des je Gegenwärtigen eine besondere Kraft enthält – sei es durch die harsche Präzision der Analysen, sei es durch Protest und Einspruch, den seine ins Unerträgliche verschärften Zuspitzungen zugleich erfordern, nahelegen und erzeugen.

Die dabei zu beobachtende, früh einsetzende und konzeptuell ein Leben lang durchgehaltene Abstinenz von psychologischen Deutungen oder gar der Bereitschaft, solche mildernd für den ›eigenen Fall‹ zu akzeptieren, fällt besonders auf. Das gilt auch für Pasolinis Umgang mit seiner öffentlich und in späteren Jahren geradezu notorisch bekannten Dissidenz und ›Andersartigkeit‹, in welcher die Homosexualität nur eine und wahrscheinlich nicht einmal die entscheidende Facette abgibt. Diese hat er stets eingeräumt oder auch, mit der ihm eigenen Emphase und Sentimentalität, bekannt, sich aber niemals, schon gar nicht öffentlich oder vor Gericht, deutend zu ihr geäußert, sie also nicht als ein signifikantes Muster seines ›Schicksals‹ oder einer spezifischen ›Identität‹ akzeptiert. Er hat sie – wie überhaupt die Neigung zur Lust, zur Erotik, zur Macht der schieren Triebe und Befriedigungen – als eine Ausdruckskraft ›roher Natur‹ betrachtet. Gerade ihr Status als primäre Macht war ihm wesentlich. Wie alles, was ihm als archaische Natur erschien, hat er deren formende Macht vorbehaltlos, ohne Einspruch, Aufschub oder Relativierung, also umfänglich akzeptiert. Er stimmte demnach gerade dem zu, was andere als verwerflichen Ausdruck ansahen: seinem besonderen ›Triebschicksal‹.

Das fiel ihm deshalb leicht, weil er im Reich des Geschichtlichen einzig dem setzenden Willen, der situativen Determination, also dem voluntaristischen Entwurf, der handelnden Selbstermächtigung oder der revolutionären Intention, aber keinerlei Fortschritt oder Zielgerichtetheit vertraute. Er lehnte Geschichtsphilosophie und evolutionäre Teleologie ebenso ab wie die modellierende Verschiebung der Triebe auf Illusionen. Er konnte deshalb auch nicht bereit sein, sich der Hoffnung hinzugeben, die Operatoren des Primär- in die Symbole des Sekundärprozesses aufzulösen. Von Grund auf ist also, wenn man ihn denn als solchen ansprechen will, der ›politische Humanismus‹ Pasolinis zivilisationsskeptisch, wenn nicht gar zivilisationsfeindlich. Allerdings bedeutet das im Umkehrschluss nicht, dass sein Plädoyer für die idiosynkratische Divergenz der vitalen Vielfalt antizivilisatorisch im üblichen Sinne wäre. Vielmehr wollte er sich den Bedingungen der zivilisatorischen Selbstzähmung im sozialpsychologischen oder psychoanalytischen Sinne über die Welt der Arbeit und Kommunikation hinaus nicht unterwerfen. Es ging ihm stets um eine Intensität, die in der etablierten Opposition von Pro- und Anti-Zivilisation nicht fassbar ist, weil sie weder auf sublimatorische Veredelung noch auf Primitivierung des Rohen im Namen einer vermeintlichen Drastik des Lebendigen und des verschlingenden Erlebens aus ist. Die spezifischen Qualitäten hierfür wären am ehesten im Verweis auf solche des radikalen Mystikers oder des kosmisch Leidenschaftlichen im Sinne von Giordano Bruno zu charakterisieren.

Er hat in und mit dieser fraglos und uneingeschränkt als bedingend empfundenen Natur gelebt, ohne sich als eine psychologisch adressierbare Person in ihr zu entwerfen. Er hat also ein ganzes Repertoire von identitätssichernden Zeichensystemen und Symbolisierungsstrategien verweigert. Diese Verweigerung ist psychologisch sicher auch als Abwehr zu deuten. Pasolinis Umgang mit Rationalität und den kulturellen Gewohnheiten ist so beschaffen, dass er – im Verlaufe seines Lebens wachsend, zuletzt unbeirrbar –, die Gebote oder gar Vorschriften einer allgemeinen externen Autorität nicht zu akzeptieren bereit sein konnte. Er wollte sie nicht gelten lassen. Ebenso wenig war er fähig, seine Disposition zu Intensität und Exzess einer zivilisatorischen Bändigung durch Autoritäten zu unterwerfen. Interessant bleibt dies besonders, wenn man Pasolinis diesbezügliche – eher seltene – Äußerungen versuchsweise wörtlich ernst nimmt. Beispielsweise hat er in einem Interview für ein eindringliches und ausführliches cineastisches Porträt im Jahre 1966[3] behauptet, er könne zwischen Individuen nicht unterscheiden, er beziehe sich auf eine generelle Natur, also auf Lebewesen, nicht auf Individuationen, auf die Kraft und Generativität des Allgemeinen, nicht des Einzelnen. Sich selbst, wiewohl er wisse, dass er aus Sicht anderer, deutlich festgelegt und identifizierbar sei, könne er nicht interpretieren oder abschließend charakterisieren, er empfinde sich als unendlich im Sinne einer von innen heraus unauflösbaren, unverrückbaren Unmöglichkeit zur festgelegten Identität. Insoweit begegne er auch dem von ihm Geschaffenen als Teil eines pan-kreativen, mimetischen Universums. Dies hatte er schon Mitte der 1950er Jahre mit seiner Aneignung von Erich Auerbachs ›kreatürlichem Realismus‹ konzeptuell verdeutlicht.[4]

Das bedeutet, dass sich die psychische Dynamik mit aller Kraft als mächtige Natur entfaltet, aber nicht gezügelt wird durch psychologische Selbstentwürfe. Die einzige Symbolisierung, die Pasolini psychologisch akzeptiert hat, ist die, der Natur ihre Selbstherrlichkeit zu überlassen, ohne ihre Kraft symbolisch zu modellieren, zu beschneiden, zu verkleinern. Schöpferische Natur ist also souveräne Verschwendung in Selbstherrlichkeit ohne jegliche Einschränkung und ohne Vorbehalt. Die Zustimmung bleibt paradox, aber diese Paradoxie kennzeichnet eine Vitalkraft, die das ganze Leben und Arbeiten in jedem seiner Momente durchzieht. Anders wäre die exzessive Kreativität Pasolinis, seine Lebensweise, seine dichte und genaue, parallel geführte Weise des Arbeitens nicht erklärbar. Und auch so bleiben genug Widerstände für wirkliche Erklärungen oder angemessenes Verstehen, gehört doch zum Exzess die merkwürdige Begleitung des ›sanften Revolutionärs‹ durch eine bannende und dunkle Sphäre der Gewaltsamkeiten, was in der Weise eines Nicht-Zusammenstimmenden zum stets höflichen, freundlichen, reflektierten Menschen (in der Sphäre der Arbeit und der täglichen Kommunikation, also auf der ›einen Seite des Lebens‹) anhaltend irritiert, der sich daneben als einen exzessiv Erlebenden abspaltet (in der Welt jenseits der Arbeit, der Sphäre einer ausgreifenden Verschwendung im Sinne von Georges Bataille).

Er habe – so äußert Pasolini sich – entschieden Mitte der 1960er Jahre gänzlich seinem Werk, dem Arbeiten und dem davon abgespaltenen Genuss eines gierigen und hungrigen Lebens verschrieben. Er gehe in beidem je besonders und ohne Zwang zur Ausbildung einer höheren Einheit auf und könne deshalb die Facetten, Teile, die Zusammensetzungen in den Dynamiken des Lebendigen nicht von sich aus deuten, könne die Trennungen nicht vornehmen, sie auch nicht aufheben, ja noch nicht einmal wirklich abwägen. Er habe, kurzum, niemals die Instanz der Filterungen, der Zensur, der verschiebenden Modellierungen anerkennen oder handhaben können.

Damit ist nun keineswegs gemeint, was in entwickelten Theorien der Kreativität die Bindung der Fantasie an Traumarbeit und modellierende, formende, im Gelingen auf das Sublimierende setzende Kraft motiviert und in dieser Verbindung als Prototyp einer gelingenden Formbewältigung preist. Dieser eingeschliffenen, künstlergenialisch fixierten Vorstellung nach vollzieht sich ein spezifisches künstlerisches Reüssieren auf der Grundlage einer Verbindung von subjektiver Disposition mit einschränkungsloser Verwertung von kollektiven Traumgehalten und beherrschender Kontrolle über die Formprobleme, entfaltet also mit den subjektiven wie den objektiven Eigenheiten im Prozess der Werksetzung und des Ästhetischen auch die kollektiven Traumgehalte. Hierfür wird das Imaginäre ebenso bestimmend wie die Instanz der Fantasie. In Anlehnung an die besonders prägnant zusammengefassten Traumdeutungspassagen in Sigmund Freuds auch kreativitätstheoretisch mit Gewinn lesbarer Abhandlung *Der Witz und seine Beziehungen zum Unbewußten* entwickelt Norbert Elias diese Figur einer gelingenden, kollektive Gehalte bindenden Traumarbeit für eine Deutung der schöpferischen Fähigkeiten von Wolfgang Amadeus Mozart.[5] Das ist ex negativo besonders aufschlussreich, weil die selbstverständliche Figur des Genies bei und von Mozart historisch noch als naiv gegeben erscheinen kann, in der Epoche Pasolinis jedoch, selbst wenn sie subjektiv erhärtbar wäre, keine Resonanz mehr finden kann, weil hier avancierte Autorschaft just diese Figur zertrümmert und zurückweist. Oder auch: dekonstruiert, dehierarchisiert, kritisch fragmentiert, verunreinigt, erübrigt.

Pasolinis – zu Mozart durchaus analoges – Gelingen der Verbindung kollektiver Trauminhalte mit der poetischen Modellierung der Fantasie als eine auch Brechungen, Fragmentierungen und Einschränkungen akzeptierende Arbeitsweise muss demgegenüber auf die evidente Kraft des Sublimatorischen verzichten. Sie passt nicht zu oder auf Pasolini, weder auf sein Werk noch auf seine Person.

Diese konzeptuelle wie vitale, im Entwerfenden angelegte, im Lebendigen als vollkommen (man könnte auch sagen: geschlossen) gesetzte Immanenz der psychischen Dynamiken, der antreibenden und bestimmenden Faktoren (der Persönlichkeitsformung) gilt auch für die Psychologie von Pasolinis schöpferischen Fähigkeiten und seine Kunst insgesamt.

In seinem letzten Jahrzehnt hat er sich zunehmend mit der Archetypologie von Carl Gustav Jung beschäftigt, vermittelt über Mircea Eliade und andere. Die früheren Freud-Lektüren gerieten in den Hintergrund. Auf Freud dagegen bezieht er sich z.B. noch stark in seinem cineastischen, der Frage der Liebe, Erotik und Sexualität nachgehenden Psychogramm der italienischen Kultur zu Beginn der 1960er Jahre, als er *Comizi d'amore* in den unterschiedlichsten Gegenden und Lebensformen des Landes drehte.

So viel zu den wenigen, äußerst selektiven Bezugnahmen Pasolinis auf Freud und Jung, auf Psychoanalyse, Meta-Psychologie, Tiefenpsychologie und eine psychodynamische Theorie der Subjektivität, die er – worauf zurückzukommen sein wird – als eine Theorie des schöpferischen Individuums in der permanenten Metamorphose einer kreationistischen Naturauffassung radikalisierte und mit Blick auf den ›kreatürlichen Realismus‹ Erich Auerbachs konkretisierte, den der Literat und Literaturtheoretiker Pasolini Mitte der 1950er Jahre in die italienische Debatte einführte.[6]

Zur Zukunft der Vergangenheit

Pasolini mied jede chronische oder geschichtsphilosophische Ordnung. Ihm ging es um die utopische Ungleichzeitigkeit. Vergangenheit erschien ihm als Kraft einer in der Gegenwart verstellten oder unterdrückten Zukunft. Historische Verläufe interessierten ihn nicht. Dass Künstler feinste Poesie schreiben und gleichzeitig als selbstbestimmte Autoren den Massenapparat des kommerziellen Kinos nutzen, ist heute nahezu undenkbar geworden. Kinematografie von Weltbedeutung wie zugleich von künstlerischem Rang in exklusiver persönlicher Gestaltungsentscheidung und Verantwortung eines Literaten oder Philosophen: heute schlicht unvorstellbar. Das Kino der Ära Pasolinis und seiner Kollegen, nicht selten vom neueren Feuilleton als elitäres und als arrogantes, den Normalen unzuträgliches, unverständliches, gar ›verkopftes‹ ›Autorenkino‹ geschmäht, ist vergangen und verloren. Das zeigt das Schicksal eines Bertolucci oder Godard deutlich und schmerzhaft: Sie erhalten Preise, aber ihre neuen Filme werden im Kino nicht mehr gezeigt, weil es ›das Kino‹ nicht mehr gibt und für die künstlerischen Experimente und ohnehin alle Minderheiten nur noch Festivals verfügbar sind. Was vom europäischen Autorenkino übrig geblieben ist, kann an den die EU-Richtlinien polylingualer Filmförderung einhaltenden Werken betrachtet werden, die jederzeit, überaus freiwillig und beflissen, populärem Verstehen frönen und damit alle nur erdenklichen Grenzen der Zuträglichkeit bereitwillig kontrollieren.

Lamentieren aber reicht nicht. Es ist Zeit zu versuchen, die Essenz und den ›ganzen Pasolini‹ in den Blick zu bekommen. Das gelingt nicht mit Behauptungen, selbstgefälligen Thesen und moralisch vorab sanktionierten Antworten, sondern nur mittels einer Durcharbeitung des gesamten Feldes, das die schier unerschöpfliche Arbeitskraft und Vielfalt Pasolinis erschlossen hat. Respekt in geschmeidiger Angleichung an den Gegenstand einer Darstellung ist eine allgemeine Maxime im Verfahren wahrhafter ›Kritik‹, die nicht setzt, sondern ein Werden in gerechter, erhellender Weise nachzeichnet mittels Transformationen, in eigenen Worten also. Im Falle Pasolinis hat dies ganz besonders zu gelten. Verstehen dient hier als eine stets neu ansetzende und wiederholende Vorbereitung, die Fragen zu begreifen, denen der Autor, Poet und Intellektuelle Pasolini sich verschrieben hat. Die Fragen sind immer noch einmal in den Blick zu nehmen. Das wird hier versucht.

Pasolinis Aktualität

Die Aktualität Pasolinis macht aus, dass er niemals nur in seiner Zeit, sondern – mehr noch – in der durch ihn geschaffenen Gegenwärtigkeit zu verstehen ist. Das ist keine Frage von Abläufen, Zeit-Ordnungen, Jahreszahlen. Würde man diese Ungleichzeitigkeit – zugleich Insistenz auf einer verdichteten Gegenwart – leugnen, dann bliebe vom Filmer nur ein zeitspezifischer Bilderreigen übrig, vom Lyriker ein hochkulturell neutralisierter Beitrag zu den Meisterwerken der italienischen Hochsprache und Klassik, vom politischen Kritiker nur der Gestus der Prophetie, vom Journalisten nur ein Leichnam, umgeben von Verdacht und Vermutungen. Dass Pasolini in so vielem auf so bittere Weise Recht bekommen hat, ist aber nicht eine Folge oder Frucht seiner Gabe zur Prophetie, sondern Ausdruck einer Hellsichtigkeit in der vielleicht allzu empfindlichen, leidend zugespitzten Wahrnehmung untergründiger Zeichen einer Gegenwärtigkeit, die anders zu verstehen ist als im Hinblick auf ›große Thesen‹ oder ›Erzählungen‹: Realität ist ihm immer eine Mikrostruktur unterhalb des Pathos von Humanismus, Fortschritt, Aufklärung, Freiheit, die allesamt immer auch Agenten ihrer Pervertierung und Zerstörung sind. Pasolini hat sein ganz persönliches Stück ›Dialektik der Aufklärung‹ gelernt und tief internalisiert: Das Böse und die Barbarei, Völkermord und Genozid sind nicht Ausnahmen oder das Andere der zivilisierten Ordnung, sondern Formen der Selbstbegegnung der Vernunft, gehören zu ihren Potenzialen und Dynamiken. Die angeblich eine und einzige, die monolithische Wahrheit hat Pasolini irgendwann Mitte der 1960er Jahre radikal und endgültig durchgestrichen. Das hat ihn davor geschützt, sich vermeintlich utopischen Gemeinschaften und Aufbruchsbewegungen anzuschließen.

Die heute bis zur Verblödung wiederholten hehren Ziele und angeblich befreienden libertären Impulse einer 68er-Dissidenz – als ob es reichte, Freiheit zu wollen, ohne sie zu ›können‹ –, ganz zu schweigen vom einfältigen Hedonismus der Hippie-Kultur, dem unerträglichen Narzissmus der Revoltisten an den Universitäten – das alles fand Pasolini lächerlich und obsolet, kraft- und bedeutungslos. Er hielt sie für eine interne Angelegenheit, einen Fieberschub des Kleinbürgertums ohne jegliche politische Relevanz oder Perspektive. Es hätte ihn demnach keineswegs erstaunt, dass und wie die Revoltisten von gestern sich nach dem großen Marsch durch die Institutionen bemerkenswert viele Posten in der EU und auf allerlei anderem Terrain gesichert haben. Ein Berlusconi hätte ihn nicht nur nicht erstaunt, er hat die Schäbigkeit eines solchen geist- und charakterlosen, enthemmten Parvenüs ebenso für systemisch erzwungen gehalten wie die Tatsache, dass ein Milliardär sich den Staat zu eigenen kriminellen Zwecken einverleibt. Was in Italien ja keine Premiere darstellt. Solche Figuren liegen in der Logik der Dinge. Die Auflösung der kommunistischen wie der christdemokratischen Partei – mindestens die Aufkündigung ihrer bisherigen Namen – hätte ihn, der stets den Terror der geeinten Mitte in alle Seiten-Ausbuchtungen hinein wahrgenommen hat, ebenfalls nicht erstaunt. Aber es hätte ihn erzürnt, weiterhin und anhaltend, mit welcher Verlogenheit dies exekutiert wurde.

Mythischer Kommunismus, Religiosität

Ein Kommunismus ohne sich verzehrende mystische Liebe nach dem Leben – und zwar, horribile dictu in romantischer Pose: dem ›ganzen Leben‹ – erschien Pasolini nicht nur kraftlos, sondern in erster Linie verfehlt. Eine Religion ohne radikalen Kampf für die Freiheit und die Diversität der Menschen galt ihm als obszön. Damit sind die üblichen Positionen, aber auch die oppositionelle Konstellation zwischen religiöser Mystik und politischer Utopie eingezogen und aufgekündigt, mitsamt den diese ohnehin profanierenden und zu Tode verwaltenden Institutionen von Kirche und Partei. Was er hierin wie auch sonst immer am schärfsten verurteilt und verworfen hat, war der Konformismus, egal, in welchem Gewand und zu welcher Zeit er auftritt, die Feigheit, das Sich-Eingliedern, erst recht das Mitschreien in der Masse der Revoltisten und wohlfeilen Utopismen, die Arroganz der Selbstgefälligen, die ihr Fähnchen nach dem Wind des Zeitgeistes hängen und als gebotene Intervention dann doch vorrangig und zunehmend ausschließlich die Sicherung der eignen Pfründe betreiben. Zu fragen bleibt für Pasolini immer nach den Möglichkeiten einer existenziellen Resistenz in allen Facetten, Momenten und Positionen. Diese sind nicht feststehend oder stabil. Es bedarf im Gegenteil des Richtungswechsels, einer Agilität und Geschicklichkeit, einer Bereitschaft zu Umwegen und neuen Wendungen.

Und es bedarf einer gegen alle Konformismen, auch die der eigenen Stereotypien und Gedankenfaulheit gerichteten Lebendigkeit des Denkens und Sich-Ausdrückens. Das ist es, was Pasolini angestrebt hat. Ihm schien dabei nicht von Interesse, eine Position zu erreichen oder eine Wahrheit dingfest zu machen. Gelingen konnte nur die Offenlegung einer Paradoxie, welche die Tarnungen des Konformismus in Revoltismen aller Art durchläuft, um deren historische Verstellungen und Verwerfungen, Lügen und Anmaßungen zurückzuweisen. Es geht also um ein plastisches Fassen der Gegenwärtigkeit Pasolinis. Ist seit Kant das Denken des Gegenwärtigen die große Herausforderung aller Philosophie, wie Michel Foucault in ›L'Art du dire vrai‹, einer Vorlesung am Collège de France 1984, ausgeführt hat, so wird Pasolini zum Inbegriff eines philosophischen sowohl wie eines darin aktuellen Denkens. Denn dieses ist keine Frage des Terrains, der Methode oder gar der akademisch verfestigten Definitionen. Dazu bedarf es keiner Artikulation in einer philosophischen Terminologie, gar einer Fachsprache oder eines Ausweises in einem Spezialgebiet. Diese Art insistierender Gegenwärtigkeit als Praxis der Philosophie findet sich, gerade bei Pasolini, im Gedicht, im Roman, der Erzählung, in jeder ephemeren Beobachtung eines poetisch Wesenhaften. Und auch und erst recht im Film, im Denken und Wahrnehmen der Zeit, ihrer Gegenwärtigkeit und Widersprüche.

Pasolini hat sich nicht nur mit der poetischen Kraft der Natur ein Leben lang beschäftigt, nicht nur mit der Prägmacht der Metaphern und Sprachen, sondern auch mit dem anhaltenden, oft verzweifelten Versuch eines genauen Selbstausdrucks. Unzählbar sind die geglückten, reich ist die Menge an auffälligen und nachhaltig wirkenden, zeitweise auch verstörenden Sentenzen, Aphorismen, Ideen. Der Skandal lag auf beiden Seiten, dem Wünschenswerten wie dem Schrecklichen. Dazu gehört sicher die apodiktisch geäußerte – und wie so oft zu Spekulationen mittels Rückkoppelung an das eigene Leben nach dem Tod, nach diesem Tod Pasolinis verführende – Auffassung, es ›gebe keinen Vorsatz zur Peinigung, der nicht vom Blick des Opfers inspiriert‹ wäre. Zuweilen sprach Pasolini vom ›Schreien der lautlosen Stille‹, davon, dass es darauf ankomme, sich unbedingt und vorbehaltlos vom Leben gefangen nehmen zu lassen, stets ›auf der Spitze des Schwertes‹ zu leben. Er sei ›eine Kraft des Vergangenen‹, ein ebenso ›sanfter wie gewaltsamer Revolutionär‹. Man werde gewiss leichthin als Utopist verschrien. Aber man sei entweder Utopist oder habe zu verschwinden. Meint: zu schweigen. Historisch klares Bewusstsein ist nicht das Ziel. Intuitive Evidenz und plastische Entfaltung eines Allgemeinwillens, der rousseauistischen ›volonté générale‹, der in ihr gegründeten eruptiven Befreiung gehe nicht mit solchem Wissen einher. »Sollten wir irgendwann siegreich sein, so werden wir es nicht wissen.«[7] Zudem sei immer vor Augen zu halten, dass nur das Partielle umfassend sein könne.[8]

Das markiert den typischen Horizont des politischen, moralisch-ideologischen Bewegers und Zweiflers, eines großen Widerrufungskünstlers, der seine Autorität nicht aus dem Gewissen und schon gar nicht als eine Instanz aus einer sicheren, verfügbaren Wahrheit ableitet, sondern nur aus der vehementen Lebendigkeit, mit der er sich als ganzer, mit Haut und Haar, dem begeisternden Schmerz des widerspruchsvollen, zauberhaften wie grausamen Lebens hingibt. Und sich damit zum Medium wie zum Terrain macht für das Durchspielen der Kräfte, über die er nicht symbolisch distanziert spricht, sondern die er sich zu eigen macht, die er in sich aufnimmt, um zu ihrer Wirklichkeit zu werden, in allen Aspekten, auch den zahlreiche Zerreißproben bewirkenden Dynamiken.

1 Vgl. als bisher avancierteste und beste Analyse: Giuseppe Lo Bianco / Sandra Rizza: *Profondo nero. Mattei, De Mauro, Pasolini — Un'unica pista all'origine delle stragi di stato*, Milano 2009.

2 Vgl. Hans Ulrich Reck: *Pier Paolo Pasolini*, München 2010; ders.: *Pier Paolo Pasolini — Poetisch Philosophisches Porträt*, 2 CDs, Königs Wusterhausen 2012.

3 Vgl. Jean-André Fieschi: ›Pasolini l'enragé‹ — Porträt in der Reihe *Cinéastes de notre temps* (Dokumentarische Reihe von INA / institut national de l'audiovisuel, konzipiert und redigiert von Jeanine Bazin und André S. Labarthe, Ortf 2ème chaîne 1966, gedreht in Rom 1966; Dauer: 58'; wieder ausgestrahlt z.B. auf arte 1992).

4 Vgl. Erich Auerbach: *Mimesis. Dargestellte Wirklichkeit in der abendländischen Literatur*, 7. Aufl., Bern und München 1982.

5 Vgl. Norbert Elias: *Mozart. Zur Soziologie eines Genies*, hg. von Michael Schröter, Frankfurt am Main 1991, S. 17f., 71f., 76—85; Sigmund Freud: *Der Witz und seine Beziehung zum Unbewußten*, Frankfurt am Main 1983, S. 71f., 81—84, 129f. und v.a. 133ff.).

6 Diesen Hinweis verdanke ich zahlreichen Gesprächen über Pasolini mit Karlheinz Barck, der, versierter Auerbach- wie Pasolini-Kenner, zur Ausführung des Auerbachs-Bezugs bei Pasolini leider nicht mehr gekommen ist.

7 Pier Paolo Pasolini: *Chaos. Gegen den Terror*, Berlin 1981, S. 57.

8 Vgl. ebd., S. 59.

Kapitel II

Gewalt und Metamorphose

Pasolini starb in der Nacht vom 1. zum 2. November 1975 eines gewaltsamen Todes. Der Mord ist bis heute unaufgeklärt und wohl, was die politische Bedeutung anbetrifft, analog zur Ermordung Aldo Moros im Frühsommer 1978 zu sehen, dem er in einer konstant bleibenden Epoche krimineller Staatsaktionen nur um wenige Jahre voranging. Das Verhältnis der beiden Männer, die gegensätzlicher nicht hätten sein können – der eine heterosexueller Christ und, gemessen an der Hegemonialdoktrin der italienischen Christdemokraten, dissidenter Politiker, der andere homosexueller Anarchist und dissidenter Marxist –, war geprägt durch Achtung und Freundschaft. Stimmt diese Einschätzung, dann markiert die Ermordung Pasolinis eine politisch faschistoide und ›rechte‹ Position, ganz unabhängig von der Frage, wieweit sein exzessives und riskantes Leben in den diversen homosexuellen Milieus eine zusätzliche Lebensgefahr – und damit eine gewisse Unabwägbarkeit – darstellte, die über Jahrzehnte anhielt. Und auch unbesehen der politischen Lager-Bestimmungen und ihrer Bezeichnungen im engeren politischen Sinne. Da man Fakten und Beweise nicht bekommen wird, bleibt man auf Vermutungen und Deutungen verwiesen.

Tatsachen gibt es notorisch ohnehin nicht in dieser Wirklichkeit Italiens, die oft eine ungehemmt kriminelle gewesen ist: italienische Geschichte als Geschichte der italienischen Kriminalität, bis – immer wieder – an die Spitze des Staates. Gesichert ist nur, dass der Mord keine Tat eines Einzelnen war, also jedenfalls genau das nicht, worauf sich Staatsanwaltschaft und Gericht dann so schnell geeinigt haben. Eine spätere Rekonstruktion bzw. umsichtigere Wertung und Auswertung der Indizien und Spurensicherungen, selbst in ihrer rudimentären und schlampig durchgeführten Erfassung vom November 1975, ergab nämlich eindeutig, dass mehrere Täter beteiligt gewesen sein müssen. Es wird sich also um einen politisch motivierten Mord gehandelt haben. Zwar gibt es, wie mit Blick auf Giuseppe Zigaina bereits angesprochen, verwegene, ja verstiegene, ganz anders gerichtete Spekulationen, die von einem ›indirekten‹, von Pasolini absichtlich provozierten Mord als an eine dritte Hand delegierten Selbstmord ausgehen. Pasolini habe dies aus esoterisch-alchemistischen Gründen termingerecht und in Übereinstimmung mit einem mythischen Mondkalender und Lebenszyklus in der Nacht von Allerheiligen auf Totensonntag angestrebt und im Medium eines subproletarischen Strichjungen realisiert – so die über Jahre und Jahrzehnte verbissen, wenn nicht gar fanatisch vorgetragene und wiederholte These des friulanischen Jugendfreundes, Malers und Schriftsteller-Kollegen Giuseppe Zigaina.

›Normale‹ Verzweiflung

Am Morgen des 2. November 1975 wurde Pasolini in Ostia, »an den Ufern des Meeres / in dem das Leben wieder beginnt«, wie es im Gedicht »La disperata vitalità« heißt,[9] genau an der im Gedicht beschriebenen Stelle tot aufgefunden. Dieses Gedicht ist 1964 in der Sammlung *Poesia in forma di rosa* (im Mailänder Verlag

Garzanti) erstmals publiziert worden, zu einer Zeit also, in der man Pasolini keinerlei finale oder gar agonale Erschöpfung am Leben zuschreiben konnte. Eine solche haben die engsten Freunde – Dacia Maraini, Alberto Moravia, Bernardo Bertolucci, Ninetto Davoli, Franco und Sergio Citti – auch im Todesjahr nicht feststellen können. Trotz – und auch: außerhalb – der Düsterkeit von *Salò* war Pasolini voller Kraft und hatte viele konkrete Pläne. Der Nachlass belegt dies: Die Arbeit am auf gigantische Dimensionen angelegten Roman *Petrolio* gedieh, und es stand nun für dessen Weiterentwicklung eine Konzentration an, für die man, angesichts des publizierten Fragments, gut verstehen kann, dass die bisher übliche, kräftezehrende Parallelität des Schreibens mit dem Filmen nicht mehr möglich oder sinnvoll war. Schöpferische Pausen in medialen Zäsuren standen also an, nicht die absolute Zäsur im Leben durch den Tod.

Dass Pasolini mit einigen spekulativen Äußerungen über den Tod als ersten sinngebenden Endschnitt im Leben zur Verdüsterung der klaren Sicht beitrug, ist bei einem Menschen mit seinen imaginativen Fähigkeiten nicht verwunderlich. Dies darf aber nicht postum rückwärts instrumentalisiert werden. Und vor allem soll es nicht gedankenlos wiederholt werden, weil der Sinn einer solchen Äußerung strikt von demjenigen abhängt, der ihn äußert. Es gibt hier keine neutrale Autorschaft. Dieser Gedanke ist für beliebige Zitationen nicht freigegeben. *Salò* war ein Abschluss der bisherigen Kinoarbeit, kein absolutes Ende mit diesem Film oder gar mittels Films schlechthin. Es gab viele solcher Beendigungen im Leben Pasolinis, die also nicht mystifiziert werden dürfen. Nicht ein Nichts kam danach, sondern ein Anderes, das wohl vorbereitet war im Turm zu Chia: Rückzug, Neuorientierung, Schreiben, Malen, vielleicht auch Wiederaufnahme des Theaters, sicher ein vorläufiger, aber eben nur ein vorläufiger Verzicht auf das Filmen. Rückkehr zur Lebensweise als schreibender Autor.

Dass Pasolini sich auch damals ›in einer Krise‹ befand, mag durchaus zutreffen, besagt aber reichlich wenig für jemanden, dessen Zeugnisse über die ganze Lebenszeit hinweg belegen, dass für ihn ›Krise‹ und ›Leben‹ schlicht identisch waren. Das kann also nicht viel mehr bedeuten als die Diagnose, wie sein Leben sich immer bewegt hat. Die Krise, die in diesem Gedicht aus den 1960er Jahren drastisch, ja geradezu letal ausgemalt wird, war zugleich privat, psychologisch und politisch bedingt. Und als solche modellierte sie Pasolini auch. Wichtig ist darauf hinzuweisen, dass sich die Jahre zu Beginn der 1960er Dekade für Pasolini noch nicht im bannenden Horizont eines als unaufhaltsam empfundenen Genozids, des totalen Faschismus eines mörderischen Konsumkapitalismus und einer absehbaren Vernichtung aller anthropologischen Differenzen und Eigenheiten präsentierten. Solche ›Krise‹ war also durchaus ›normal‹. Als ›normale Krise‹ aber artikuliert sie sich bei Pasolini immer auch in der typischen Gestalt einer permanenten und permanent gesteigerten, ja geradezu heraufbeschworenen Gefährdung. Diese war nicht nur Gefahr, sondern auch täglicher Ansporn, das Gegenthema und der Widerpart aller Poesie. Das poetische Schaffen steht jedoch, anders als das kinematografische (aus medialen Gründen) nicht unter dem Bann der Angst, sondern im Fokus der Vitalität – und dies noch im Angesicht von Tod und Verzweiflung. Pasolinis Schaffen wie seine Vitalität überschreiten also prinzipiell die üblichen Markierungen einer Grenze zwischen dem Produktiven und dem Destruktiven, der Schöpfung und der Zerstörung, dem Lebendigen und dem Toten, dem Scheitern und dem Gelingen.

Beginnend mit einem Verweis auf Maria Callas: Leben als Werk, Werk als Leben

Solche und zahlreiche weitere Bezüge zum Heiligen und Verworfenen, Religiösen und Mythischen jedenfalls sind aufseiten der Linken, zu denen der bekennende Kommunist Pasolini sich immer gezählt hat, schon früh entschieden, aber auch später anhaltend, ja hartnäckig unterschlagen worden. Den Rechten allerdings wäre eine Allianz mit dem verfemten Dichter ebenfalls peinlich gewesen. Die Einhaltung von Reinlichkeitsgeboten oder Glaubensrichtlinien, die Rücksichtnahme auf Dogmen oder Regelwerke waren seine Sache nicht. Jemand, der intim befreundet war mit Maria Callas und dessen Briefe an sie vom Clan der Onassis vernichtet worden sind, jemand, der das internationale Kino revolutioniert und überaus Bedeutsames in Prosa, Lyrik und Theorie geleistet hat und der für die Wahrnehmung einer vielfältigen Welt kämpfte, war in der damaligen Epoche ein Außenseiter – egal, von welchem Standpunkt oder in welcher Richtung man Dynamik und Person betrachten mochte. Und dies eben nicht trotz, sondern zunehmend: gerade wegen seiner Berühmtheit. Aus denselben Gründen aber blieb lange ein umfassender Blick auf sein Werk verstellt.

Zum Stichwort Callas: Auch sie passt nicht in das Schema. Nicht nur nach Moravias Ansicht, die allerdings wie alles, was dieser enge und treue Freund Pasolinis sagte, von großem Gewicht ist, war Pasolini mit Callas eine Zeit lang außerordentlich glücklich. Es handelt sich ohne Zweifel um eine Liebesbeziehung derjenigen Art, für welche die – ohnehin empirisch nicht zu klärende – Frage des Sexuellen zweitrangig ist. Woran die Beziehung dann scheiterte, weiß niemand, wusste niemand außer den beiden Protagonisten. Man geht aber sicher nicht falsch in der Annahme, dass beide sich in einem ähnlichen Zustand der Erschöpfung be- und gefunden haben, durch Erfolg beschädigt, in einem Gleichklang zweier ausklingender Leben, beide unglücklich und trotz aller Realisierungen unerschöpft im Bisherigen. Aber auch wenn man solches zu Recht nicht nur annimmt, sondern aus etlichen Zeugnissen beider erschließen kann, erklärt das gar nichts in Bezug auf die wirklichen Beziehungen und Verhältnisse, Geschehnisse und Handlungen, Ereignisse und Vorkommnisse.

Die rigide Disziplin und künstlerische Integrität der Callas muss jedenfalls in allen Erwägungen zu ihrer Liebesbeziehung mit Pasolini ebenso berücksichtigt werden wie die Tatsache, dass sie, die sich vor Filmangeboten seit Ende der 1950er Jahre nicht retten konnte – bis hinauf zu Luchino Visconti –, ein einziges Mal eine Rolle spielte, und diese, natürlich zu jeder Kontroverse Anlass gebend, grandios: als Medea in Pasolinis gleichnamigem Film, gedreht zu Teilen in der Lagune von Grado, in der Nähe des Deltas des Isonzo im Friaul, an der Grenze zu Jugoslawien und mit Blick auf den Golf von Triest. Auf der Insel Grado verbrachte Pasolini mit Callas etliche Zeit in zwei Sommern um 1970, zeichnete, malte. Eine der wenigen Epochen im Leben Pasolinis, für die es nahezu keine Zeugnisse gibt – einige Fotografien, darunter eine der beiden in einem kleinen Boot mit weißem und schwarzem Pudel. So bleibt auch das im Dunklen, was dort an Entfremdung oder Entzweiung sich ereignete, bleibt jedenfalls das bestimmend Wahre unaufhellbar. Es ist poetisch und philosophisch abgeschirmt und geschützt. Das Wesentliche bleibt immer Geheimnis. Das gilt gerade für die schier unermessliche Offenheit und besonders für die Fähigkeit Pasolinis, alles Bedeutsame in und an seinem Leben in geschmeidiger, demutsvoller und zugleich überaus stolzer Weise in eine genaue Sprache zu bringen. Das Geheimnis des Lebens Pasolinis ist nicht zu ergründen. Anders gesagt: Es gibt gar keines. Wer sich durch das Gesamtwerk gearbeitet hat, dem wird klar, dass alles artikuliert, aufbewahrt und ausgedrückt, verstofflicht und transformiert ist. Ein Leben als Werk: Das Leben Pasolinis ist seine poetische Philosophie, seine Ästhetik ist seine Existenz.

Nur als Werk, also poetisch transformiert, existiert das Leben, gerade weil es so unmittelbar ist wie dieses. Wie der Wanderer in *Gramscis Asche* zieht Pasolini durch das Leben als ein Dichter, dessen Meisterschaft auf ungeheurer Disziplin, einem linguistischen, medialen und technischen Lernen beruht, das ihn zu einer Meisterschaft gebracht hat, die in keinem gewählten Medium, keiner Sparte oder Gattung mehr technische Probleme aufwirft – allerdings außer dem, dass es erst recht zum Problem wird, solche Probleme nicht mehr zu haben. Man muss sich diese dann künstlich erschaffen, um am Widerstand noch wachsen zu können. Die Lektüre der verschiedenen Fassungen von Büchern, besonders Erzählungen und Romanen im Nachlass bestätigt dies, wie der Herausgeber der gesammelten Schriften, Walter Siti ausführt, worauf hier noch zurückzukommen sein wird. Pasolini arbeitet die umfangreichen, gelungenen Fassungen seiner Werke immer wieder um, lässt über lange Jahre Projekte liegen, setzt sich nach Jahrzehnten an neue Fassungen, Versionen, verwandelt sie in Fragmente, zuweilen erzwingt er gar deren Ruinierung. Walter Siti hierzu: »Die letzten Fassungen der Werke Pasolinis die für eine Veröffentlichung bestimmt oder jedenfalls ›ins Reine‹ geschrieben wurden, sind meistens das Produkt des Verwerfens. Interessant ist, daß dies Vorrecht des Schriftstellerhandwerks immer als ein Verzicht erfahren wird und mit großem Bedauern einhergeht.«[10]

Er verzeichnet im Akt permanenter Umformungen und Metamorphosen, Transformationen und Parzellierungen, Abspaltungen und Re-Synthetisierungen prosaisch, episch, poetisch, lyrisch, kinematografisch, zeichnerisch mit dem Werkzeug, das jeweils gerade vorhanden ist, mit sicherem Schwung und präziser Kundigkeit. Es ist alles lebendig geworden in den Automatismen einer agilen Meisterschaft, die aber, wie Siti vermerkt, auf dilettantisches Improvisieren, auf Launen und Verfemtes, Unwertigkeiten und das ›hohe Werk‹ unterlaufende ›verunreinigende‹ Codes und Formen nicht verzichten will. Siti resümiert: Pasolinis »Nachlass bestätigt mithin, was schon im veröffentlichten Werk deutlich wurde: Die Texte sind ein zwischen zwei Reihungen aus Gegensätzen gespanntes Gummiband: zwischen Größenwahn und Gnade, zwischen Magma und ästhetischem Gelingen, zwischen Didaktik und freiem Flug, zwischen System und Disziplinlosigkeit. Einerseits gibt es den programmatischen Pasolini, der ›der Welt Tiefe geben‹ (›dando fondo al mondo‹ ist der erste Titel von *Italie magique*) und in allem Meister sein will. Andererseits gibt es den kapriziösen und leichtsinnigen Pasolini (›Leichtsinn‹ ist noch die schwächste Bezeichnung für das, was ich auch Schlamperei oder Nachlässigkeit genannt habe), der ›schlechthin unbelehrbar‹ ist, der sich herumtreibt, wo er will und sich den launenhaften Fingerzeigen des Talents anvertraut.«[11]

Beschreibend, dichtend wird das Leben Bild, Wort, Film, magisch verwandelt wie und als eine Alchemie, an der Pasolini sich ein Leben lang schulte, auf der Basis eines genauen humanistischen Wissens, einer tragfähigen gymnasialen altsprachlichen Ausbildung, eines soliden Studiums der Kunstgeschichte und Literaturwissenschaft. Eine Figur, wie sie nur, an ihren Spitzen, die mediterrane Leichtigkeit des alten Italien (am Gegenpol der kriminellen Energien) hervorbringt, inmitten einer Sphäre, in der Petrarca und Dante Zeitgenossen geblieben sind.

Es geht heute – erstmals möglich, zum ersten Mal in entscheidender Weise – um den ›ganzen Pasolini‹, den ganzen Künstler und den ganzen Menschen. Das ist Anliegen und Ziel der hier vorgelegten Abhandlung. Sie berücksichtigt, dass vieles zu Pasolini vorliegt, dass, wie erwähnt, gerade in den letzten Jahren in Ausstellungen und Retrospektiven, wissenschaftlichen Analysen und publizistischen Arbeiten vieles gut zugänglich gemacht worden ist. Das muss hier nicht wiederholt, nicht referiert, auch nicht zusammengefasst werden.

Pasolini hat in Menschen etwas entzündet und freigesetzt, das man wohl als Verlebendigung eines Kerns dieser Personen ansehen kann und muss. Er verhalf den Menschen zur Begegnung mit ihnen selbst. Das gilt für den kritisierten Giuseppe Zigaina. Das gilt auch für die Jugendfreundinnen, Vertrauten und Anregerinnen, die intellektuell und künstlerisch profilierten und befähigten Silvana Mauri, Giovanna Bemporad und die Slowenin Pina Kalz, Musikerin, Komponistin, Geigerin. Dass sich so viele hochgebildete Frauen unter den erwählten Vertrauten und Freunden befinden, ist nicht nur bezeichnend für Pasolinis Affinität zur Figur einer aus seiner Sicht sexuell neutralisierten Frau, sondern auch eine Frucht des zwiespältig auf den Faschismus setzenden Futurismus, der sich für die Emanzipation des ›Weibes‹ konzeptuell gerade in der italienischen Gesellschaft große – im europäischen Maßstab damals unvergleichliche – Verdienste erwarb. Der polemische Ausdruck ›Weib‹ wird im italienischen Futurismus für eine Kritik an der bisherigen Unterdrückung der Frau gebraucht, nicht als Beschreibung eines behaupteten ›Wesens‹.[12] Weitere Freunde werden ein Leben lang Pasolini treu bleiben. Nicht wenige zählen zu einem eigentlichen ›friulanischen Klan‹. Der Jugendfreund und Cousin Nico Naldini hat, neben Enzo Siciliano, anhaltend Verbindliches vorgelegt, in Edition und Darstellung, wenn auch beiden Distanz und damit die nötige Kritikfähigkeit wesentlich abgehen. Beide belegen, ja verkörpern eine weitere wichtige Facette der Persönlichkeit Pasolinis: seine Begabung zu tiefer unverbrüchlicher Freundschaft, die nicht nur ein Leben lang anhielt, sondern auch seinen Tod, und zwar um Jahrzehnte, überdauerte. Neben dem damals noch nicht archetypologisch-alechmistisch fanatisierten Giuseppe Zigaina wird besonders wichtig der Filmproduzent Alfredo Bini, ebenfalls aus dem Friaul stammend, der eine Großzahl der Filmprojekte Pasolinis produzieren wird, darunter nicht wenige hoch riskante und absehbar ruinöse wie *La ricotta*, *La rabbia* und *Porcile*. Bini zählt zu den profilierten, an Kunst interessierten kompromisslos dienenden Produzenten, die niemals Druck ausüben, aber listig den Autoren zu dem zu verhelfen trachten, was sie eigentlich wollen. Dem ökonomischen zieht er jederzeit den künstlerischen Erfolg vor. Künstlerische Erfolge können – wie er allzu gut weiß – durchaus eng und schnell mit ökonomischem Ruin verbunden sein.

Die Gabe der Freundschaft, Großzügigkeit und Treue, Förderung aus allgemeiner Liebe zu den Menschen, aber auch aus reiner Vitalität – sie gelten auch für einen Giorgio Agamben, der, wie übrigens auch Enzo Siciliano, der spätere Biograf, als junger Darsteller im Film *Das Evangelium des Matthäus* einen Jünger Christi verkörpert hat. Agamben spielte den Philippus, Siciliano den Simon und, nebenbei bemerkt, Natalia Ginzburg die Maria von Bethanien. Die hauptsächlichen Themen des später berühmt gewordenen Giorgio Agamben haben allesamt einen entscheidenden Fluchtpunkt im Schaffen Pasolinis. Das gilt für die Motive einer Sprache der Gewalt ebenso wie für die Topoi vom Menschen als Opfer und von einer universalen Verwerfung der Symbole. Das gilt auch für die Rekurse auf die profan unausweichliche Vermittlung der religiösen Botschaften in einem in den letzten Jahren wieder beliebt gewordenen metaphysischen Diskurs, der auf eine erneuerte Verwerfung des Abendlandes hinwirken will. Und damit Pasolinis kritisches Verwerfungsdenken in heideggerianisierendes urgeschichtliches Raunen auflöst. Pasolinis apokalyptische Anarchie, die überaus klar artikuliert und einfach zu verstehen ist, wird ins Nebulöse verschoben, seine poetische Klarheit verdunkelt, die intellektuelle Brisanz der Themen und Denkweisen verwischt, ins akademisch Unverbindliche verbogen und ›aufgehoben‹. Die Lebendigkeit der Treue in der Zeugenschaft der Freunde ist in mittlerweile nicht wenigen eindrücklichen Dokumentationen deutlich geworden. Helle Wachheit bezeugen noch im Alter die Aussagen einer Silvana Mauri oder Pina Katz, der Jungendfreundinnen aus den lichten und heiteren Tagen im Friaul. Und Laura Betti wachte bis zu ihrem Tod im Jahre 2004 – im Hintergrund – über die Sachwaltungen am Erbe, das mittlerweile mindestens drei institutionalisierte Zentren kennt: Casarsa (mit dem von Naldini sorgsam gehüteten Material aus der Jugendzeit, nicht nur den berüchtigten roten Heften), die Cineteca di Bologna (in welche mittlerweile der Fondo PPP di Roma integriert worden ist) und, den gewichtigsten Teil des Nachlasses des Schriftstellers betreffend, das Archivio Contemporaneo ›Alessandro Bonsanti‹ im altehrwürdigen Gabinetto G.P. Vieusseux in Florenz.

Charakterisierung und Physiognomie — Eckpunkte und Markierungen

Es sind hier, im Zusammenhang, die poetischen, semiologischen, kunsttheoretischen, kinematografischen, linguistischen und soziopolitischen Ideen Pasolinis darzustellen. Dabei wird in einzelnen Teilen zuweilen chronologisch, im Ganzen aber stets nach den Gesetzen der Signifikanz durch sich erhellende Intensitäten verfahren. War für Pasolini die Ungleichzeitigkeit ein Modus der immer je gegenwärtigen Anwesenheit des Wesentlichen, so ist dem auch in der Darstellung ihm gegenüber Rechnung zu tragen. Der Werdegang lässt sich nicht nach den Gesetzen des Reifens und der Ablösung, der Schichtungen und Stufungen erklären. Vielmehr sind die topografischen Ko-Präsenzen des Substanziellen entscheidend. Von den Filmen her sind – z.B. – die literarischen Innovationen als diejenigen wirksamen zu verstehen, welche die Filme genealogisch grundieren und ermöglichen. Aber erst die entwickelte Figur lässt die Fragmente, Spuren, die Antriebe und Fermente ihrer Entwicklung als bedeutsame im Zusammenhang erscheinen. Vom Film her entwickeln sich die Schreibweisen, von den Zeichen die Schrift des Lebens, von den Entwürfen die Erfahrungen.

Vom Bekannten und deutlich Gewordenen her erhellen sich die Gründe und das, was dem Deutlichen vorausgeht, das Geheimnis wird plastisch, hebt sich aber nicht in den Deutlichkeiten, gar ihren teleologisch bemühten Effekten auf. Das Vorausgesetzte wird zum Effekt des Verwirklichten. Und so erhält – enthüllt und verbirgt sich zugleich, immer wieder – das Geheimnis unterhalb der Chronologie. Gestalt und Struktur, nicht die Diachronie und Historie im üblichen Sinne der Jahreszahlen erweisen sich als das Entscheidende.

Die Entfaltung des vorliegenden Porträts vollzieht sich nicht als oder mittels Entwicklung seiner Lebensdaten, Genealogie und Biografie im engen Sinne, sondern in thematischen Zäsuren, typologischen Bezügen und ebenso permanenten Übergängen im ›Dazwischen‹ der Bereiche, Gattungen, Medien. Wer die Grundierung der Werke im Leben verfolgen will, der ziehe die einschlägigen Biografien heran, insbesondere die chronologisch verfahrende von Nico Naldini. Solche Markierungen der Biografie sind im hier vorgelegten theoretischen Profil nur minimal und keineswegs gesondert zu erörtern. Es ist auch nicht gesagt, dass sie – so interessant sie zweifellos sind – wirklich eine aufschlussreiche Bedeutung haben können. Ich lege eine andere Option zu Grunde: Es soll davon ausgegangen werden, dass im Werk Pasolinis enthalten ist, was den Menschen ausmacht. Was den Menschen bewegt, ist Werk geworden nicht nur in der stofflichen Fülle und Diversität, sondern auch im paradox beschriebenen Schweigen, den Verwerfungen und Absagen. Sie spielen im vorliegenden Buch als Profil des Menschen, Denkers und Künstlers durchgängig eine bedeutende Rolle.

Zu nennen sind vorab grundlegende Charakteristika, die verdeutlichen, in welchem Verhältnis Leben und Werk des Künstlers und Denkers zu verstehen sind:

- Pasolini ging der Vielfalt der mediterranen Sprachen nach. Er schuf kunstvolle hochstufige Poesien aus provinziellen Elementen und dialektalen Einfärbungen, erfand also eigentlich hochsprachliche Artefakte, deren schriftliche Fixierung die alltägliche orale Kommunikation nicht benötigt, besonders nicht im bäuerlichen Leben. Dies ermöglichte eine Zeugenschaft nicht für kulturelle Regionalisierung, sondern für den zivilisatorisch transformierten Reichtum des Gelebten auf der Basis der Einheit von Natürlichem und Artefakten.
- Pasolinis Kritik an einer nivellierten, globalisierten, einer in einer erzwungenen Einheit mörderisch verschwindenden Welt erscheint in vollem Umfang erst heute nachvollziehbar. Seine vehementen Verwerfungen, Polemiken eher

denn Analysen der späten 1960er Jahre bis zu seinem Tode erschienen damals überzogen, individuell und geprägt von einem leidvollen und leidensbereiten Narzissmus. Das hat den Blick verstellt für andere Seiten Pasolinis.

- Pasolini war ein ungemein höflicher, zivilisierter Zeitgenosse mit vollendeten Manieren. Das kontrastiert mit – um auch hier dem unbestechlichen Urteil Alberto Moravias zu folgen – seinem notorisch schlechten Geschmack in Sachen Kleidung und Wohnungsausstattung sowie seinem unitalienischen Desinteresse an gutem Essen. In den Gebieten von Malerei, Film und Kunst dagegen sei sein Geschmack untadelig gewesen.
- Er nahm eine für ihn unaufhebbare Divergenz zwischen Natur und Sprache, Erleben und Bewusstsein, Tag und Nacht, Poetik und Intensität, Utopie und Verzweiflung als eine nicht zu vermeidende, ja unberührbare und unverfügbare Kluft hin. Er richtete sich in der Divergenz und Ambiguität ein, im je sich Ausschließenden jeweils von beiden Seiten her. Seine nächtlichen Exzesse, seine rastlose Suche nach schamfreiem, von aller Schuldlast befreitem amoralischem, natürlich hungrigem, unverstelltem sexuellem Erleben, sein Wagemut und sein Getriebensein, seine ›Drift‹, widersprachen nicht nur dem Pathos der Intention eines durch menschliche Macht formbaren Schicksals. Geschichte schien ihm schon individuell nicht ›machbar‹. Die Absicht der Moderne auf Selbstbegründung musste ihm im Grunde und zur Gänze pathologisch erscheinen, als Wahnsystem und Frevel. Natur war und ist stets fraglos hinzunehmen. Die Gewalt der Natur sei dem menschlichen Wirken immer überlegen. Nur das sichere ihr eine Vielfalt. Bewusstsein schwäche die Instinkte – hier hat Pasolini an der Gegenmoderne teil, wie sie – wenn auch mit ganz anderen Absichten – seit Oswald Spengler und Ludwig Klages vehement und denunziatorisch entwickelt worden ist.
- Die Geschichtsphilosophie der modernen Menschheitsutopie mündet notwendig in eine Katastrophe. Vernunft ist die Selbstverleugnung des Bösen, das sie angesichts ihrer selbst doch unweigerlich ist. Pasolini hat die Schrecken solcher Rationalität weder vermieden noch beschönigt. Im Gegenteil, er hat sie geradezu als die eigentliche Wahrheit beschworen. Was Theodor W. Adorno und Max Horkheimer in der *Dialektik der Aufklärung* beschrieben haben, wird von Pasolini radikalisiert. Jede Steuerung von Natur erzeugt nach ihm Unterwerfung, Selbstverblendung und Gewalt. Parallel zu seiner Diagnose vom mörderischen Faschismus der Konsumgesellschaft, die erst den durch die Faschisten noch im rassistischen Ausnahmezustand erträumten Genozid, auf ›friedlichem Weg‹ der globalisierten Novellierung also, realisiert, spricht sein letzter Film *Salò oder die 120 Tage von Sodom* ein deutliches Verdikt über die Vernunftfähigkeit des Menschen. Und nähert sich hier den Ausführungen Adornos und Horkheimers in deren aufklärungskritischem De-Sade-Kapitel. Den Film konnte Pasolini, wie bekannt, nicht mehr fertigstellen. Gewalt – das zeigt und belegt aber auch der unvollendete Film in schmerzender Klarheit deutlich – ist von Anthropozentrismus nicht zu trennen. Genauer: Jeder Anthropozentrismus endet mörderisch, weil er exterminatorisch beginnt. Das ist Ansatzpunkt und Lehre von *Salò*.

Pasolini war homosexuell und diese Tatsache seit 1947 öffentlich bekannt. Vom Katholizismus und seinen langen Armen in das Schul- und sonstige Wesen hinein verfemt und verfolgt, vom Kommunismus exkommuniziert, muss man sagen: Katholizismus wie Kommunismus schlossen ihn aus ihren Formationen aus diesem einen, identischen Grunde aus. Pasolini radikalisierte die Position des denunzierten Homosexuellen aber nicht nur gegen diesen selbst, sondern auch gegen Konformismus, Feminismus, Kampf um Abtreibung, gegen alle erdenklichen Positionen. Ihm erscheint die Verausgabung des Homosexuellen die einzig wirksame Verweigerung der Zeugung. Prokreationsverzicht ist aus seiner Sicht die einzig fortschrittliche Position im Umgang mit dem Erotischen und, generell, den Energien der Natur für den gesellschaftlichen Menschen. Man sieht, wie hier der unerlöste und unbedingte Aktivist in Gestalt des im Partisanenkrieg und -chaos ermordeten Bruders Guido aus dem Hinterhalt seiner Mörder in das Gewissen der Verwandten und Freunde zurückkehrt. Fortpflanzung ist ein Wunder des Lebens und ein Politikum ersten Ranges – diese dem Trend der Zeit zuwiderlaufende Einstellung hat Pasolini zeitlebens nicht verändert und schon gar nicht preisgegeben.

Pasolini eignet sich also trotz einer geradezu mustergültigen Erfahrung des Dissidenten und Marginalisierten weder für die konformistisch gewordene Homosexuellenbewegung noch gar für Gender-Moden und andere zeitgemäße Verharmlosungen am eigentlichen, gegebenen, existenziell unverrückbaren Skandal des Lebens, das immer auch Pein und Qual ist, ja sein muss. Geschlecht erschien ihm nicht kulturell codiert, Identität nichts Erstrebenswertes und schon gar nicht variabel nach bloßen Erklärungen oder kraft schierer Setzungen, die auf nichts mehr als einen individuellen Willen sich berufen und beziehen.

Vom üblichen Nominalismus der Er- oder genauer Verklärung der Natur zur kulturellen Fiktion, gar zur konsensuellen Identität, hielt er nichts. Nicht die Tatsache der Homosexualität erschien ihm bemerkenswert, sondern die Sexualität an sich, hinsichtlich ihrer Energie, ihres Daseins, ihres Status, ihrer Geste und der in ihrem Namen vollzogenen Handlungen. Sie gilt ihm als eine Naturkraft ersten Ranges und in mythischer Weise hinzunehmen: als Geschehen und Ereignis. Niemand könne eine sexuelle Identität haben, wenn man anerkenne, dass im Sexuellen sich Kräfte einen Weg bahnen, die archaisch, mythisch, also für den Menschen unbegreiflich und unmanipulierbar, nicht steuerbar und auch nicht verständlich sind. Ihnen käme nur eine Ritualisierung bei, die lange vor der Entfaltung der Zivilisation ihre kulturellen Fundamente verloren hat.

Pasolini nahm die Gewalt in den Exzessen seines vitalen Erlebens hin wie ein Stück unverfügbare Natur. Auch wenn er dieses Erleben suchte und organisierte, erschien es ihm doch als eine Gabe. Die quälte ihn zwar, bezogen auf seine Lebensgeschichte und Biografie, aber als stoffliche Kraft blieb sie ihm äußerlich, erschien sie ihm fremd und gerade deshalb wunderbar. Das Mythische war auch hier ein Unverfügbares. Deshalb galt und gilt ihm das Triebschicksal und erotisch-sexuelle Geschehen nicht als etwas, was mit Identität, Ausdruck, Selbst, Verwirklichung zu tun hat, sondern als eine archaische Erfahrung des reflexionslosen blinden Vitalismus, der Energie der Natur unterhalb aller ›Kultur‹, also auch diesseits von Gender und Konstruktionsverblendungen, die ohnehin alle schnell auf unbegrenzte Selbstsetzungsfantasien hinauslaufen.

Pasolini schließt hier an Schopenhauer, Nietzsche und Bergson an. Er vermeidet die Subjektkonstruktionen von Fichte, Hegel und Schelling. Frohgemut, heiter, unkompliziert, so hat er seine erotischen Erfahrungen immer beschrieben – dieselben, die ihm unter diskursiven Rechtfertigungsforderungen erhebliche Probleme, Scham und Qual, Versagensängste und das Gefühl des Unstatthaften und Verworfenen bereiteten, eröffnen im Erleben einen archaisch zauberhaften Reichtum. Die Leiden der Liebe spielen allerdings auf einer anderen als der erotisch-sexuellen Bühne. Sie sind sexuell indifferent. Pasolini hat, um spätere Äquivalente zu nehmen, organisierte Ausdrucksformen wie ›gay pride‹ und den üblichen Schwulenkult und -kitsch – gerade in seiner mittlerweile aktuell dominierenden Ausprägung, die diesen nicht nur gesellschaftsfähig gemacht, sondern zum Topos einer ritualisierten Bezeugungspflicht gegenüber einem angeblichen oder zumindest willentlich vermuteten höheren Mensch-Sein konfirmiert hat – als gesellschaftliche Machtstrategie abgewiesen. Wie er so vieles Weitere verachtet hat, von dem man denkt, er hätte es begrüßen müssen.

Man darf Pasolinis Scharfsinn, aber auch seine Kompromisslosigkeit niemals unterschätzen: Sein freundlich-friedlicher Charakter und seine bedingungslose Liebe zum Leben werden auf einen Schlag messerscharf, wenn es um menschliche Illusionen geht, um Verblendung und Selbstverblendung. Er hat sich nicht geschont. Dass er selber zu einem ›Befund‹ gehörte, hätte ihn nicht für Privilegien und entsprechende Forderungen nach Rücksichtnahmen oder ›Toleranz‹ eingenommen. Die heitere nächtliche Intensität seiner erotisch-sexuellen Streifzüge, Freibeutereien und Weiteres: Sie waren ihm nie ein Postulat, er ist ihnen einfach nachgegangen, hat ihnen nachgegeben. Leidenschaften und der Hunger nach dem Leben waren ihm einfache Tatbestände, deren Kraft und Verbindlichkeit, als Maxime wie als Lockung, niemals in Frage standen. Er wollte sie freihalten von allen Diskursen und diskursivierenden Vereinnahmungen, die doch nur Natur in Zeichen, Energie in Konvention, Reales in Symbole auflösen. Er war frei von den Verführungen des Identitätsdiskurses.

Sexualität und Macht – Faschismus, de Sade und Pasolini

Zu Beginn der 1970er Jahre setzt sich bei Pasolini als Überzeugung deutlich fest, was Michel Foucault wenig später, damals bereits am Komplex der Herleitung solcher Strukturen arbeitend, im ersten Band der *Geschichte der Sexualität* unter dem Titel *Der Wille zum Wissen* breit ausgelegt hat: dass Sexualität gerade im unbedingt auf Toleranz und moralische Pluralität verpflichteten Diskurs in gesteigerte Repression umschlägt. Es werden daraus neue Unterdrückungsstrukturen erzeugt, oder auch: gewonnen. Pasolini versteht Erotik und Sexualität als machtvolle Manifestationen einer ebenso archaischen wie freien Natur. Diese hält er für vollkommen unfähig und ungeeignet, diskursiv werden zu können. Das gilt auch für die sublimeren Formen ihres Ausdrucks. In seinem letzten Film *Salò* wird Pasolini nicht zufälligerweise der Genealogie des Faschismus den grausamen Text *Die 120 Tage von Sodom* des Marquis de Sade zugrunde legen. Salò war damals ein gut geschützter Luftkurort am Westufer des Gardasees. Er diente den Getreuen Mussolinis, der nach der Landung der Alliierten im Juni 1943 in Sizilien auf Betreiben des ›Großen Rates der Faschisten‹ vom italienischen König abgesetzt worden war, als Rückzugsort. Mussolini wurde an verschiedenen Orten gefangen gehalten. Im September 1943 besetzten deutsche Truppen das zum Feind gewordene Italien. Es waren wiederum deutsche Fallschirmjäger, die Mussolini am 12. September 1943 aus dem Campo Imperatore in den Abruzzen befreiten. Erneut auf Initiative der Nazi-Regierung wurde Mussolini in Norditalien mit der Gründung und Führung einer Marionettenregierung einer nun schon fiktiv gewordenen faschistischen Italienischen Sozialrepublik (›Repubblica Sociale Italiana‹, auch: ›Republik von Salò‹) beauftragt. Vom September 1943 bis kurz vor dem grausamen Finale Ende April 1945 – Gefangennahme durch kommunistische Partisanen am Beginn der Flucht über das Veltlin in die Schweiz mit anschließender standrechtlicher Erschießung – residierte Mussolini mit den letzten Getreuen auf der Insel Salò, um ein letztes Mal, bereits im Angesicht der kommenden Niederlage, eine ›reine Republik des wahren faschistischen Geistes‹ kraft männerbündlerischer Treueschwüre und der richtigen Gesinnung mehr zu beschwören und auferstehen zu lassen als nur auszurufen.

Warum Pasolinis Kombination des faschistischem Salò mit der radikal-aufklärerischen schwarzen Moderne, die nicht auf den exzessiven Außenseiter de Sade reduziert, sondern durchgängig als Grundierung und Subtext der klassischen Moderne gelesen wird (die vier Protagonisten, großbürgerliche, aristokratische und klerikale Folterer, Verbrecher, Mörder, sitzen auf Bauhaus-Stühlen und reden überaus eloquent im Duktus einer Aufklärung, die ihre letzten Reste an Naivität überwunden und aufgelöst hat, was gewiss einen Fortschritt im Prozess der Aufklärung bedeutet)? Pasolinis Verbindung des letalen italienischen Faschismus mit der Dystopie des Marquis de Sade erscheint von heute aus als originell und zeitdiagnostisch ebenso erhellend wie evokativ. De Sade nimmt eine übersteigerte Aufklärungsposition ein mit der alles Übrige in seiner amoralischen Intention erst ermöglichenden Behauptung, die wahre Einsicht in die Natur lege dieser nicht das Gute zum wahren Anfang zugrunde, sondern den ungefilterten und ungebändigten Geist des Verbrechens. Und zwar nicht im Sinne eines einzelnen Aktes, sondern einer ausschließlich der Verwirklichung, Steigerung und Ausreizung des Schlechten und Verbrecherischen dienenden und verpflichteten, einer derart und darin unbegrenzten Fantasie, dass sie der ›wahren Begabung und Bestimmung des Bösen‹ huldigt, dem das Leben zum Zwecke seiner Selbstvernichtung sich strikt und gänzlich zu widmen habe.

Um die spezifische zeitdiagnostische Zuspitzung im Kontext der Globalisierungskritik und der Polemik gegen eine neue Art von Genozid zu verstehen, der einhergeht mit der neuen, kompromisslosen und deprimierten Absage Pasolinis an die ›globalisierte Massenzeichenware Kino und Film‹, sei hier eine knappe, meine Motive selektiv behandelnde Schilderung des Films eingeschoben.

Salò oder die 120 Tage von Sodom adaptiert Motive und übernimmt teilweise wörtlich die Verbrechen verklärenden Diskurse aus dem gleichnamigen Werk des Marquis D.A.F. de Sade. Die Verfilmung folgt dem Geiste der ›schwarzen Aufklärung‹. Sade entfaltet in seinem ausnahmsweise knappen, nicht ausschweifenden Buch – eher Traktat als Abhandlung – die Choreografie des sich stetig weiter steigernden Verbrechens, dessen Gebot aus dem naturphilosophisch verordneten Zwang zur vollständigen Entfesselung von Lust abgeleitet wird. In ihm exekutiert Sade eine negative Naturphilosophie in zugespitzter Weise. Schön, zulässig, aber auch strikt geboten ist nur das Verbrechen. Es herrscht in den maßgeblichen oberen Ständen eine aristokratische Amoral. Sie beanspruchen und entwerfen sich als Herrenmenschen. Alles Leben, die anderen Menschen, alles Existierende wird unterworfen, zum Medium und Rohmaterial einer stets weiter gesteigerten egozentrischen Empfindungslust degradiert. Im Film wird diese Kaste im Zustand einer unbegrenzten schamlosen Boshaftigkeit gezeigt. Allerdings ist diese in *Salò* keine moralische Größe. Vielmehr konstituiert das Böse an sich, das schiere oder reine Böse sowohl die unbedingten Taten der Akteure, die Handlungen und auch alle Rechtfertigung des Tuns. Das Recht auf Lust erscheint durchgängig als Pflicht, einem herrischen und unerbittlichen Steigerungsverlangen unbedingt wie bedingungslos nachzukommen. Die Choreografie findet ihren Ausdruck in den Darlegungen der vier Herrenmenschen, die auf die Geschlechter und feudalen Stände verteilt sind. Das Volk erscheint nur als zu konsumierendes Material in der Exekution der Lust. Zuweilen regt sich in diesem Volk Widerstand. Kooperation und wechselseitige Hilfe unter Sklaven sind die einzigen schwachen positiv besetzten Zeichen im Film. Die militärische Kontrolle sowie das Herankarren immer neuen Menschenmaterials obliegen den Faschisten und Nazis.

Das Geschehen wird nach Salò, an den letzten Zufluchtsort Mussolinis bis September 1943 verlegt. Der Faschismus erscheint aber nicht historisch, sondern prototypisch und in modernem Gewand. Die Gewalt folgt nicht nur der Sade'schen Choreografie des Verbrechens, sondern einer eigenen, beispielhaft bourgeoisen Rationalität. Pasolini widerruft mit diesem Film nahezu restlos jede frühere positive utopische Energie, erst recht die in der vorangehenden *Trilogie des Lebens* wirkenden erotischen Verheißungen und anarchisch friedlichen Genüsse. Jetzt ist Eros nur noch ein Trauma, eingebunden in den Thanatos, den Todestrieb, der alles verschlingt. Eros besetzt nur noch Zwischenzustände. Der Film endet in grauenvollen Folterszenen. Lebendigen Leibes werden Menschen gehäutet und viergeteilt. Die verstörende Vivisektion wirkt deshalb besonders unerträglich, weil Pasolini den Zuschauer als Zentrum der Obszönität und medial verfestigte Lüge schonungslos in den kinematografischen Apparat hineinzieht und diesen in seine pauschale Kritik der mörderischen Logik aller Apparate des Kapitalismus integriert. Der Zuschauer nimmt durch die Identifikation der Kameraführung mit dem Auge des Betrachters die Position des gelenkten Blicks der die Folterszenen im Tangoschritt – mit Durchsicht durch das Fenster in den Todeshof – pervers genießenden jungen Männer ein.

Der Film vollendet sich in der Verengung des Schwenks auf das eine Auge des Betrachters. Dieser wird auf das mono-okulare Auge der Kamera reduziert und damit zum Komplizen einer teilnahmslosen Registratur des Schreckens, ja im Grunde zum Ermöglicher des mörderischen Geschehens. Nie ist das gewalttätige Ethos des Voyeurismus schmerzlicher, schneidender in Szene gesetzt worden. In seiner »Abiura della Trilogia della vita«, geschrieben während der Dreharbeiten zu *Salò*, sagt Pasolini, er drehe einen grausamen Film, so tödlich grausam, dass er selber noch nicht wisse, wie er überhaupt noch Distanz zu ihm halten oder wieder gewinnen könne. Von diesem Punkt an verbindet sich die Geschichte dieses Filmes fatal mit der Geschichte vom Ende seines eigenen Lebens. Was er mit *Salò* sagen oder ausdrücken wolle, könne er nicht sagen. Er wisse es noch nicht. Klar sei ihm nur, dass es um die Verwerfung der sexuellen Sprache unbedingt und als solcher gehe. [13]

Erst mit *Salò* vollzieht Pasolini eine geschlossene Identität erzwingende Rückwendung der desaströsen Befunde der *Freibeuterschriften* auf sein eigenes Werk, zumindest das kinematografische. Offenbar erscheint ihm dieses Medium nun wegen seiner apparativ-mechanischen Verschworenheit auf die große kapitalistische Maschinerie restlos beschmutzt. Noch in der *Trilogie des Lebens*, unbesehen der künstlerischen Unterscheidungen und ihrer Einschätzungen, spielten Schalk, Ironie, Verspieltheit eine bedeutende Rolle. Und auch eine deutlich sichtbar werdende und nicht ausgeblendete sexuelle Erregung, die normalerweise in ›kulturell bedeutsamen‹ Filmen nicht gezeigt, sondern einer anderen, der ›X‹-Klasse, unterstellt wird. Wenn man sich verdeutlicht, dass diese Trilogie die apokalyptische Kulturkritik der *Freibeuterschriften* zeitlich begleitet, dann ist dies bemerkenswert. Erst *Salò* wird, in der verzweifelten Denunzierung des ausweglosen Terrors einer alles verschlingenden Ikonophagie, einer gewaltsamen Bildersucht des entfesselten Voyeurismus diese Energien ebenfalls in den Strudel des Todes hineinreißen. Dennoch darf man nicht – wie so oft nach seinem Tode und in fast unvermeidlicher Weise geschehen – eindimensionale Rückschlüsse auf Pasolinis Lebensbefinden oder sein Selbstgefühl daraus ziehen. Zumal dies fatale politische Folgen aus einer existenzial-esoterischen Vorentscheidung über die ja nie geklärte Weise seiner Ermordung nach sich zieht und insbesondere die überaus plausibel erscheinende These eines politischen Mordes vernachlässigt, die Alberto Moravia, Rossana Rossanda, Oriana Fallaci und andere mit guten Gründen als die überzeugendste beschrieben haben.

Man sollte auch nicht vergessen: Bis zum Schluss seines Lebens schrieb und publizierte Pasolini Texte über Bücher von Kollegen,[14] unabhängig von diesem Malstrom der Verzweiflung. Und der nachgelassene riesige Roman *Petrolio* belegt ebenso wie eine späte friulanische Gedichtsammlung mit sogar neu in ›furlan‹ geschriebenen Versen, dass Pasolini weder das Talent zu human nuancierender Empfindsamkeit noch gar die Lust am Spiel mit dem Grotesken und Verquerten des Lebens eingebüßt hat – im Gegenteil. *Salò* jedenfalls bleibt ein Film, der nicht nur die Verstörung des Regisseurs in Szene setzt, sondern verstörende Wirkung hat, zuweilen gar mit bleibenden Schäden. Der Film wurde zum ersten Mal beim Festival in Paris gezeigt, genau drei Wochen nach der Ermordung Pasolinis. In Italien kam der Film allerdings schon sieben Tage nach dem Tod – nach der üblichen Vorbesichtigung und Prüfung einer Zulassung zum Kinoprogramm – auf den

Index und verblieb dort. Stupiderweise lief der Film zunächst nur in Lokalen vom Typus der Pariser Vorort-Porno-Kinos. Im Rahmen der *Hommage an Pasolini* von 1980 und 1981 durfte der Film nur einer geschlossenen Gesellschaft mit Voranmeldung und Erfassung der Personalien aller Zuschauer gezeigt werden. Später kam er auf dem Wege des Videoverleihs und auf DVD in breiten Umlauf. Er ist mittlerweile einschränkungslos zugelassen, wenn er auch nicht gerade im Fernsehen ausgestrahlt wird.

Diese permissive Weitung, die beispielhaft eine repressive Toleranz bezeugt, hat mit der bis zur Besinnungslosigkeit führenden drastischen Steigerung der Gewaltdarstellungen, der Entfesselung der Mittel und der Gewöhnung an mediale Pornografien als ›normalisierte Exzesse‹ zu tun. Aber das verharmlost die Spaltungskraft und die provokativen Energien dieses Films. Er bleibt grausam und verstörend, und es wundert nicht, dass man im Kontext einer Arbeit an einer Kunsthochschule für Medien immer wieder jungen Menschen begegnet, die diesen Film, der ›ein Trauma ihres Lebens bleibt‹, zu früh und zum falschen Moment gesehen haben, ohne zu ahnen, worauf sie sich eingelassen haben. Also ist Pasolini wieder einmal – einmal mehr, ein letztes Mal – gelungen, was er wollte.

Tröstliches Detail zum Schluss: Einmal gewonnenen Freunden blieb Pasolini aus Dankbarkeit für diese Gabe des Lebens in großzügiger Weise treu verbunden. Sein ehemaliger, längst dieser Rolle entwachsener Assistent Bernardo Bertolucci drehte zur gleichen Zeit in derselben Region Norditaliens sein *1900*, einen anderen Meilenstein nicht nur des italienischen und europäischen Kinos. Die beiden Freunde koordinierten die Dreharbeiten. Zweck war, mit jeweils elf Leuten aus den Teams zwei Fußballmannschaften zu bilden. So vergnügten sich die Teams neben den grausamen und anstrengenden Arbeiten auf die übliche, Pasolini bei Dreharbeiten längst lieb gewordene Weise. Dem Vernehmen nach sollen die zahlreichen Spiele ›in somma‹ unentschieden geendet haben. Ob aufseiten des Bertolucci-Teams Donald Sutherland oder Burt Lancaster mitspielten, ist nicht bekannt. Auch wird Laura Betti, die ›nicht fleischliche Gattin‹ Pasolinis, die nun im Team von Bertolucci arbeitete, wohl kaum ins Spiel eingegriffen haben.

Verlassen wir den Film, seinen Entstehungsort, seine Erzählung, Dramaturgie und Physiognomie, auch seine filmischen Eigenheiten und beschäftigen wir uns wieder mir der Situierung von Stoff und Form von Pasolinis *Salò* in Leben und Gesamtwerk des Autors.

Der Faschismus erscheint in Pasolinis *Salò* nicht als Negation, Leugnung oder Verwerfung, sondern als eine der radikalen Ausprägungen bürgerlichen Denkens. Genau das aber ist von all denen stets geleugnet worden, die den kriminellen Bodensatz von Kapitalismus und Bourgeoisie als Naturzustand ebenso leugnen wie bekräftigen. Zum Guten hin soll er verklärt werden durch schiere Setzung, dogmatisiert zum Credo, in seiner Natur verborgen, als kontrafaktische Selbststilisierung gerettet werden. Die Taktik des Verschweigens operiert im Abheben auf die Brechungen und negativen Ausschließungen der bürgerlichen Vernunft durch einen ›Ausnahmezustand‹, eine Pathologie, ein politisches Delirium, eine Täterpathologie, kurzum: einen umfassenden devianten Wahnsinn.

Nicht zu vergessen, dass Pasolini seit *Teorema*, dem ersten seiner Filme, der nicht im Milieu des Lumpenproletariats, sondern dem der Großbourgeoisie, eines Antonioni würdig, spielt, immer wieder auf die mysteriösen Abartigkeiten, Irregularitäten und Irrationalismen des Bürgertums eingegangen ist in gebotener epischer Breite und dramatischer Zuspitzung. Am drastischsten wohl in *Porcile* (1969), der bereits nahe am Milieu des faschistischen Sadismus und der eitlen Amoralität selbstgefälliger Genuss-Herrenmenschen spielt. In diesem werden wie selbstverständlich Verbrechen sakralisiert. ›Wahre Pathologien‹ werden hingenommen im normalen Geist der Kriminellen und Verbrüderten, in einer kapitalistischen Allianz von ›gesunden Interessen‹, die sich als eine verschwiegene systemstabilisierende Abweichung oder als ›Betriebsunfall‹ versteht.

Im Film *Salò* (1975) koppelt Pasolini auf originelle, aber auch fatale Weise Faschismus und den Traktat des Marquis de Sade. Die Lust am Töten, die Verklärung und Übersteigerung einer verbrecherischen Natur, die auf Mord und Lust verpflichtet, wird zugespitzt in der Entlarvung der Herrschaft eines alles verzehrenden Auges, einer unersättlichen Bildersucht, durch welche die unbedingte Entfaltung der Herrschaft über die Körper ohne Grenze und Bedingung gefeiert wird. Jede Stofflichkeit und alle Gegenstände von Natur werden passiviert, dem Prinzip des verzehrenden Auges und der mörderischen Lust unterworfen, die man auch als Kommentar zu einer bisherigen, verkürzten Dialektik der Aufklärung verstehen darf. Als Aufklärung über die bisher nur fragmentierte und just vor der Schwelle der Selbstthematisierung angehaltene Aufklärung entwirft sich eine provokative wie bedingungslose Feier der ›schwarzen‹ oder ›negativen Anthropologie‹, die als absolutes Prinzip von Natur eingesetzt wird. Geradezu atemberaubend wird die Konstruktion für die zeitgenössische Beschreibung einer gegen sich selbst argumentierenden zeitgenössischen Dialektik der Aufklärung, die im vollkommenen, kalten, selbstreferenziellen, an nichts anderem mehr interessierten Voyeurismus kulminiert und die Opfer, die Menschen, Lebewesen und Geschöpfe zu einer stumpfem, gleichgültigen Materie aus dem Blick eines panoptischen Herrschersouveräns degradiert. Das Programm des Marquis de Sade, der sich immer den radikalen Spitzen der Aufklärung des ausgehenden 18. Jahrhunderts verschrieben hat, entziffert die geheimen Antriebe der bürgerlichen Vernunft, die im Extrem des Faschismus eine unerbittliche Wahrheit über die Grundanlagen und damit das im Wahnsinn zum Ausdruck kommende Dispositiv des ›Normalen‹ oder ›Gesunden‹ aussprechen.

De Sades choreografisch ins Unerträgliche Schritt für Schritt sich steigernde Gewalt beruht auf dem Umstand, dass de Sade die Grausamkeit als Schrift entwirft, als Sprachbild, als skripturale Metapher, kurzum: sie als Protokoll der Macht und Gewalt in die Schrift bannt und, im Gegenzug und um dies auszugleichen, die Phantasmen unerbittlich steigert. Er lädt seine im Gefängnis bedrohte, gar enteignete Imagination mit Substituten solcher im strikten Sinne unvorstellbarer, nur unter Ausnahmebedingungen imaginierbarer Gräuel auf, um die Sprache überhaupt ›am Laufen zu halten‹. Das ist ein Umstand, den man am Film Pasolinis, der erst nach seinem Tod, inkriminiert, in die Kinos kam, nicht angemessen bedacht hat, weil die negative Anthropologie Sades vorrangig in individueller Eigenheit des Autors, also als durch Pasolini denunzierter, allererst aber auch durch ihn geschaffener, affirmativer Konsumfaschismus erschien. Das Verkennen geschah also nicht ohne Grund. Pasolini hatte kurz zuvor die lebensbejahende *Trilogie des Lebens* mit dem Hinweis widerrufen, ein erotisch bejahender Körper könne schlechterdings nicht mehr gezeigt werden. Der konsumistische Genozid sei zu weit fortgeschritten. Selbst die Geschlechtsorgane – Agenten wie Metaphern extrem reduzierter Natürlichkeit – lögen und seien widerwärtig, besonders die italienischen, man könne sie wie alle Zärtlichkeit, Begehren, Leidenschaften nicht mehr zeigen. Was Wunder, dass dann nur noch die Apokalypse der geschundenen, gefolterten, gemarterten Leiber als Körper der Inkorporation nackter Macht durch ultimative Verzweiflung übrigblieb. Diese kann sich einsichtigerweise nur in Mord und Vernichtung äußern.

Exkurs: Macht — Die paradoxe Feier des Opfers

Das Passionsmotiv und eine ontologische, ja metaphysische Vorrangstellung des Opfers als dominierender Instanz ist bei Pasolini durchgängig gegeben. Es erstreckt sich von den frühen Dialektgedichten über die Romane, Theaterstücke, Anthologien, von *Accattone* und *Mamma Roma* bis hin zu den politischen Anklagen in *La stampa* und *Corriere della sera*. – In *Mamma Roma* wird der fiebernde Held, der im Gefängnis armselig verenden wird, krank gefesselt und aufgebahrt in der Weise, die der Leichnam Christi bei Andrea Mantegna um 1480 präfiguriert hat, jener ersten Darstellungen einer ›skandalösen‹, menschlich verkürzenden Perspektive auf einen Christus, der ganz in seinem Körper aufgeht. Pasolini liebte die Opfer, weil sie seiner Meinung nach der Unschuld näherstehen als die Mörder. Zugleich aber hasst er sie, weil in letzter Instanz nur die Existenz des Opfers die Tat des Mörders ermöglicht. Der Faschismus als Kult der Selbstherrlichkeit von Tätern wird Pasolinis Feind par excellence werden, der Inbegriff des Feindes. Der Faschismus hat sich nach dem zweiten Weltkrieg gewandelt. Was früher als rohe Gewalt der Herrschaft erfahrbar war, wirkt jetzt – stiller – unter der Oberfläche, als Uniformierung des menschlichen Lebens in einer technisierten und verwalteten Welt.

Die Gleichschaltung des Verhaltens, die Auszehrung der Differenz, die Zerstörung der Lebensbezüge, die Reduktion der Sprachen auf technische Floskeln, der Gestik und Mimik, ja aller menschlichen Handlung auf die Warenhüllen – all das macht den ›faschistischsten Faschismus‹, den Terrorismus, den ›Völkermord‹ des Konsumismus, den Mord am Menschen aus, der täglich vorgeführt wird. Es ist die von Pasolini beschriebene düstere Entwicklung des technisierten Völkermordes, die es ihm erlaubt, die alten Zeichen der Kulturen als Forderung an eine öffentliche Erinnerung zu dokumentieren. Aber dies ohne Gewähr, in zunehmender Verzweiflung, Entsagung, Resignation, die zuweilen hermetisch aufgefangen und gelindert werden durch ein archaisches Wissen um die vitalen Konstanten: die Verwandlung, die universale Metamorphose, das Fließen aller Dinge, das lebendig Überschießende und das Überflüssige, die Verschwendung, die Vergeblichkeit, das Unfassbare.

In einer nicht datierten Zeichnung, die als 16-teiliges Mandala angeordnet ist, spielt Pasolini auf hermetische und alchemistische Traditionen an. Es ist die einzige nichtfigurative Zeichnung in seinem reichen malerischen und bildkünstlerischen Werk. Betitelt hat er sie mit: *Die Welt will mich nicht mehr und sie weiß es nicht*. Giuseppe Zigaina hat sich just durch dieses ebenso rätselhaft wie elegant und reduktiv wirkende Blatt seit den 1980er Jahren zu immer heftigeren Spekulationen über einen hermetisch-esoterisch motivierten ›indirekten Selbstmord‹ Pasolinis verführen lassen. In einem früheren, damals noch vorrangig auf die künstlerische Form bezogenen Text – im Titel eine Selbstcharakterisierung Pasolinis verwendend: »Das Zeichen, unter dem ich arbeite, ist die Kontamination« – schreibt er: »Ganz anders scheint jene, sich vom übrigen Werk so auffällig abhebende Zeichnung ›Il mondo non mi vuole più e non lo sa‹ ausgerichtet zu sein. Der verwendeten Technik nach lässt sie eine Entstehungszeit um 1972 vermuten. Die Lust am Spiel mit der Ungewissheit über den Ausgang des Experiments scheint es hier nicht mehr zu geben. Als ob es nichts mehr zu erwarten gäbe, entzieht sie sich einem Außen, um in monoton wiederholten, nur mehr an sich gerichteten Zeichen, im Zustand eines selbstgewählten Autismus zu verharren. Auf den unteren Rand des Bildes schrieb Pasolini: ›IL mondo non mi vuole più e non lo sa‹ (›Die Welt will mich nicht mehr und weiß es nicht‹). Vielleicht ist es auch die fast mechanische Wiedergabe einer obsessiven Idee, die Schreibspur eines Seismographen, der die Zerstörung eines Gleichgewichts anzeigt: Es ist das erste Mal, dass Pasolini eine diagonale Komposition verwendet. Kennern des Pasolinischen Kinos ist bekannt, dass er nur in den allerseltensten Fällen von einer feierlich auf der Mittelachse aufgebauten Bildkomposition abgeht, die, zusammen mit der musikalischen Überhöhung durch einen J. S. Bach nicht selten überaus pathetisch wirkt und das problematische Register extremer Affektivierung benutzt, zuweilen über die Grenze des Zumutbaren oder des ›Kitsch‹ hinaus. Die Diagonale, wenn nicht eben als kompositorisches Mittel, sondern als Verstärkungslinie, als Akzentuierung eines Ausdruckes, als Unterstreichung eines Gefühls verwendet, ist seit jeher in der Malerei die Linie der Leidenschaft und der Agonie gewesen. Phantastische Spekulationen? Mag sein! Auf jeden Fall ist es besser, in der Deutung Pier Paolo Pasolinis eher durch ein Übermaß an Wagemut, Phantasie und Liebe zu sündigen, als sich seines Vorhabens nüchtern und voreilig zu entledigen.«[15]

Biografie als Drift und Passage

Identität ist bei Pasolini immer der Dynamik des schöpferischen Tuns untergeordnet. Im Porträt von 1964 für eine vom französischen Fernsehen eingerichtete Reihe *Cinéma, de notre temps* sagt Pasolini, er ringe täglich mit der Spannbreite, Ambivalenz und Opposition zwischen Gelingen und Sterben. Das sagt er ohne Koketterie und aufgesetztes Pathos, da die Denkfigur als solche, wie so oft bei ihm, an sich pathetisch genug ist. Gemeint ist: Es geht um variable Dynamiken, Bewegungen, um ein Unterwegssein. Um Entdeckungen, um erfahrene Vielfältigkeit, die niemals Identität, sondern immer nur Widerspruch sein kann, also ein Auseinanderdriften der aufeinander bezogenen konträren Pole erzwingt. So bewegt er sich in Teilwahrheiten, die er einzig noch gelten lässt. Die großen Systeme sind zerbrochen, die ausgreifenden philosophischen Gesten ermattet, die Behauptungen eines durch Widersprüche als Selbst sich immer durchhaltenden und ausarbeitenden, aus- und entfaltenden Identischen gänzlich unglaubwürdig und sowieso unnütz geworden.

Nur aus der akzeptierten und stilvoll gepflegten Divergenz (die mehr ist als eine Differenz) heraus – zwischen der täglichen Sphäre höflicher Zivilisiertheit, der nächtlichen Ungebundenheit frei ausschweifender Intensitätssuche und dem darin kanalisierten animalischen Erlebnishunger – hat er seine kritische Radikalität entfaltet: als Lebensentwurf und als Werk, das eine untrennbar vom anderen. Deshalb kann man Pasolinis Leben nur vom Werk, nicht von dem her verstehen, was man üblicherweise Biografie nennt und die doch primär eine säkulare Folge des Bildungsromans ist, in dessen stilisiertem Subjekt mindestens dem philosophischen Prinzip nach alle Fäden geordnet zusammenlaufen können. Und vielleicht ist auch ›verstehen‹ ein irrendes, ein falsches Wort. Man muss mit Pasolini gehen, sich auf seinen Reisen bewegen, sich einlassen auf das, was er denkt, sagt, zeigt. Und zwar ohne Rückhalt. Nicht wegen der Kritiklosigkeit, die dem Gestus des Herausragenden angeblich zupass kommt. Sondern weil in diesem Fall Affirmativität Kritik steigert und Nähe nicht blind, sondern hellsichtig macht.

Man würde sich einer wichtigen Radikalität berauben, wenn man kritisch-äußerliches Abwägen nur der Form halber erprobte oder weil eine unbedachte Konvention dazu verführte. Pasolini ist ein philosophisches Phänomen, kein philologischer Gegenstand, eine Kraft, kein Zeichensystem. Philologie ist eine gute Methode, auf bestimmten Ebenen seine Werke zu deuten und zu begreifen, wie dies jüngst Bernhard Groß unter Beweis gestellt hat.[16] Nichts anderes hat Pasolini selbst mit vielen Werken gemacht. Der lebendige Funke, die Erhellung im Ganzen – sie gelingen nur jenseits der üblichen Scheidungen von ›gelungen‹ und ›misslungen‹, lebendig oder destruktiv, gut und falsch, wahr und böse. Pasolini hat nicht wenige seiner folgenreichsten Texte als schlecht gemacht, allzu eilig, ungenügend geschrieben, als unsorgfältig und überaus mangelhaft gekennzeichnet, zuweilen sogar gebrandmarkt. Aber immer zugleich in ihrer Existenz verteidigt: Anders sei das Schreiben daran eben nicht möglich gewesen, wäre das Notwendige nicht entstanden.

Wegen dieses Prinzips einer Affirmation gelingt ein Porträt dieses Autors nur als nachzeichnende Verdeutlichung der Übersteigerungen, die Pasolini selbst seinen Ideen angedeihen lässt. Deshalb kann man ihm auch vertrauen. Seine Lebendigkeit, seine Treue und zivilisierende Freundschaftlichkeit führen die Leser – jeden einzelnen von ihnen – stetig und zuverlässig, sei es zuweilen auch durch Abgründe. Nichts ist zu beschönigen, am wenigsten das Lebendige am amoralischen Leben selber. Was Künste sein und leisten können, was die Bewegung zwischen Techniken, Medien, Darstellungsformen zwischen Genera und Gattungen, Ausdrucksformen und Artikulationsweisen, hohen, mittleren und niedrigen Codes, polemischen, enthüllenden und poetischen Rhetoriken sein kann, das verkörpert und artikuliert Pasolini auf unvergleichliche Weise.

Pasolini ist ohne Zweifel einer der offensten und vielfältigsten Künstler des 20. Jahrhunderts. Bewunderung oder die bloße Gewährung des Zugeständnisses wären irreführend. Es handelt sich bei ihm um eine außerordentliche, äußerlich betrachtet: um eine Mehrfachbegabung. Er war ein beachtlich guter Zeichner und Maler, ein eigenwilliger Filmer, der, dem Urteil der Freunde und Fachleute nach, nahezu die Hälfte der gefilmten Sequenzen selbst in der Kamera eingefangen hat, obwohl er die filmischen Techniken angeblich weder gelernt noch in üblicher Weise beherrscht hat. Er war Kunsthistoriker, Philologe, Dialektsammler und Literaturwissenschaftler, Linguist und Semiotiker, Sprachforscher und ein herausragender Literat und Autor, der schlechterdings alle poetischen, lyrischen und epischen Gattungen von Petrarca über Mallarmé bis zur modernistischen Lyrik, vom Roman über die Erzählungen, Novellen bis zum Drehbuch beherrschte. Nicht ›einfach so‹ oder ›nur‹ aus Begabung, sondern durch insistente, harte Arbeit.

Das Arbeitspensum Pasolinis ist kaum nachvollziehbar, die Leichtigkeit seines gelehrten, kundig und – bis auf die erwähnten Ausnahmen der politischen Kampf- und der angeheizten ›panischen‹ Tagesschriften – diszipliniert ausgearbeiteten und experimentierend zersetzten, improvisatorisch wieder absichtsvoll verunreinigten und ›verworfenen‹ Schreibens immer bemerkenswert. Er hat dafür eine ambige oder gedoppelte Lebensform gefunden: Nach den langen ›exzentrischen Nächten‹ seines exzessiven Lebens als streunende Katze oder ›herrenloser Hund‹ pflegte er nicht vor elf Uhr aufzustehen, es sei denn, er arbeitete am Set. Ohne Unterbrechung arbeitete er dann bis in den Abend hinein. Diesen regelmäßigen Tagesablauf beschlossen, auch auf Reisen, ausgedehnten Abendessen und vor allem Gespräche mit Freunden, in Rom vorzugsweise rund um den Campo de' Fiori, im Trastevere und im Viertel hinter der Universität. Gegen halb elf abends pflegte er dann von dort in sein anderes Leben aufzubrechen.

Pasolini verstand es, journalistische Texte mit großer Verve in Leichtigkeit auf das Papier zu werfen. An seinen Romanen arbeitete er lange, penibel, minutiös. Stetig und instantan, nahezu täglich, erfand er Stoffe für Filme, Drehbücher, Novellen. Experimentierte mit Formen und Techniken. Er war einer der großen Kundigen der Filmmontage und Innovator spezifischer Einstellungen. Er hat eine einzigartige und unverwechselbare Film-Semiologie entwickelt, vertreten, ergründet, beschrieben – in poetischen kinematografischen Werken wie in Film- und Kinotheorie.

Vieles und, gravierender, viel Wichtiges, ist, wie bereits in der Einleitung dieses Buches erwähnt, außerhalb Italiens nicht erschienen oder nur rudimentär ediert, um Nachweise gekappt, aus dem Zusammenhang gerissen und auch nicht immer besonders gut übersetzt worden. Ganz abgesehen von den römischen Erzählungen und Romanen, die natürlich schlechterdings nicht zu übersetzen sind. Jeder, der mit Italien, mit Gestus, Sprachklang, Präsenz und der spezifischen Öffentlichkeit vertraut ist, schaudert bei einem landes- oder gar regionaltypischen dialektalen Eingemeinden des Borgate-Slangs.

Bei vielem zieht man mit Gewinn französische Ausgaben zu Rate. In Französisch sind auch die wesentlichen Sekundärtexte zur Filmtheorie erschienen. In Frankreich hat Pasolini eine bedeutende Wirkung erzielt. Sartre, als einer der wenigen Linksintellektuellen, hat damals den Matthäusfilm – dessen französische Erstpräsentation übrigens in der Kirche Notre Dame in Paris stattfand – wie überhaupt Pasolini geschätzt und gegen die Stalinisten verteidigt.[17] Umberto Eco war zwar einige Jahre ein Gefährte, aber die Reibereien zwischen den beiden verraten Profilierungsabsichten, besonders aufseiten des Jüngeren, der sichtlich schockiert war von den polyhistorischen und universalpoetischen Fähigkeiten des Älteren. Der Briefwechsel mit Roland Barthes ist semiologisch offener und in menschlicher Hinsicht freundlicher gehalten. Gilles Deleuze hat zentrale seiner filmtheoretischen Überlegungen zum Bewegungs- und zum Zeitbild anhand von Pasolini-Filmen entwickelt, ja entdeckt und dann auch erläutert. Nach eigenem Bekunden standen für sein filmphilosophisches Werk ohnehin nur zwei Figuren Pate: Henri Bergson und Pasolini. Seine Kinobücher können als Hommage an Bergson und eben Pasolini gelesen werden, welcher ihm durch seine Werke auch die Aktualität und ästhetische Beschaffenheit verschiedener historischer Epochen Gattungen und Formen des Films erschlossen habe, ein ›rite de passage‹ mit Pasolini als Initiations- und Schwellenfigur.

Letztes, Orte des Vitalen, Fragmente und Zwischenzonen

Riesig erscheint das Werk zuletzt, als Ganzes betrachtet. Pasolini macht (und will) immer zu viel. Ihn darin nachzuzeichnen oder nachzuvollziehen wäre und ist ebenfalls immer zu viel. Dabei liegt etliches noch in den Nachlässen, einiges ist verloren. Aber die Substanz und Vielfalt sind belegt, dokumentiert, editiert, diskutiert – und schlicht beeindruckend. Pasolinis Radikalität richtet sich auf eine vielgliedrige, ›mannigfaltige‹, vielschichtige Welt. Sie ist real und poetisch, poetisch weil real, wirklich weil poetisch. Alles andere war dem untergeordnet und in gewisser Weise schlicht unwichtig.

Pasolinis Tod war ein Drama und eine Tragödie. Aber in gewisser Weise – und dies wendet sich gegen allerlei Mystifikationen – ist der Tod belanglos. So sah es Pasolini. Der Tod ist wichtig insofern und vorrangig, weil er den finalen Schnitt setzt, damit dem vordem noch Offenen eine Ordnung gibt. Dies aber nicht wegen seiner magischen Macht zur Signifikation, sondern schlicht wegen der Irreversibilität, die er erzwingt, einerseits, andererseits der Tatsache, dass das Leben sich nach außen stülpt. Der vital Lebendige ist dann nicht mehr, es ist nichts mehr da außer das Erarbeitete, und das wird eben deshalb ganz inwendig und anders als unter Präsenz des Urhebers. Weil in und aus dem Tod real wird, was vordem immer wieder irrealisierbar und verschiebbar, modifizierbar und sogar, wie oft bei Pasolini, widerrufbar war. Aber er negiert nichts. Selbst die grausame Nebensächlichkeit und Schäbigkeit des Ortes seines Sterbens, am Idroscalo von Fiumicino, hinten am Schluss der langen Straße, mit dessen Typ wir seit *Accattone* vertraut sind und die zu gehen von Ostia aus eine Wanderung in der Welt Pasolinis war – sie befördern eine einzige Feier der Welt des Dichters, die das Leben und die jubilatorische Hommage an dieses ist.

Wir kennen diese Orte und diesen ebenso heiteren wie listigen Jubel aus seinen Filmen, am genauesten aus *Die Erde vom Mond aus gesehen*. Der Platz vor den Hütten, das ist exakt der Ort, an dem Pasolini gestorben ist. Aber wir kennen solche Orte und weitere vergleichbare auch aus den grandiosen Beschreibungen der Zwischensphären und -zonen am Rand der großen Städte, wo das Urbane sich im Halbmüll einer staubigen und abgenutzten, einer gänzlich unbearbeiteten, einer ›wahren‹, außermenschlichen Landschaft, einer ›rohen‹ Natur an und in sich einnistet, die sich am schönsten in aller Grausamkeit und Gewalt in den Zwischenzuständen der Dämmerung und der Morgenröte ausbreitet. Der letzte und anspruchsvollste, unvollendet gebliebene Roman *Petrolio*, der einen Schlussstrich zieht unter die Geschlechterzurechnungen und Aufteilungen des Sexuellen, seine Rückführung in eine einzige entfesselnde Kraft des Lebendigen, ist voll dieser wunderbaren Beschreibungen.[18] Ein Fragment, das über das Fragment reflektiert. Ein Roman, der eine Poetologie des Romans im Roman selbst ist[19] – hierin mit den letzten Vorlesungen und nachgelassenen Transkripten von Roland Barthes vergleichbar, wie man ›einen Roman schreibt‹. Es bleibt ein wesentliches Zeugnis der Montagekunst Pasolinis – selbst im vorliegenden, unfertigen und vorläufigen Zustand eines Ungesicherten.

Ist nicht das Ungesicherte gerade das Lebenswerte, das, was die Ideen entwickelt, das, was Lebendigkeit freisetzt, Verschiedenheit erzeugt? Wahrhaftigkeit im Erleben des Lebendigen – zuletzt, diesseits von Leben und Tod kann das Leben nur eingehen in eine Philosophie des Jubilatorischen, eine Feier des Lebendigen. An wenigem als just daran ist die Moderne – und sei es eine ›unvollendete‹ – erbärmlicher gescheitert mit ihren Barbareien, ihrem Umschlag in Genozid und Vernichtung, in eine kalte, leere Zivilisation, die im Normalsten das Entsetzlichste betreibt. Was Pasolini 1975 analysiert: Heute geht die Saat auf dieser mörderischen, unerbittlichen Globalität, flankiert von einer entsetzlichen Bürokratisierung des Lebens, angeblich dem wohlgeordneten Leben dienend. Eine Lüge, welche, von der westlichen Hemisphäre ausgehend, die Welt im Namen einer undurchschauten Illusion zerstört, wie am greifbarsten derzeit in Afghanistan zu sehen, eine Gegend, die Ende der 1960er Jahre für Pasolini wenigstens partiell noch für jenes ›Paradies‹ stand, das im arabischen Sprachraum und der älteren Wortgeschichte nach bedeutet, im Windschatten einer gegen den anstürmenden Wüstensand gebauten Wand und geschützten Oase der Fruchtbarkeit der Pflanzen zu huldigen und das Wachsen und Werden der Natur zu bestaunen. Für solches, die Feier, und gegen jenes, das Apokalyptische, hat Pasolini sein Leben und sein Werk entworfen. Sie bilden eine Einheit. Markante Einschnitte sind zu wählen. Nur sie erlauben, dem lebendigen Ganzen nachzugehen und sich selbst zu vergewissern.

Zu situieren und zu verstehen, zu deuten und zu schildern ist Pasolini im Profil der Ideen, der Konzepte und Theorien, der Entwürfe und Poetiken, nicht der Veräußerlichungen und Angriffspunkte, nicht an den Orten ihres Eingreifens in die Welt allein oder in erster Linie. Hier ist die Orientierung an den Wendepunkten, den intensiven Zeiten und den herausragenden Markierungen nützlich. Biografie ist als Weise der Ausgestaltung immer klarerer Denkmotive und gelingender Werke einzurichten. Letztere stehen für die Vermeidung des Sterbens in der Kreativitätstheorie Pasolinis.

Biografisches Nachzeichnen des Lebens gelingt nicht durch eine Schematisierung innerhalb der Chronologie, der benennbaren Abläufe. Weil sich Reichtum in Schichtungen und in einem stetigen Wechsel entfalten, sich in Vor- und Rückgriffen artikulieren, aber auch in Gestalt von Absagen und Verwerfungen geltend machen, können zuweilen zögerliche und noch unsichere Versuche eines Wiedereintretens, eines stetigen Korrigierens und Nachbesserns ›unterwegs‹ weder ausgeschlossen noch vermieden werden. Das gilt auch für die Akte und Setzungen, die auf ein vorgeführtes, nicht gelöschtes Aufheben und Zerstören, ein späteres Verwerfen aus paradoxer Zustimmung im Jetzt hinauslaufen.

9 Vgl. Pier Paolo Pasolini: Eine verzweifelte Vitalität, in: Pier Paolo Pasolini, *Wer ich bin*. Mit einer Erinnerung von Alberto Moravia, Berlin 1995, S. 37f.

10 Walter Siti: Das verlassene Werk, in: *Schreibheft. Zeitschrift für Literatur*, Nr. 73, September 2009, S. 109—126, hier: S. 114.

11 Ebd., S. 116.

12 Im ersten futuristischen Manifest, publiziert am 20. Februar 1909 in der Pariser Zeitung *Figaro*, heißt es unter Punkt 9: »disprezo della donna« und unter Punkt 10: »... vogliamo ... combattere contro il moralismo, il femminismo e contro ogni viltà opportunistica o utalitaria.« (Filippo Tommaso Marinetti: *Teoria e invenzione futurista*, a cura di Luciano de Maria, Arnoldo Mondadori editore, Milano 1983, S. 11).
Zu »Weib« als Übersetzung von »donna«: Filippo Tommaso Marinetti, Manifest des Futurismus, in: Giulio Carlo Argan (Hg.): *Propyläen Kunstgeschichte. Die Kunst des 20. Jahrhunderts 1880—1940*, Sonderausgabe, Frankfurt am Main und Berlin 1990, S. 79.

13 Ich paraphrasiere die Äußerungen, die Pasolini in Form einer ›autointervista‹, eines Selbstgesprächs als Text eingerichtet hat: Pier Paolo Pasolini: Abiura della Trilogia della vita, in: Laura Betti und Michele Gulinucci (Hg.): *Pier Paolo Pasolini. Le regole di un' illusione. Il film, il cinema*, Rom 1991, S. 315ff.

14 Publiziert als: Pier Paolo Pasolini: *Descrizioni di descrizioni*, a cura di Graziella Chiarcossi, Torino 1979.

15 Giuseppe Zigaina: Das Zeichen, unter dem ich arbeite, ist die Kontamination, in: Johannes Reiter (Hg.): *Pier Paolo Pasolini: Zeichnungen und Gemälde*, Basel 1982, S. 29—31, hier: S. 31.

16 Vgl. Bernhard Groß: *Pier Paolo Pasolini. Figurationen des Sprechens*, Berlin 2008.

17 Maria Antonietta Macciocchi war bei einem Gespräch zwischen Sartre und Pasolini anwesend und hat es für den Druck transkribiert: Cristo e il marxismo, in: *L'Unità*, 22. Dezember 1964, S. 3.

18 Vgl. Pier Paolo Pasolini, *Petrolio*, hg. von Maria Careri und Graziella Chiarcossi, Berlin 1994, z.B. S. 38, 57, 111f., 342ff., 364ff., 598ff.

19 Zur selbstreflexiven Stuktur des Werks und zur Erörterung der literarischen Form und Montagequalität des Romans vgl. ebd., S.11f., 64, 125, 136, 149, 190, 220, 228, 245, 297f., 397, 466, 472, 514ff., 560, 565, 648; vgl. zudem den dem Band im Anhang beigegebenen, nicht datierten Brief an Alberto Moravia, ebd., S. 660—662.

Kapitel III

Zur Wirklichkeit der Kinematografie

Für Pasolini wurden – wie er wiederholt betonte – Film und Kino zu einer Befreiung aus der Gefangenschaft in einer hegemonial geglätteten italienischen Sprachlandschaft. Er empfand diese zunehmend als hinderlich und destruktiv. Zugleich kam er, aus damit verbundenen Gründen, mit der Literatur, besonders dem Schreiben von Romanen nicht mehr weiter. Das hatte linguistische und technische Implikationen. In einem in den *Ketzererfahrungen* abgedruckten Aufsatz, »Das Ende der Avantgarde«, gibt sich Pasolini in einer Art theoretisierendem Selbstgespräch Rechenschaft über den so interessanten Wechsel der Medien. Zugleich erörtert er, weshalb er sich von den zu Formalismen erstarrten literarischen Techniken und dem damit verbundenen Avantgardeverständnis abwendet. Dies tut er mit Bezug auf eine These von Lucien Goldmann, zwei Verse aus einem avantgardistischen Text und einem Interview mit Roland Barthes. Er formuliert dort den Übergang – zugleich Bruch und Kontinuität enthaltend – wie folgt: »Kurz gesagt: das Gefühl, mit der Technik des Romans nicht mehr schreiben zu können, hatte sich mir – durch eine Art unbewusste Selbsttherapie – sogleich in die Lust verwandelt, eine andere Technik zu verwenden, nämlich die des Films. Wichtig war mir, weder untätig zu verharren noch negativ tätig zu werden. Zwischen meinem Verzicht auf den Roman und meiner Entscheidung für das Kino gab es keinen ›Bruch in der Kontinuität‹. Ich nahm es wie einen Wechsel der Technik. Aber war es das wirklich? War es nicht vielmehr Verzicht auf eine Sprache für eine andere? Verzicht auf das verdammte Italien für ein – nun ja: wenigstens transnationales Italien? Die alte grimmige Lust, die italienische Staatsbürgerschaft aufzugeben? (Um dann aber welche andere anzunehmen?). Doch im Grunde war es nicht einmal das. Nein, im Grunde ging es mir nicht um die Aneignung einer neuen Sprache. Als ich Filme zu machen begann, lebte ich endlich im Einklang mit meiner Philosophie. Das war es!«[20] Untätig verharrt hat Pasolini nun wahrlich nicht. Und negativ tätig geworden ist er – außer zum Schluss, bei *Salò* – in seiner Kunst nicht, nur in seinen politisch-sozialen Kommentaren und Verwerfungen. Die schnelle Folge der realisierten Filme, parallel zu literarischem Schreiben und den politischen Kritiken, Analysen, Polemiken, zudem die Verstrickung in allerlei juristisch verfahrende Diffamierungen seiner Person und seines Werkes, belegt die Intensität eines unvorstellbar genauen und entschiedenen Arbeitens. Von 1962 bis 1975 intensiviert sich der Rhythmus, beschleunigt sich immer mehr. Pasolini entgehen unangenehme Folgen daraus keineswegs: Ungenauigkeiten des Ausdrucks, Akzeptieren der Vorläufigkeiten, Bekenntnis zu Unsauberem sind seine konzeptuellen Antworten darauf. Weit entfernt erscheinen von hier aus die Jahre von *Gramscis Asche* oder der frühen römischen Romane, an denen Pasolini Satz für Satz, Vers für Vers so lange geschliffen hat. Pasolini leidet unter der Beschleunigung, aber er braucht sie auch, um künstlerisch in als feindlich empfundener Welt am Leben zu bleiben. Die Situation bleibt paradox und entfaltet zunehmend ihre destruktiven Potenziale. Dennoch: Im Todesjahr beschließt Pasolini eine Rückkehr zur Literatur und damit auch zu den langsameren Rhythmen einer nicht oder nur schwach apparativ gestützten Imagination.

Die Motivation zum Film ist also Befreiung von technisch induzierten Lähmungen unter Beibehaltung der poetischen Grundsätze: Medienwechsel zum Zwecke der Verfeinerung und Verflüssigung. Pasolini erhofft sich dadurch auch einen Ausweg aus der italienischen Provinz, aus den Falschheiten einer erzwungenen Hegemonie, die auf Kosten von Besonderungen geht. Der internationale Film ermögliche, eine neue Sprache zu sprechen. Und er ermöglichte Reisen, andere Wahrnehmungen, transeuropäische Erfahrungen, die einer gewandelten Ikonografie und Aufmerksamkeit der Bildsammlungen und neuen Montageformen gerecht zu werden vermögen.

Pasolinis Karriere als Filmer ist in vielerlei Hinsicht bemerkenswert, wenn auch nicht einzigartig, wenn man an Fassbinder oder Chabrol, erst recht wenn man an italienische Künstlerkollegen wie Mario Schifano und Gianfranco Baruchello denkt, aber auch an zwischen den Gattungen und Sparten experimentierende, wie Pasolini von gegebenen medialen Bildarchiven und von Bild-Transformationen ausgehende international bedeutsame Autoren wie Bruce Connor, Edoardo Paolozzi oder auch Agnès Varda und Kenneth Anger.[21] Ideenreichtum, der sich entfaltet durch Kenntnisse aus anderen Sparten, vom Gedicht bis zum Theater, aber auch durch überaus praktischen Erwerb professioneller Kenntnisse am Set, die ungewöhnlichen Stoffe und Dramaturgien, die eigenwillige Wahl der Bildausschnitte / Kamera-Einstellungen, von Rhythmus und Ablauf der Montagen, vom Einsatz der Musik bis hin zu den ›neuen Gesichtern‹ nicht festgelegter oder anders codierter Schauspieler. Kurzum: Was Pasolini auszeichnet, zeichnet auch kinematografisch herausragende Autoren wie Fassbinder oder Varda und andere dieses Kalibers aus.

Allerdings ist der Bekanntheitsgrad Pasolinis weltweit erheblich größer als der der eben genannten. Er hat wirkliche Karriere als Kinoregisseur im Weltmaßstab gemacht, obwohl er dies nicht angestrebt hat. Er fand glücklicherweise engagierte und geneigte Produzenten, hervorragende Kameraleute – besonders Tonino delli Colli, mit dem er die meisten seiner Filme drehte – und Ausstatter, Komponisten, Cutter, Koautoren der Drehbücher, exzellente Berater, fähige Assistenten. Überhaupt war Pasolini in ausgezeichnete Teams integriert, was allerdings auch seinem kommunikativen Talent und seinen menschlichen Qualitäten geschuldet ist.

›Leben als Schrift‹ – Zur Wirklichkeit des Kinos

Pasolini hat keine Semiotik des Films im eigentlichen Sinne entwickelt. Er konnte kein Interesse an Semiotik als einer Fachwissenschaft aufbringen, die sich den Problemen der Klassifikation, der Existenzweise, Geltung und Modalität von Zeichen in Zeichenprozessen widmet, also eine formale Theorie des Zeichengebrauchs anstrebt. In der Theoriesammlung *Ketzererfahrungen* findet sich eine polemische Auseinandersetzung mit Umberto Eco, der ihm immer ›semiotische Naivität‹ vorgeworfen hat. Pasolini führt darin Umberto Eco aufs Glatteis, indem er ein einziges Mal die ihm offenbar auch zur Verfügung stehende Klaviatur der Fachausdrücke spielen lässt, um Eco zu befragen, ob es sich bei der von ihm beschriebenen Szene um Literatur oder Film handele, um dann damit herauszurücken, dass er eine Szene aus dem Theater beschrieben habe. Naiv war Pasolinis Beschäftigung und Umgang mit den Zeichen, also dem Objektbereich jeder Semiotik, demnach nicht. Der Vorwurf wird wohl verletzt haben, – wie nahezu alles, was ihm vorgehalten wurde, ihn verletzt hat. Auf das Verletztsein verstand er sich, theoretisch, politisch, existenziell.

Immer gehen Pasolinis Erörterungen über eine poetische Theoretisierung seiner medialen Praxis hinaus, egal, ob es sich um Kino, Literatur oder bildende Kunst handelt. Es ist hier nicht der Ort, der Herkunft und den Zusammenhängen der linguistisch-semiotischen Überzeugungen Pasolinis im Zusammenhang nachzugehen. Man darf aber getrost davon ausgehen, dass spätestens während der linguistisch-sprachhistorischen Untersuchung der Regionaldialekte und der Volksweisen, Legenden, Erzählungen, der Idiome und Idiolekte bis Mitte der 1950er Jahre Pasolini sich auch mit dem Begriffsapparat der Semiotik vertraut gemacht hat. Viele seiner theoretischen Schriften aus späterer Zeit belegen dies. Zumal, wenn er zur Semiologie von Roland Barthes in seinen Ausführungen über Ästhetik, Semiotik und Theorie des Kinos und Films Stellung bezieht. Er weist auch in seinem Schlüssel-Essay »Das Kino der Poesie« darauf hin, dass man eine Diskussion über die Ausdrucksmöglichkeiten des Films, zumal der sprachlichen, nicht führen kann ohne Verwendung und Kenntnis der semiotischen Terminologie. Allerdings hatte er keine systematischen Interessen in irgendeinem wissenschaftlichen Sinne. Er wollte erläutern und reflektieren und auch immer wieder – und vor allem: noch besser – verstehen, was seinen Zugang zum Film ausmacht.

Wie bekannt und oft erzählt, entwickelte Pasolini kinematografische Kenntnisse zunächst in aller Ausführlichkeit als Drehbuchschreiber und am Set, auf Grund und während der beauftragten Beschäftigung mit Filmvorhaben anderer. Seine Überzeugung, wie Wirklichkeit im Film visuell erzeugt werden sollte, bildete sich aber gemäß seinen allgemeinen Überzeugungen und in Übereinstimmung mit diesen aus. Schon immer interessierte ihn die Wahrhaftigkeit des menschlichen Ausdrucks, des Sprechens, der Gesten, der Dialekte, Eigenheiten, der Motive, Intensitäten, Dramaturgien und Szenografien des lebendigen Handelns. Die Besonderheiten der Lebensweise schienen sich ihm nicht in Zeichen auszudrücken in dem Sinne, als ob sie von einem inneren Kern in eine Zeichen-Gestalt hinein verlagert, also transportiert würden. Vielmehr eröffnete sich ihm das Wahre im Klang der sprachlich und gestisch vermittelten Bildhaftigkeit intensiven Ausdrucks direkt und unverstellt als wirklich.

Zeichen waren für ihn nichts anderes als der physiognomische Ausdruck, den eine Natur als Zeichenkraft selbst findet. In der fachlichen Semiotik, breit erörtert wiederum bei Umberto Eco, wird dies gängigerweise als untere Schwelle der Semiosen bezeichnet, als Sphäre von naturalen oder quasi-natürlichen Anzeichen. Pasolini geht aber bewusst unter diese Schwelle. Ihm ist es nicht zu tun um die möglichen Prozesse, in denen für ein interpretierendes Subjekt Natur zu einem ›Anzeichen‹ wird. Sondern er versteht solche Zeichen als physiognomische Qualität der Natur selbst, also als eine Gestalt, die die ›natura naturans‹, die erzeugende Natur sich gibt. Diese Sphäre ist in der Fachsemiotik kaum je behandelt worden, da sie in grundlegende naturphilosophische Theorien der Naturwissenschaften hineinführen, die immer noch als unnötig oder ›mysteriös‹ erachtet werden. Man kann z.B. die elektrische Spannung, eine reine physikalische Tatsache, auch als ein solches ›Zeichen der Natur‹ betrachten, als Zeichen und als Materie, beides in einem und untrennbar. Also real existierend lange vor und unterhalb menschlicher oder interpretatorischer, sprachlich vermittelter Bezeichnung von natürlichen Objekten durch deutende Subjekte gibt es Natur nicht ohne die Differenzkraft, die als Zeichen erscheint – als eine spezifische Art von Präsenz, von Effekten, die gerade kinematografisch für Pasolinis Auffassung prägend sind.[22]

Genau dies hat Pasolini in den Gedichten, den Landschaften, der Physiognomik und Gestik, dem Sprechen und Handeln der Menschen interessiert. Hier ist die Einheit zu erblicken, die seine künstlerische Ausdruckskraft diesen Wahrnehmungen gegeben hat: Es handelt sich um ein signifikantes Erleben, nicht um abwägendes Bezeichnen. Seien dies Skizzen, gemalte Bilder, Gedichte, Erzählungen, Porträts, Romane oder eben Filme: Immer erscheint ihm das, was innerhalb der Kunstform als zeichenhaft Bedeutsames erscheint, nicht als Kraft nominalistischer Virtuosität, nicht als Triumph eines artifiziellen Bezeichnens, nicht als Ausdruck von menschlichem Zeichenhandeln, sondern – pathetisch gesagt – als Wunder der Natur.

Mit seinen zahlreichen Kommentaren zu, Kritiken von und Auseinandersetzungen mit zeitgenössischer Literatur und ihren Autoren macht Pasolini deutlich, dass und wie er sich gegen platten Naturalismus, irrealen Formalismus und vor allem eine mittlerweile erstarrte avantgardistische Haltung richtet. Er bemüht sich um eine formal komplexe, zugleich immer wirklichkeitsgesättigte Sprache in allen von ihm gepflegten Gattungen und Sparten. Für ihn ist die Wahrheit des Darstellbaren von der Intensität des Erlebten nicht zu trennen. Das heißt, die innerhalb der Interpretation sich abspielenden Beziehungen zwischen dem formalstrukturellen und dem bedeutsam-bezeichnenden Element der Zeichenfunktionen erscheinen bei Pasolini als eine innerhalb der Wirklichkeit sich ausformende Kraft. Das gilt für die wahrgenommene erste, aber auch die lebendige menschliche Natur. Pasolini lässt eine Entgegensetzung von angeblich erster, reiner oder wahrer Natürlichkeit und einer zweiten, artifiziellen Natur innerhalb der Sphäre menschlicher Belange nicht zu.

Es gibt keinen prinzipiellen, sondern nur einen aspektualen Unterschied zwischen Wirklichem und Zeichenhaftem, also zwischen Natur und Artefakt. Eben deshalb erscheint ihm die kinematografische Apparatur nicht nur als eine Technik und Mythos beispielhaft verbindende, nicht nur als eine Art generative Alchemie der entfalteten Artefakte, sondern auch als Ausdrucksmöglichkeit des Wirklichen. Es ist also gerade nicht die semiotisch stets in den Vordergrund gespielte Konventionalität von Zeichen, sondern die wirksame Zeichenkraft der Natur als solcher, welche zuletzt die Kraft der Wirklichkeitserzeugung im und als Artefakte Film oder Kino ermöglicht. Bezogen auf den nach Semiosen fragenden Menschen, der die Semiosen der Natur an der Basis der Biologie, Physik, Chemie am Werke sieht, ohne sie anders als aus seinem Blickwinkel beschreiben zu können, erscheint eine semiotische Theorie immer eingebunden in die Vergegenwärtigung des

Künstlichen der Artefakte, der dem Menschen von Natur aus ›aufgegebenen natürlichen Künstlichkeit‹ innerhalb der Bewegung, mit der er sich seiner exzentrischen Position im vergleichend erschlossenen Gefüge aller Lebewesen gewahr werden kann.

Mit diesen, auf wesentliche Theoretiker der Anthropologie anspielenden Ausdrücke ist präzisiert, was Pasolinis Filmtheorie im Kern ausmacht: dass sie Filmanthropologie ist.[23] Seit einer einseitigen und eher willkürlichen, aber erfolgreichen und maßgeblich gewordenen Deutung der Montagetheorien der ›großen Russen‹ – Eisenstein, Pudowkin und weiterer – hat es sich aus- und eingeprägt, auf die filmische Bewegung das Modell sprachlicher Grammatik zu übertragen. Man hat es sich von daher angewöhnt, Filme wie Texte, Romane, vielleicht auch Gedichte zu ›lesen‹ und nicht zu erfahren. Nun ist Pasolini unzweifelhaft trotz und parallel zu seiner internationalen Berühmtheit und Wahrnehmung als Cineast, zeitlebens Literat geblieben. Zur Literatur kehrte er am Ende seines Lebens auch entschieden zurück. Seine Fähigkeit zur Prägnanz in der Charakterisierung von Personen, Figuren, Szenen, Orten, Situationen und Handlungen, die ihn zu einem geschätzten Drehbuchautor werden ließ, ist unzweifelhaft bereits in seiner frühen römischen Literatur ästhetisch, technisch und poetisch bestimmend. Dennoch war Pasolini zugleich einer der wenigen, die in den 1960er und 1970er Jahren dem modischen linguistischen Reduktionismus widersprochen haben. Gewiss sind hier die prägenden Erlebnisse seines Kunstgeschichtsstudiums und seiner talentierten malerisch-zeichnerischen Praktiken hilfreich gewesen. Ebenso wie seine Erfahrungen am Set, welche die literarische Notation szenografischer Entwürfe immer als Hilfsmittel zur Generierung einer spezifisch autonomen filmischen Wahrheit ansah, nie als deren Richter oder Maßgeber.

Nicht die Sprache der Zeichen bestimmt die Ausdrucksmodelle der filmischen Codes, sondern die ›Schrift des Lebens‹. Wobei Schrift im Sinne der skripturalen Pantomimik, Eurhythmik oder Auto-Poiesis der erzeugenden Natur gemeint ist, nicht als Schrift im Sinne der skripturalen Fixierung sprachlicher Zeichenkonventionen. Der Realismus der filmischen Schrift bei Pasolini ist in Gänze dem Konventionalismus der Zeichensysteme und der linguistischen Reduktion des Visuellen auf Sprache entgegengesetzt. Pasolinis semiotische Theorie von der wirklichkeitsmächtigen Sprache des Films ist eine Filmästhetik, die sich dem Vitalismus verschrieben hat, der nie Transformation in Zeichen-Beziehungen anerkennt. Von hier aus wird die gerade während der Abfassung, Sammlung und Redaktion der theoretischen Hauptschriften zum Film, also während der Arbeit am *Empirismo eretico* stattfindende Beschäftigung mit der Alchemie Carl Gustav Jungs und den magischen Kulturtechniken aus der Sicht Mircea Eliades verständlich als eine wesentliche Prägung der eigenen Auffassung. Dieser zufolge kann der Film gleichgesetzt werden mit der noch verborgenen Schrift des Lebens. Wie dieses wird er – und es in ihm und durch ihn – sichtbar, lebendig, errettet in einer utopischen Bewegung.

So wie alchemistisch-hermetisch die Verwandlung der Natur noch aussteht, so wird Realität vor-ahmbar im Ausdruck des Filmischen als einer technischen Alchemie. Die Art und Weise, wie Pasolini gefilmt hat, nicht selten selber die Kamera bedienend, um ein dichtes, intensives, reales Geschehen zwischen Menschen, das szenografisch angelegt und durch wirkliches Zusammenwirken, nicht durch Anweisungen, erzeugt war, entspricht dem. Es ging immer um die Realität der Zeichen als ein lebendiges Geschehen, also Ko-Präsenz von Vorgehabtem, Gemeintem und Sich-Ereignendem. Man hat darauf hingewiesen, dass Pasolini mit ›Laien‹ arbeitet. Aber diese Redeweise verstellt die Einsicht in Wesentliches, wenn sie nur auf einen primären Sinn des Wortes abhebt. Nicht das Unprofessionelle als ein Authentisches ist entscheidend, sondern die jeweilige Intensität, die Inkorporation einer Lebenskraft, die sich als reale auswirkt innerhalb der Wirklichkeit des Filmens.

So ist nicht der fertige Film das Ziel, sondern dieses ergibt sich aus der Intensität der Arbeit – trotz und inmitten aller Montage am Schneidetisch. Typischerweise ist der einzige wirklich kalt und perfekt in Szene gesetzte, Sequenz für Sequenz eindeutig anschließende Film – obwohl er nicht fertig geschnitten worden ist – der letzte, *Salò*, ein tödlicher, todgeweihter, das Leben verfluchender in seinem bitteren, grausamen und schrecklichen Inhalt. Davor aber ist nicht der Tod der kalt geführten Figuren das ›emblematisch‹ Entscheidende, sondern es ist das heiße Leben der Wirklichkeit der Darsteller, die sie selbst sind, das, was ihn bewegt. Und so wie die Darsteller wirken, weil sie sind, also inkorporieren, was Pasolini sich von ihnen verspricht, genau so inkorporiert der Film ein Reales, das er nicht darstellt, sondern das durch ihn überhaupt erst ein Wirkliches geworden ist. So ist das Geworden-Sein des Realen im Film zugleich der utopische Vorschein einer noch ausstehenden mythischen oder alchemistisch-hermetischen Versöhnung von Natur und Artefakt, Mythos und Technik im Spiegel des Films und als Film.

Pasolinis Filmästhetik kann deshalb, so Norbert M. Schmitz, als vielleicht ›prominenteste Schrifttheorie‹ der Filmgeschichte angesehen werden, als eine von entfesseltem Realismus geprägte Position, die den sprachlich konventionalisierten Zeichensystemen diametral entgegengesetzt ist, »eine utopische Ästhetik, die den Film fast gleichsetzt mit einer Schrift des Lebens selbst, dessen verborgenste Qualitäten erst durch sie sichtbar, offenbart und errettet werden sollten«.[24] Zwar weist Pasolini in seinem berühmt gewordenen Text über das »Kino der Poesie« darauf hin, dass Menschen nicht mit Bildern, sondern mit Worten kommunizieren, weil Kommunikation ohne intentional rückkoppelbare Überprüfung von Propositionen nicht sinnvoll zu definieren ist. Aber die Ausdruckskraft der Bilder ist ein lebendig Reales, das sich gerade nicht am Kommunizieren-Wollen, sondern an der Intensität der Erfahrungsmöglichkeiten bemisst. Eine spezifische Bildsprache bliebe jedoch »eine reine und künstliche Abstraktion«.[25]

Es sind die mimischen Zeichen des Ausdrucks, die Pasolini bevorzugt und als kohärentes Medium menschlichen Ausdrucks veranschaulicht. Hierin prägt sich maßgeblich die Auffassung von der schöpferischen ›freien indirekten Rede‹ aus, die für Gilles Deleuze so aufschlussreich seine Filmanalysen orientieren wird. Wenn gerade der Film und die in ihm agierenden Menschen solches leisten können, darf man sich das in generellerer Hinsicht verdeutlichen. ›Indirekte Rede‹ referiert oft ein bereits Erzähltes als eine lebendig gegenwärtige Erzählung und ist deshalb der rhetorischen und linguistischen Konvention nach nicht ›frei‹, wie eben direkte Rede. Indirekte Rede ist ein Kernstück oraler Kulturen: Man berichtet über dieses und jenes, vor allem, was dieser oder jene über dieses oder jenes gesagt habe. Die Welt des Gerüchts ist hier am Werk und bewährt als sozietätsbildende und -bindende mediale Technik. Frei ist indirekte Rede dann, wenn Zeiten ineinander geschoben, substituiert, sprunghaft assoziiert werden.

Pasolini ist seit den friulaner Jahren mit dieser Sprache vertraut. Sie wird von Bauern gesprochen und ist für Menschen typisch, die sich in der mythischen Kreiszeit archaischer Gleichförmigkeiten zurechtfinden. Es bedarf dazu eines ganz besonderen, mündlich geschulten Gedächtnisses, das eben durch Erzählungen verfestigt und stetig bereichert, zuweilen auch erheblich modifiziert wird. Die Rede ist identitätskonkret und entspricht, wenn auch in ganz anderer Absicht, nicht selten dem, was die Mnemotechniker der Rhetorik-Tradition als Ablegen von sprachlich memorierten Rede-Topoi an bestimmten Orten (eines Hauses beispielsweise) zu imaginieren empfehlen. Die Erzählungen binden sich an Orte. Sie werden wieder-erzählt und regenerieren die Kraft solcher intakten Ortsfindungen. Entscheidend ist, dass diese Rede keiner kausalen oder chronologischen Ordnung folgt. Es sind weite Bögen möglich, die sich dem Bestand eines Clans oder einer Familie eher verschreiben als der chronologischen Ordnung einer aktionsgerecht rekonstruierten Historie. Weder das Kausalitäts- noch das Identitätsprinzip sind maßgeblich.

Es handelt sich um ein Vermögen der Assoziationen, der in der lebendigen Bewegung sich entfaltenden Metaphorik und einer Art von Montage, die in der Tat durch Intensitätsbeziehungen eine filmische ist, die nicht in den üblichen rhetorischen Theorien der Montage von Gleichzeitigkeit, Ähnlichkeit, Kategorienwechseln (Metonymie, Kontiguität) etc. aufgeht.[26] Es handelt sich also nicht um eine in der semantischen Ordnung der Propositionen abgebildete Ordnung der historiografisch korrekten, kausalitätsfähigen Chronologie, sondern um die linguistische Bewegung des Konkreten, eines nicht Logifizierten an Sprache, Sprechen und Reden. So erscheint diese Bewegung in den Filmen Pasolinis: als Aufmerksamkeit im Konkreten, Dichten, sich Ereignenden, als ein Rest, eine Differenz, gewidmet dem, was nicht aufgeht in ›Sinn‹ oder ›Ordnung‹, sondern als Störung der geplanten Ordnung, die andere Wendungen ermöglicht. Sogar konzeptuell akzentuiert Pasolini diese Eigenschaft als die dem Film wesentliche, wenn er, worauf gleich noch zurückzukommen ist, von einer ›barbarischen, unregulären, aggressiven, visionären Qualität des Films‹ als einer technischen Dimension kinematografischer Poesie spricht.

Pasolini erörtert die freie indirekte Rede als ein »Eintauchen des Autors in die Seele seiner Figur«,[27] indem er Beispiele aus der Literatur von Dante bis zum Naturalismus des 19. Jahrhunderts erwähnt und die rhetorische Figur sowohl für den Film als auch für die Literatur erläutert. Beide Male geht es um die ›Sprache der Poesie‹, diese sei nichts anderes, besonders im Film, als die freie indirekte Rede. Der innere Monolog der Literatur ist im Film natürlich nicht gleicherweise möglich. Der Autor leiht seine Stimme nicht der Introspektion, in welcher er mit den Betrachtungen der Figur über sich selbst verschmilzt, sondern lässt Figuren reden, denen er gerade in ihrer Authentizität ›seine Stimme leiht‹. Technisch entspricht deshalb der direkten Rede im Film die ›subjektive Perspektive‹, die der Autor wählt, visuelle, als Kamerabewegung, Bild-Kadrierung, Ausschnittstechnik, aber auch als kommentierende Stimme aus dem Off wirkende Ausdrucksweisen. In der direkten Rede tritt der Autor hinter seine Figuren zurück. Es sprechen die Figuren, auch wenn sie dies im Namen des Autors, also gleichsam in auktorialen ›Anführungszeichen‹ tun.

Die ›indirekte freie subjektive Perspektive‹, in welche Pasolini die freie indirekte Rede für den Film übersetzt, ist unfähig zu einer abstrakten und theoretischen Dimension, die einer monologisierenden Figur immer zur Verfügung steht. Immer aber wird im Film die den Figuren verliehene Ausdrucksweise konzeptuell erlebbar. Pasolini meinte, bis damals, Mitte der 1960er Jahre, stünde ihm kein einziges Beispiel eines nur aus dieser indirekten freien subjektiven Perspektive einer Figur erzählten Filmes zur Verfügung. Die Differenzierung der Sprechweisen – nicht nur bezüglich der sozialen Klasse der Agierenden, sondern im Blick auf irgendeinen gewählten Habitus – sei jedoch nicht systematisierbar, sondern nur ableitbar oder heuristisch entwickelbar. Das Kino der Poesie mündet also nicht in eine semiotisch gestützte Poetologie, sondern in eine handlungsbezogene Reflexion des je situativen Zusammenarbeitens von Regisseur und Figuren.

Pasolini folgert für das Verhältnis von Regisseur / Autor und Figur / Akteur im Sinne einer Akteurstheorie: »Auf einem potentiellen gemeinsamen linguistischen Niveau, das auf den ›Blicken‹ auf die Dinge basierte, wäre also praktisch der Unterschied, den ein Regisseur zwischen sich und seiner Figur machen könnte, ein psychologischer und sozialer. Aber kein linguistischer. Jede naturalistische Mimesis einer Sprache, des hypothetischen ›Blicks‹ eines anderen auf die Realität, ist ihm also absolut verwehrt. Wenn er sich daher in eine seiner Figuren hineinversetzt und durch sie die Geschichte erzählt oder die Welt darstellt, kann er sich nicht jenes Großartigen, von Natur differenzierenden Instrumentes bedienen, das die Sprache ist. Seine Tätigkeit kann keine linguistische sein, sondern nur eine stilistische.«[28] Pasolini erläutert die Technik der rhetorischen Figuren zunächst mit Beispielen aus der Literatur, um dann zu filmischen überzugehen. Er analysiert Michelangelo Antonionis *Deserto rosso* (1964), Bernardo Bertoluccis *Prima della rivoluzione* (1964) sowie Szenen aus Filmen von Godard, Bergman, Chaplin und weiteren.

Die linguistische Arbeit der Literatur ist also im Kino eine stilistische. Pasolini spitzt seine Ausführungen wie folgt zu: »Das wesentliche Kennzeichen der ›indirekten freien subjektiven Perspektive‹ besteht also darin, daß sie keine linguistische, sondern eine stilistische ist. Sie kann daher definiert werden als ein innerer Monolog ohne dessen explizit begriffliche und abstrakt-philosophische Dimension. Das hat wenigstens theoretisch zur Folge, daß die ›indirekte freie subjektive Perspektive‹ im Film sehr differenzierte stilistische Möglichkeiten mit sich bringt; daß sie sogar die durch die traditionelle Erzählkonvention unterdrückten Ausdrucksmöglichkeiten in einer Art von Rückkehr zu den Ursprüngen freisetzt; daß sie schließlich durch die technischen Mittel des Mediums zur originären onirischen, barbarischen, irregulären, aggressiven, visionären Qualität des Films zurückfindet. Kurz, es ist die ›indirekte freie subjektive Perspektive‹, die die mögliche Tradition einer ›technischen Sprache der Poesie‹ im Film begründet.«[29]

Als freie indirekte Rede kann man sich auf diesem Hintergrund, die Figur weiterspinnend, Vermutungen, Assoziationen und weiteres in der Zeitform einer stattgefunden habenden Zukunft vorstellen oder einer als unvollendet gedachten Vergangenheit. Tatsächlich ist die mimische Kraft solchen freien und offenen, stets neu ansetzenden Verknüpfens von Pasolini mit derjenigen Signifikanz des Bildhaften verknüpft worden, die sich in den Träumen und den Erinnerungen findet.[30] Den gemeinsamen Nenner beschreibt Pasolini im Ausdruck der ›Imzeichen‹, einer elementaren Funktion der Bezugnahme des Zeichens auf Orte seiner prägnanten Bezeichnung, die mittels Erörterung, Vermutung und Anspielung vonstatten geht. Träume wie Erinnerung leben von solchen Zeichenprozessen einer erinnernden Wiedervergegenwärtigung, da ja auch Träumen auf Erinnerung seiner Erzählbarkeit angewiesen ist. Da die Zeichen prägnante Orte innerhalb eines Geschehens einnehmen, versteht man von hier aus auch den Bezug der Kinematografie auf das Traum-Geschehen, wie er apparatebezogen für die Kennzeichnung der Bewegt-Bild-Fabrik Hollywoods seit Langem bekannt ist. »Und so ist jeder Traum eine Folge von Imzeichen, die alle Merkmale von Filmsequenzen haben: Großaufnahmen, Halbtotalen, Details etc. etc.«[31]

Das besonders intensive Wirklichkeitserleben im Kino hat zwar mit den bekannten benennbaren wahrnehmungsspezifischen Modellierungen der Betrachterposition des Kinobesuchers zu tun. Und dennoch erfüllt sich Plastizität privilegierter Wirklichkeitswahrnehmung mit allen empathischen Übertragungsmechanismen eben aus dem von Pasolini genannten Grunde besonders gut. Der filmischen Sprache liegt die visuelle Kommunikation zugrunde, ein Bildhaftes, das vorgrammatische und vormorphologische Wurzeln hat. Die Arbeit mit unverbrauchten und unverstellt agierenden Personen – was es auch bei Professionellen gibt: bleibend und meisterlich durch Silvana Mangano, ebenfalls bleibend und routiniert durch Laura Betti, unwahrhaftig, überdreht und unglaubwürdig im Falle von Anna Magnani – gehört zu den Techniken freien indirekten Redens dazu.

Auch wenn die Sprache in die Gesten und die Mimik zurückgenommen ist: Es ist das Sprechen realer Menschen inmitten realer Bezüge, Bildfolgen, Wahl von Ausschnitten, in denen diese Bewegung einer nicht auf zeitliche Ordnungen hin angelegten Montage der Assoziationen, Verbindungen, Übergriffe und Bezugnahmen zugleich als Synthese real erlebter Gegenwärtigkeit zum Ausdruck gelangt. Ninetto Davoli und Totò stehen für diesen Typus beispielhaft. Ihr Spiel wirkt leicht, situativ realisiert im Prozess des Realisierens, also immer im Modus der Gleichzeitigkeit sich abspielend oder einstellend / ›ein-stellend‹. Mit Totò plante Pasolini eine Folge von einem Dutzend Filmen, in welchen er die ›Sprache des Kinos‹ spielerisch, aber durchaus auch als ausgeführten Beleg für die theoretische Kraft der Filmsemiotik als und durch Film entfalten wollte. Der Tod Totòs hat das verhindert.

Pasolini nimmt an vielen Stellen Bezug auf dieses Projekt einer Sprache des Films als einer Schrift des Lebens. Anhand der Figur (wie implizit der Fähigkeiten) Totòs und im Hinblick auf die Handlung eines dann nicht mehr zustande gekommenen Episodenfilms beschreibt Pasolini sein Verständnis von der Sprache des Films als einer Einheit der Bilder, Worte, Formen und Ausdrücke: »Warum spricht Totò so unbekümmert, so glücklich und fast gähnend vor erfüllter Zufriedenheit? Ganz einfach: weil er gerade erklärt, was das Kino ist. Und eben das, was es ist, bringt ihn so sichtbar in Einklang mit dem Leben und macht ihn so glücklich darüber, es anderen mitteilen zu können. So gelöst und beseligt, dass er am Ende seiner Erklärung ein kleines Liedchen anstimmt, und Ninetto folgt ihm und singt den Refrain. ›Il cinema è una lingua‹, singt Totò, ›das Kino ist eine Sprache‹. Eine Sprache, die dazu zwingt, den Begriff der Sprache zu erweitern. Es ist kein willkürliches, konventionelles System.«[32] Denn dieses System ist keines, das aus Codes von Zeichen besteht, sondern aus dem Wirklichen als solchem. Es gibt keine qualitativen oder quantitativen Unterschiede zwischen dem Modell der Welt und dem Realen, das aus dem kinematografischen Prozess hervorgeht. Beide sind ›quasi-natürlich‹ und, wenn überhaupt Zeichen, dann nicht zu ordnen entlang einer Unterscheidung zwischen natürlichen Anzeichen und konventionellen Artefakten.

Pasolini führt weiter zur Tatsache aus, dass es im Falle des Films kein solches willkürliches symbolisches System artifiziell entwickelter und akzeptierter Zeichen gibt: »Es hat keine künstliche Tastatur, auf der man die Zeichen anschlägt wie Pawlowsche Klingeln: Zeichen, die die Wirklichkeit evozieren, wie ein bestimmtes Klingelsignal den Käse vor den Augen der Maus erscheinen und ihr das Wasser im Mund zusammenlaufen lässt. Das Kino evoziert die Wirklichkeit nicht wie die literarische Sprache, es kopiert die Wirklichkeit nicht wie die Malerei, es mimt die Wirklichkeit nicht wie das Theater. Das Kino reproduziert die Wirklichkeit: in Bild und Ton! Und was tut das Kino, wenn es die Wirklichkeit reproduziert? Das Kino drückt die Wirklichkeit mit der Wirklichkeit aus.«[33] Das ist der Kernsatz der Filmsemiotik Pasolinis. Man sieht, wie wenig er an der üblichen wissenschaftlichen Metaebene der Klassifikation von Weisen des Bezeichnens und der Leistung von formal erklärten Zeichensystemen interessiert ist, weil diese formalen Differenzierungen innerhalb eines sekundären Systems verbleiben, wohingegen seiner Auffassung nach die Semiotik des Films nichts anderes als die Semiotik des Wirklichen ist.

Die Realität ist selbst Semiose, unabhängig vom sekundären System artefaktgestützter Deutungen und hermeneutisch rückversicherter Interpretationen. Genau das sei die Eigenschaft von Kino: mittendrin zu stehen in der Wirklichkeit. Das entspricht aber nicht den poetischen Auffassungen vom Realismus oder den semiotischen vom Realen des Referenten, die Theoretiker wie Nelson Goodman und Umberto Eco als ontologische Suggestionen zurückgewiesen haben. Es geht überhaupt nicht um den seit den 1920er Jahren vor allem auch politisch aufgeladenen ›Realismus der Künste‹, sondern es geht um die Semiose des Realen als und durch Medien wie Kinematografie, Bilder, Gesten. Es geht nicht um den Naturalismus der filmischen Darstellung im Kino, sondern um die kinematografischen Eigenschaften der Natur als Natur selbst. Pasolini verdeutlicht, unmissverständlich: »In jedem Moment ist die Wirklichkeit ›Kino in Natura‹; es fehlt nur eine Kamera, um sie zu reproduzieren, das heißt sie zu schreiben durch die Reproduktion dessen, was sie ist. Kino ist also virtuell eine unendliche ›Einstellungssequenz‹: unendlich wie die Wirklichkeit, die von einer unsichtbaren Kamera reproduziert werden kann.«[34] Dieser unendlichen Einstellungssequenz entspricht die orale Fähigkeit der indirekten Rede und ihrer freien Verbindungen mit allen möglichen memorierbaren oder spekulativ verbindbaren Elementen.

Deshalb ist alles Präsenz und sind alle filmisch-narrativ differenzierten, also erzählerisch differenzierten Zeiten immer inmitten der einen Zeit als Bezüge der unterschiedlichen Weisen der Vergegenwärtigung enthalten und aufbewahrt. Das ist die Zeit des Erlebens, der Gegenwärtigkeiten, also der Modus der Präsenz. »Doch was ist Präsenz? Es ist – nun ja: etwas, das durch sich selber spricht. Eine Sprache. Die Wirklichkeit ist eine Sprache, eine langage. Nicht die ›Semiologie des Films‹, die Semiologie der Wirklichkeit gilt es zu entwickeln!«[35] Es ist also stets die Wirklichkeit, die sich selbst ausdrückt. Und zwar in actu, im Vollzug von Handlungen, in dynamischen Prozessen eines Werdens. Das Kino ist die Form, in welcher das Wirkliche als Schrift oder Sprache deshalb ›zu sich kommt‹, weil es als Medium visuellen Wandels die Metamorphosen einer substantiierten Natur zum Ausdruck zu bringen vermag.

Natürlich weiß auch Pasolini, dass es – wie es später Godard in seinen Geschichten vom Kino visuell erörtern wird – eine Art Filmlexikon von einigen Jahrzehnten Filmgeschichte gibt, eine typologisch und weiter differenzierbare Sammlung von Bildern, rhetorischen Figuren, Ausdrucksweisen, die letztlich nur als ›Kino im Kopf‹, imaginär, wirksam sind. Dennoch besteht er darauf, dass von einem Lexikon der Bilder nicht die Rede sein kann. Denn ein Lexikon verzeichnet nach alpha-numerischen, also diskreten Zeichen. Bilder sind aber keine diskreten Zeichen solcher Art. Besteht die Erfindung eines Schriftstellers in der Ausdruckstechnik, die sich als Zuwachs an Geschichtlichkeit – anders gesagt: Semantizität – auswirkt, so würde jedes Bilder-Lexikon nicht nur real, sondern bereits als virtuelles Dispositiv unvermeidlich in ein unendliches Unternehmen ausarten. Jeder Filmautor muss deshalb aus dem ›Chaos‹ der möglichen Bilder morphologisch bedeutsame Zeichen, eben die ›Imzeichen‹ auswählen, um diese Zeichen dann mit individuellen Ausdrucksqualitäten zu versehen. Optische Erinnerungen helfen hier. Auch sind Erinnerungen wie Bilder immer Bestandteile einer allgemeinen Sprache, also im Allgemeinbesitz einer typisierenden Imagination.

Nicht durch Zeichen, sondern durch Bilder werde das linguistische oder grammatikalische System eines Filmautors konstituiert. Und diese Bilder seien immer konkret, nie abstrakt.[36] Weiter gilt: »Der Film oder die Sprache der Imzeichen ist also doppelter Natur: er ist gleichzeitig äußerst subjektiv und äußerst objektiv (bis an die Grenze eines unvermeidlichen und plumpen Naturalismus).«[37] An dieser doppelten Natur wird deutlich, weshalb für Pasolini der Film Medium einer Fortsetzung seiner literarischen Techniken und gleichzeitig die Transformation des Formalismus-Problems gewesen ist. Es ist nicht wirklich möglich, Filme herzustellen, ohne diese Art ›Naturalismus‹, und sei es in Rudimenten, mitzuschleppen.

Es ist bemerkenswert, dass der ›Romantiker Pasolini‹, der er immer auch war, auf eine vormediale Realität der Zeichenbezüge und Kunsttechniken abhebt. Seine Theoreme – ›Imzeichen‹, ›freie indirekte Rede‹ – haben ihren Fluchtort in einer Anthropologie, die menschliche Symbolisierung auch als Natur verstehbar macht

– und zwar nicht, wie heute wieder üblich, im Namen reiner Authentizität, sondern als Kritik an der logozentrischen, sprach-fetischistischen Reduktion der Bilder auf semantisch rubrizierbare lexikalische Ordnungen.

Pasolini verbindet mit seinen Äußerungen, obwohl sie auf allgemeines zielen, keinen apodiktischen Allgemeinheitsanspruch. Es handelt sich um prozessuale Erörterungen, die sich auf sein Nachdenken durch, in und als kinematografische Poetik beziehen. Es geht ihm, wie Norbert M. Schmitz ausführt, »um die ästhetisch motivierte Behauptung einer ursprünglichen Zeichenwelt des Lebens als Kontrast zu den ideologisch kontaminierten Zeichen der konsumistischen Gegenwart. Diese Anthropologie ist historisch und ahistorisch zugleich. Die Veränderung des Zeichenstatus durch die Moderne ist monumental. Pasolinis Naturalismus kippt in dessen historischer Umkehrung und Vernichtung, die Zeichenformen der Gegenwart sind Teil einer Wende von anthropologischer Dimension. Sein emphatischer ›Authentizismus‹, mit dem er das Wirkliche und das Kino zusammenschließt, ist also eine ästhetische Strategie, ein Programm zur künstlerischen Produktion vom Ende ihrer, man möchte sagen ›unschuldigen‹ Möglichkeit her. Seine semiotischen Überlegungen sind also kaum als allgemeine Theorie filmischer Zeichen zu beurteilen, noch nicht einmal als angemessene Theorie der Formen einer künstlerischen Poetik des Kinos, sondern vor allem als Stilistik seiner Ästhetik als Beschreibung einer Veränderung der Schrift, des Lebens, der Zeichen selbst, die letztlich für sämtliche Medien mit denen er arbeitet, auf einer allgemeinsten abstrakten Ebene Gültigkeit beansprucht.«[38]

Der Protagonist ist also nicht die Semiose oder Bewegung der Linguistik, sondern der Stil. Die technisch-stilistische Gründung einer möglichen Tradition des ›Kinos der Poesie‹ wendet sich gegen neoformalistische Verdinglichungen. Das Problem der Sprache ist stets ein politisches. Der kritische Autor tendiert dazu, zu einem Alibi der Bourgeoisie und der von ihr gereinigten Sprechweisen zu werden. Mythos und technisches Bewusstsein der Form, so Pasolini, würden zu möglichen Gegenkräften gegen die Zersetzungen eines Kapitalismus, der, zum Zwecke der Modifikation, den Poeten wieder eine ›späthumanistische Funktion‹ zuerkennen könnte. Also hat der Autor, wie Pasolini in seiner Zusammenfassung zum ›Kino der Poesie‹ anmerkt, die Aufgabe, mit den Alibis und der Delegierung seiner Sicht an die Figuren und ihre Reden vorsichtig und reflektiert umzugehen. »Die Verwendung der ›indirekten freien subjektiven Perspektive‹ im Kino der Poesie ist, wie wir mehrfach wiederholt haben, ein Vorwand. Sie dient dazu, indirekt – durch ein beliebiges erzählerisches Alibi – in der ersten Person zu sprechen.«[39]

20 Pier Paolo Pasolini: *Ketzererfahrungen. Schriften zu Sprache, Literatur und Film*, München und Wien 1979, S. 168.

21 Vgl. erstmals das Filmwerk solcher Künstler untersuchend: Stefanie Stallschus-Ternes: *Zwischen den Bildern. Der Film als Experimentalfeld der Pop Art*, Diss. Freie Universität Berlin 2010.

22 Vgl. hierzu systematisch, wenn auch ohne Bezug zu Pasolini: Hans Ulrich Gumbrecht: *Production of Presence – What Meaning Cannot Convey*, Stanford, California 2004.

23 Vgl. Norbert M. Schmitz: Pasolinis Filmanthropologie – Die Schrift des Lebens, in: Hans Jürgen Wulff und Hans Edwin Friedrich (Hg.): *Scripta cinematographica. Texttheorie der Schrift in audiovisuellen Medien,* Trier 2013, S. 203 – 223.

24 Ebd., S. 204.

25 Pier Paolo Pasolini: Das ›Kino der Poesie‹, in: Peter W. Jansen et al. (Hg.): *Reihe Film 12: Pier Paolo Pasolini*, München 1977,

S. 49—77, hier: S. 49. Dieser Text von 1965 wurde 1972 in der italienischen Originalausgabe von *Empirismo eretico* abgedruckt, ist jedoch nicht in die nur eine Auswahl aus den theoretischen Essays Pasolinis zu Sprache, Literatur und Film bringende deutsche Ausgabe *Ketzererfahrungen* (1979) aufgenommen, wohl weil er zuvor schon für den zitierten Band der Film-Reihe bei Hanser übersetzt und benutzt worden ist.

26 Als solche behandeln dies in weiten Verzweigungen Gilles Deleuze und Félix Guattari in einem Pasolinis literarischen Auffassungen wie kinematografischen Techniken verbundenen Kapitel ihres monumentalen *Mille plateaux* (Paris 1980).

27 Pasolini, Kino der Poesie, S. 60.

28 Ebd., S. 65.

29 Ebd., S. 66.

30 Vgl. ebd., S. 51.

31 Ebd.

32 Pasolini, *Ketzererfahrungen*, S. 168.

33 Ebd., S. 168f.

34 Ebd., S. 169.

35 Ebd.

36 Vgl. Pasolini, Kino der Poesie, S. 56.

37 Ebd., S. 58.

38 Schmitz, Pasolinis Filmanthropologie, S. 216f.

39 Pasolini, Kino der Poesie, S. 76.

Kapitel IV

Film als Semiotik der Wirklichkeit

Pasolinis Auffassung vom Film, dem Wesen des Kinematografischen wie dem Erleben im Kino ist, dass es sich stets um Filme über das Filmen als Schreiben des Realen handelt. Der Film ist nicht Darstellung von Wirklichem durch Symbole oder imaginäre Vermittlungen. Der Film ist Sprache der Wirklichkeit, eine erste, keine zweite oder abgeleitete Realität. Das entspricht nicht einer symbolisch mediatisierten Auffassung vom Realen, sondern von dessen Wirklichkeit als Kinematografie und umgekehrt. Das erklärt auch Pasolinis Vorliebe für Laien und den Standpunkt, dass die autonome und unvermeidliche Realität des Spielens stets aus einem Eigenen erfolge. Es gibt keine Schauspieler, außer denen, die, wie im Leben, sich selbst darstellen, indem sie sich zeigen. Darstellung ist immer Zeigen von Realität. Da man das Eigene nicht spielen, sondern nur zeigen kann und alles Spielen ein solches Eigenes benötigt und voraussetzt, kann man Wirklichkeit ebenfalls nur zeigen, nicht aber darstellen oder symbolisieren. Entscheidend hierfür ist eben nicht ›Schauspielführung‹, sondern ein Engagement, eine Präsenz, die die technische Apparatur beiläufig und unsichtbar werden lässt, sie entmystifiziert, jedenfalls banalisiert.

Wir erinnern und wiederholen: Der Film ist die internationale Sprache schlechthin. Damit kann er eine Kraft der Differenz sein, mehr aber noch Gefahr laufen, aktiv diejenige Nivellierung, Standardisierung zu betreiben, die Pasolini parallel zur Intensivierung seiner Arbeit am und im Film immer heftiger beklagen wird: eine mörderische Gleichförmigkeit und Eliminierung des Diversen zu erzwingen. Es geht nicht nur in analytischer Hinsicht um die Tatsache, dass der Wirklichkeitsbezug der semiotischen Theorie und der Auffassung des Films nichts anderes ist als die Wirklichkeit des Natürlichen, des Gegebenen oder Vorliegenden. Überhaupt sind die strikten Differenzierungen zwischen dem Gegebenen und den Zeichensystemen, in denen wir uns seine Gegebenheitsweise verdeutlichen, von einem philosophischen Realismusstandpunkt aus problematisch. Die Doppelung erweist sich, genauer besehen, als ziemlich unnütz, und der starke Nominalismus steht offenkundig im Dienste einer Selbstverherrlichung des zeichensetzenden Menschen als des ›Metaphern produzierenden Tieres‹ (Nietzsche). Es gibt hierzu auch eine politische Dimension: Der kinematografische Apparat – meint: der Film im Verbund mit den Kinos – stellt eben nicht dar, sondern ›zeigt‹, aber nicht ein anderes, sondern das, was im Zeigen als das Gezeigte geschaffen wird. So wie die Zeichen immer auch stoffliche Kräfte im Realen sind, so bewirken Filme, Kinematografie und Kinos eine Modifikation der Wirklichkeit.

Erinnern wir uns weiter: Pasolinis poetisches Projekt im Friaul setzte nicht auf Rückbesinnung und regionale Authentizität. Er hatte ein anderes Verständnis vom ›Echten‹ im Sinne. Er zielte auf ein wahres Authentisches, das sich nur aus der Transformation der naiven und vereinfachenden Codes des Folkloristischen ergibt. Pasolinis Sprache ist eine der Zivilisierung und Artifizialisierung des primär Vorliegenden. Eben in solcher Transformation besteht das Poetische. Erst die Zivilisationssprache ›rettet‹ den Zauber des Archaischen, steht also in deren Dienst. Die friulanische Sprache und die gesamte Kultur des Friaul münden ebenso wie die rätoromanischen Sprachen und viele italienische Regionaldialekte nicht als regionalistische Behauptungen in eine ›wahre Identität‹. Pasolini macht etwas anderes. Die hochkulturelle Formulierung der Eigenheiten des Archaischen bedingt Umformung, stetige Dynamisierung. Die Codes sind nicht stabil, sondern durchdringen einander. Auch hier also: Pastiche (Nachempfindung eines gegebenen oder vorgeprägten Inhalts von jemand anderem in einer eigenen Form, Sprache, Ausdrucksweise) und Kontamination (Verunreinigung, Gemische und Gemenge), Bewegung. ›Dazwischen‹, nicht die puristische Sicherung der jeweiligen einzelnen Pole, Lager oder Rhetoriken.

Es sind deshalb für den Filmer Pasolini alle Formen in Betracht zu ziehen. Aber besonders die schnellen, improvisierten, mit anderen Materialien arbeitenden Filme (Found Footage, Bildarchive) bilden eine Auffassung vom Kino aus, die den Zauber des in Licht geschriebenen und halluzinativ projizierenden, Faszinationen erzeugenden Bewegungsgeschehens im Kinosaal zu einem Ort machen, der dem privatistischen, kleindimensionierten, alles ins Kleinbürgerliche ziehenden Apparat der Television entgegengesetzt ist. Es sind also die ›Nebenwerke‹ – Episoden, kurze Filme, schnell gedrehte Arbeiten, Filme über nicht gedrehte, aber geplante Filme, Notizen, Ortsbesichtigungen, Essays, Poeme – mindestens so sehr als Hauptwerke zu sehen wie diese, die gemäß ihrer Reputation allzu schnell und leichtfertig in den Meisterdiskurs eingerückt werden. An verschiedenen Stellen des vorliegenden Buches ist in spezifischen Schilderungen, Zitaten, Exkursen, Zuspitzungen der Arbeitsweise und des Verständnisses Pasolinis, der biografischen Entfaltung, Arbeit und konzeptuellen Werkverschränkung diesem Umstand Rechnung getragen worden. Das hier präsentierte Porträt wählt zur Kennzeichnung des Kinematografischen, also des Schreibens von Kino durch Film, das Exemplarische. Es wirft ein kurzes Licht auf einige der zwar nicht unbekannten Werke Pasolinis – es gibt keinen auf dieser Ebene wirklich unbekannten Pasolini mehr –, aber doch von Werken, die bisher nicht angemessen in ihrer poetischen Leichtigkeit und komplexen Anlage gewürdigt worden sind. Um Streiflichter geht es, nicht um Systematik, um Beschreibung, nicht um Analyse. Oder dann um eine, die wie bei Pasolini selbst den Typus der abwägenden Vergegenwärtigung von Bedeutungen und Einflüssen als eine ›Beschreibung der Beschreibung‹ verkörpert. Kritik ist – und auch daran ist zu erinnern – für Pasolini keine Frage der Haltung oder gar eine ideologische Demonstration, sondern eine Suchbewegung im betrachteten Material, die versucht, diesem unbedingt gerecht zu werden.

Pasolinis Werk hat sich in vielfältiger Weise mit solchen ›kleinen Formen zwischen den Gattungen und Definitionen‹ beschäftigt. Das Theorem vom Film als einer ›Sprache der Wirklichkeit‹ sprengt die Gattungsgrenzen. An nahezu jedem seiner Werke erweist sich die polarisierende Rede von der Opposition der dokumentarischen gegenüber den fiktiven Formen als haltlos, uninteressant, überholt durch die filmische Praktik und Poetik des Werks. Die umfassende Entfaltung der filmischen Kunst, Praktik und Poetik von Pier Paolo Pasolini ist nicht nur in den berühmten ›großen‹ Meister-Filmen, sondern ganz besonders in den ›marginaleren‹ Formen, den schnellen ›Nebenwerken‹ wahrzunehmen. Es handelt sich jedoch der Anstrengung, dem Wert, der Sorgfalt und dem vom Autor beabsichtigten Vorgehen nach keineswegs um Gelegenheitsarbeiten, sondern um beispielgebende Werke, welche die üblichen, auf strikte Abgrenzung bedachten Codes der filmischen Zuschreibungen – Dokumentation, Fiktion, Inszenierung, Referenz und Repräsentation, Komposition und Improvisation – unterlaufen. Oft kann man gerade in diesen Werken dem Regisseur ›bei der Arbeit‹, der Entwicklung der filmischen Gedanken beim ›kinematografischen Reden‹ zusehen. Einige Beispiele sollen hierzu, wenigstens summarisch, erörtert werden.

Comizi d'amore (Gastmahl der Liebe, 1963, 90 Minuten)

Der Film wurde in verschiedenen Regionen Italiens von März bis November 1963 gedreht und erstmals am 18. April 1964 gezeigt. In ihm befragt Pasolini Menschen verschiedensten Alters und Herkunft, darunter auch eine Reihe von Intellektuellen wie Giuseppe Ungaretti oder Oriana Fallaci, zu ihrem Liebesleben und zur Sexualität allgemein. Vorgesehen sind Gespräche über Liebe und Eros zudem mit zufällig Angetroffenen und Anwesenden an allen möglichen Orten in verschiedenen, über Italien weit verteilten Regionen, von der Adriaküste bis zum kalabrischen Dorf, von Sizilien über Neapel bis in den emanzipierten ›gebildeten Norden‹, Mailand und die Poebene. Bekannte und Unbekannte, Einzelne und mit vielen direkt Verbundene, in Gruppen Gestikulierende äußern sich. Drei Interviews – mit Eugenio Montale, Giuseppe Ravegnani und Pasolinis Mutter – wurden separat gefilmt, bei der Montage aber wieder herausgenommen. Unterteilt in diverse Kapitel werden die Gespräche durch eine Expertenrunde kommentiert, die sich im Garten der Wohnung der Pasolinis an der Via Eufrate in Rom befindet und, moderiert durch Pasolini, debattierend auf die einzelnen Teile, die eben gedrehten Interviews und die darin verhandelten Probleme eingeht. Moravia erläutert die kulturellen Kontexte und Implikationen Italiens, der Psychoanalytiker Cesare Musatti gibt den Experten, der allerdings von Pasolini nur arg beschnitten in den Film kommt. Zwar wird Homosexualität im Film thematisiert, am deutlichsten durch den homosexuell bekennenden Literaten und Intellektuellen Giuseppe Ungaretti. Dennoch meint Moravia, dass Pasolini diesbezüglich doch bemerkenswert defensiv geblieben sei, zumindest aus seiner Sicht. Einige wichtige, sich darauf beziehende Kommentare des Psychoanalytikers Cesare Musatti seien von Pasolini herausgeschnitten worden. Das ist ein persönliches Zeugnis und kann natürlich im Film nicht überprüft werden. Solche Vermeidung einer deutenden Bezugnahme auf Homosexualität dürfte, wenn Moravias Schilderung zutrifft, als psychoanalytisch signifikante Ausblendung betrachtet werden. Wenige Äußerungen sind, offenbar wegen sexueller Freizügigkeit und ›obszöner Rede‹, in der Weise zensiert, dass ›stumm geredet‹ wird, ein interessanter Effekt, der zum Studium der Gestik einlädt. Diese Passagen bleiben visuell, aber eben ohne Ton, im Film präsent.

Was ist das Anliegen? Zumindest Ansatzpunkt und Kontrastfolie werden im Film selbst ausdrücklich benannt. Auf einer eingeblendeten Schrifttafel gegen Ende des Films steht geschrieben, es gebe heutzutage – wir schreiben das Jahr 1963 – nichts Ermüdenderes als das Reden über Sex. Das wird zugleich aus dem

Off gesprochen. Der Film kämpft also gegen Unwissenheit und Selbstverblendung, die monströse Lüge selbstgefälliger Kleinbürger. Er sieht aber in der offenen Rede über die Sexualität nicht per se einen Fortschritt oder gar den Erfolg oder Beweis des gelingenden Kampfes.

Comizi d'amore ist nämlich auch gerichtet gegen denjenigen verordneten Hedonismus in der totalitär werdenden Konsumgesellschaft, der angebliche sexuelle Freiheit mit neuen repressiven Diskursen koppelt, ja diese als Identität seiner selbst durchsetzen möchte. Die angeblich freie Rede erzwingt nämlich die Bereitschaft zum freimütigen, allzeit und allseits offenen Eingestehen, Berichten, Schildern, Beanspruchen, Bekennen. Die frei gewordene ist in Wahrheit eine diskursiv gegängelte und unfrei gemachte Sexualität. Ihre ›Befreiung‹ realisiert sich im Modus der Repression. Gegen diese in Wahrheit als ›frei‹ verordnete und verpflichtete Rede über Sexualität richtet sich Pasolinis Film. Er sei weniger ein ›cinéma vérité‹, sagt Alberto Moravia als Spezialberater im Film, sondern ein ›cinéma mensonge‹, ein Kino der enthüllten Lügen. Es handelt sich um ein Unternehmen, das im Zeigen das Gezeigte konstruiert und deshalb nicht das Seiende an sich, sondern das im Zeigen Konstruierte durch das Zeigen sichtbar macht. Natürlich bedarf es dazu auch der Einsicht in die Lüge, Verstellung und Täuschung. Eben diese liegt vor als ›freie‹ Rede sich täuschender Menschen und als Montage des Films durch den lenkenden Regisseur, der dem Ganzen eine deutliche, wiewohl teilweise im Verborgenen ansetzende Tendenz gibt.

In einem am 6. November 1963 im Mailänder *Il Giorno* erschienenen Zeitungsbeitrag über Sigmund Freud als Schriftsteller vermerkt Pasolini: »Ich hatte den ganzen Freud ja in Bologna schon vor mehr als zwanzig Jahren gelesen [...]; jetzt hielt ich mich in Bologna auf, um für meinen Dokumentarfilm über das sexuelle Leben der Italiener eine Reihe von Interviews mit Studenten und Fußballspielern der ›gegenwärtig auf den vordersten Listenplätzen platzierten‹ Mannschaft zu ›drehen‹. Freud – das habe ich aus dieser Umfrage gelernt: einer Untersuchung, die ich niemandem wünsche, so grausam sind die traumatischen Wirkungen, wenn man dermaßen enttäuscht wird und die Achtung für seine eigenen Mitbürger verlieren muss – ist in Italien höchstens drei, vier Intellektuellen bekannt.«[40] Leider ist die deutsche Betitelung, die diesmal gar nicht freie Paraphrase, sondern genaue Übersetzung zu sein vorgibt, irreführend. ›Comizi‹ heißt wörtlich Versammlung. Es handelt sich in Pasolinis Werk um Versammlungen und Zusammenkünfte von Menschen verschiedener Klassen, Stände, Regionen, Temperamente, die mit dem Regisseur über Liebe in allen Aspekten reden – erotisch, sexuell, sozial, ökonomisch, strategisch. Ein genauer Filmtitel lautete also nicht ›Gastmahl der Liebe‹, sondern eher ›Liebesversammlungen‹, was meint: Versammlungen in, aus und von Liebe.

La ricotta (Der Weichkäse, 1963, 40 Minuten)

Zu erinnern ist an die szenische Erzählung »Der Weichkäse, aufgekocht« – im Kapitel »Der Literat« wird sie nochmals erwähnt werden –, deren Stoff Pasolini in den frühen römischen Jahren entwickelt, als er Kontakt mit dem Kinogeschäft bekommen hat. *La ricotta* ist von den sogenannten ›Nebenwerken‹ Pasolinis das bekannteste. Das hat mit vielem zu tun, nicht zuletzt mit der Komplexität und dem Humor der Episode. Aber auch damit, dass Orson Welles den Regisseur spielt, der niemand anderes ist als Pasolini, von dem er damals zwar nichts weiß, aber er braucht Geld, und der Produzent bezahlt ihn gut. Also ist er freundlich und spielt überzeugend. Sodann wegen der Prozesse und Verfolgungen, die sofort einsetzen, die Rezeption des ganzen Films behindern und außerdem Pasolini so beschäftigen, dass er *Il padre selvaggio* (Der wilde Vater) nicht drehen kann, auch nie mehr wird realisieren können. Und dann wohl wegen des satirischen Zuschnitts und des Witzes dieses angeblich immer so ernsten, am Leben zweifelnden, an der Realität verzweifelnden Autors, der hier eine doppelte Geschichte erzählt, welche in einer Parallelmontage den mondänen Jetset des Kinos den subproletarischen Statisten entgegenstellt, einem zusammengewürfelten, undisziplinierten Haufen Demotivierter, die beim anstrengenden Dreh des Films versuchen, sich an allem möglichen schadlos zu halten.

Im Oktober und November 1962, wenige Monate vor der Aufnahme der Arbeit an *Comizi d'amore* dreht Pasolini seinen Beitrag zu einem weiteren abgesprochenen Episodenfilm. Dieser wird den Titel erhalten *RoGoPaG o Laviamoci il cervello* (RoGoPaG oder waschen wir unser Gehirn). Neben Pasolini steuern Roberto Rossellini, Jean-Luc Godard und Ugo Gregoretti Episoden bei. Pasolinis Beitrag, hervorgegangen aus einer ganz anders, aber bereits drehbuchartig angelegten Erzählung »La Ricotta« (Der Weichkäse), ist ein Meta-Film, ein Film übers Filmemachen, die Dramaturgie, die Produktionsregeln. Die Handlung spielt am Set und gipfelt in einer kunstgeschichtlichen Neuinterpretation zweier manieristischer Meisterwerke. Es handelt sich um zwei Versionen der Kreuzabnahme von Rosso Fiorentino und Jacopo Pontormo. Die Farben und Gesten sind übertrieben in Szene gesetzt. Die Bilder werden nachgestellt als Tableaux vivants, die Figuren verkörpert durch Darsteller, die sich nicht bewegen dürfen. Die gesetzten Posen ermöglichen einen neuen Blick auf die Gestaltungsprinzipien und den Aufbau der manieristischen Werke, die ja prototypisch einen kinematografischen Einschnitt in der Geschichte der Bilder darstellen, wie man im 20. Jahrhundert mehrfach ausgeführt hat. Der Gestus der Übertreibung verwandelt die Bildrhetorik in einen religiösen Andachtskitsch, der hervorragend zur Mimik der Laiendarsteller passt. Auch bezüglich der malerischen Darstellungsprinzipien lässt der Übertreibungsgestus der Posen auf einer Metaebene die Bildprinzipien deutlich werden – sowohl der historischen Malerei wie der aktualisierenden Kinematografie. Die Übertreibung, die sie charakterisiert, wird so einsehbar als ihre eigene Strategie. Und damit wird eine ganze Epoche in einem anderen Medium neu erschlossen. Im Übrigen verdienen auch die weiteren Episoden des Werks lobende Erwähnung, wie auch die Tatsache bemerkenswert ist, dass die Rezeption des Zusammenhangs oder auch Nicht-Zusammenhangs der Episoden im Unterschied zu den früheren Gegebenheiten des Zelluloids oder der Ausstrahlung am Fernsehen – die sich meistens nur auf einzelne Namen stützten, also das gesamte Werk aufteilen – zum ersten Mal durch die neue Technologie der DVDs einem breiten Publikum zugänglich geworden sind.

Daran schließen sich neue eigene Urteilsmöglichkeiten an. Die Episoden der Kollegen Pasolinis erweisen sich als mehr als nur sehenswert, insbesondere der auf seine Weise wie Pasolini direkt auf dem Augenblick des gegenwärtigen Italien insistierende Film *Il pollo ruspante* (Das freilaufende Huhn) von Gregoretti. Erst in Betrachtung der gesamten vier Episoden hat man einen wirklichen, wahrhaften und angemessenen Zugang zur Ikonografie der Zeit, dem Realen, den Stoffen, den Bezügen. Von dieser Präsenz des Lebendigen und Zeitgeschichtlichen wiederum profitiert auch die Eigenwilligkeit der Episode Pasolinis, auch wenn diese völlig aus dem Ganzen herausfällt. Dem eigenen Bekunden nach habe er ohne Bezug auf eine übergeordnete Idee, eine – dem Vernehmen nach ohnehin nicht über die Wahl der Wunsch-Regie-Namen hinausreichende – Vorgabe durch den Produzenten oder irgendeine Rücksichtnahme auf die Stoffe der Kollegen, die er gar nicht zur Kenntnis gebracht haben wollte, gearbeitet. Das zeigt auf seine Weise der Titel *RoGoPaG*, unter dem das Werk in die Geschichte eingegangen und in den Verleih gekommen ist. Er setzt sich aus den Anfangsbuchstaben der Familiennamen der Autoren zusammen.

Zurück zu Geschichte und Stoff der Episode Pasolinis. Während der Dreharbeiten zu einem Christusfilm – Ort: unweit der Katakomben der Urchristen an der Via Appia nuova, die in die Romagna hinausführt – stirbt in einer Drehpause, zunächst unbemerkt, ein Komparse, der einen der Gekreuzigten spielt, weil er, überaus hungrig, zu schnell zu viel Weichkäse verschlingt. Sein Tod am Kreuz wird erst festgestellt, als der Produzent mit einer Gesellschaft der ›Besseren‹ und ›Wichtigtuer‹ am Drehort erscheint, wo für die Gäste eine reich gedeckte Tafel bereitsteht. Pasolini verwendet in diesem umgehend wegen Gotteslästerung von der Justiz beschlagnahmten Film zum ersten Mal Farbe, Zoom, Zeitraffer. Der Film ist nicht nur eine bissige Satire, sondern auch eine kinematografische Studie, also ein Film über die linguistischen und semiologischen Mittel des Filmens, mithin ein Film als Reflexion über den Film. Einer der Höhepunkte: Orson Welles spielt den Regisseur Pier Paolo Pasolini und spricht den wohl berühmtesten Monolog aus der Geschichte der Selbstcharakterisierungen des Regisseurs: »Ich bin eine Kraft aus der Vergangenheit …«

La terra vista della luna (Die Erde vom Mond aus gesehen; 1966, 30 Minuten)

Es handelt sich hier um den dritten Teil eines Episodenfilmes unter dem Titel *Le streghe* (Die Hexen). Die anderen Episoden stammen von Luchino Visconti, Mauro Bolognini, Franco Rossi und Vittorio de Sica. Klammer und auch Vorgabe durch den Produzenten Dino de Laurentiis ist, dass Silvana Mangano, seine Gattin, jeweils die Hauptrolle spielt, was sie mit Bravour tut. Der Beitrag Pasolinis ist von besonderer Natur. Es beginnt hier die Zusammenarbeit mit dem Komiker Totò, mit dem insgesamt ein Dutzend Filme vorbereitet werden, die so etwas wie die Grammatik des Kinos vorführen sollen: gespielte Kinematografie, Film und Filmsemiotik als Kino, nicht als filmtheoretische Übung. Und es beginnt die Zusammenarbeit mit Silvana Mangano, die Hauptwerke mitprägen wird. Das ist insofern bemerkenswert, als Pasolini sonst die Arbeit mit Laien vorzieht. Mangano ist aber professionelle Schauspielerin durch und durch. Pasolini wird die Zusammenarbeit mit der überaus intelligenten und im Film unkomplizierten Mangano stets lobend beschreiben. Der Film ist von berührender Komik, von wirklichem Witz. Ein Witz, der zur Gattung der Slapstick-Komödien gehört. Allerdings eher in das Register eines Jacques Tati oder Buster Keaton als in das von Chaplin oder gar Laurel und Hardy.

Der Inhalt kann so zusammengefasst werden: Der Komiker Totò verkörpert einen Vater namens Ciancicato Miao, der mit seinem Sohn Basciou, gespielt von Ninetto Davoli, nach dem Tod seiner Gattin auf die Suche nach einem Ersatz geht. Gefunden werden soll eine Frau, die natürlich attraktiv, vor allem aber fleißig und arbeitsfähig, also allseitig einsatzbereit ist. Nach mehreren – zum Teil grotesken – Anläufen finden sie schließlich ein taubstummes Mädchen, dargestellt von Silvana Mangano, trauernd an einem Grab. Die Gestalt erscheint wie von einer anderen Welt und erweist sich in jeder Hinsicht als Glücksfall. Sie zieht in die Hütte der beiden ein und räumt dort auf, was auch dringend nötig ist. Die Hütte befindet sich übrigens in realer Gestalt mitsamt der Umgebung dort, wo Pasolini neun Jahre später ermordet werden wird. Die beiden Hallodri überlegen, wie zu Geld zu kommen ist. Denn arbeiten wollen sie nicht wirklich. Es macht sich hier der neapolitanische Einschlag von Ninetto und Totò glaubhaft bemerkbar, der schon in Sprache und Dialekt der beiden aufscheint. Attraktiver erscheint ihnen die Idee, den Rom-Besuchern, Gaffern und Touristen das Geld aus der Tasche zu ziehen. Dazu lassen sie sich eine melodramatische Geschichte einfallen. Das Mädchen, nun Frau und Stiefmutter, stellt sich, mit Flügeln als Engel verkleidet, in eine Nische im oberen Stockwerk des Kolosseums. Unten veranstalten die beiden – besonders Totò – einen heftigen Auflauf mit einer herzerweichenden Geschichte von Armut, Hunger, Verzweiflung. Seine Frau wolle sich umbringen und in die Tiefe stürzen, wenn ihnen nicht geholfen würde. Vater und Sohn sammeln Geld von den mitleidigen Schaulustigen.

In der Zwischenzeit klettern zwei vorher schon im Filmgeschehen herumstolpernde groteske Gestalten – die eine in unförmiger tonnenhafter Verkleidung, gespielt durch Laura Betti – auf das Kolosseum, verschlingen eine Banane und werfen die Schale nach unten. Sie landet vor den Füßen des Engels, der Frau, die das aber nicht sieht. Um der dramatischen Erzählung Totòs Nachdruck zu verleihen, tut sie so, als ob sie sich nun wirklich in die Tiefe stürzen wolle und macht einen Schritt nach vorn. Sie rutscht auf der Bananenschale aus und stürzt zu Tode. Nun muss das gesammelte Geld für einen Grabstein aufgewendet werden. Niedergeschlagen zu Hause angekommen, erscheint – welch ein Wunder – die Verunglückte Vater und Sohn wieder, und zwar quicklebendig. Sie zieht sich um, verrichtet die erwünschten Arbeiten, wird erneut Mutter, Hausfrau und Geliebte. Das Glück kehrt wieder ein. Pasolini sagt zur ›Moral von der Geschichte‹, mit welcher Aussage der Film endet: »Lebendig oder tot, das kommt auf dasselbe heraus.« Es handelt sich um einen fröhlichen, witzigen, überaus optimistischen Film. Zu seinen Eigenheiten gehört, dass das Drehbuch nicht geschrieben, sondern gezeichnet worden ist. Mit leichter Hand, präzise, direkt aus der Vorstellung, überaus genau für den ersten Teil des Films. Das stellt eine Besonderheit im Werk Pasolinis dar.

Und belegt auf seine Weise das intermediale Oszillieren, das Ausgreifen auf die Gattungen diesseits und jenseits des bereits als grundlegend erörterten ›Dazwischen‹.[41]

Das Drehbuch entfaltet die Narration in Bildsequenzen. Diese antizipieren in Zeichnung und Farbskizze die kinematografischen Einstellungs-Entscheidungen. Es handelt sich um einen Comic, der als Comic und als Drehbuch, aber auch schlicht als Novelle, also Literatur in Gestalt einer Bilderzählung lesbar ist. Auch diese Bildkonvention, die seit dem Mittelalter Bilderzählungen realisiert als eine Art ›Film vor dem Film‹,[42] ist dem Kunsthistoriker Pasolini bestens bekannt. Zudem hat man in Italien diese Werke überall vor Augen und muss keineswegs ein Spezialist sein, um die Kombination diverser, zeitlich auseinanderliegender Szenen in Einzelbildern oder deren Anordnung in einem Tableau zu verstehen, das verschiedene Bildkader integriert. Jedenfalls verweigert sich Pasolini in diesem Falle bewusst der Erwartung an die operative Tauglichkeit und Handhabung eines Drehbuchs als Vorlage für die kinematografische Arbeitsroutine am Set. Zumal aus der Sicht der Produzenten, die ja auf der Basis des Drehbuchs Dispositionen, Kalkulationen und Vorentscheidungen entwickeln. Das hat, wie erwähnt, nichts mit dem stets bezeugten Respekt Pasolinis für pragmatische Kompromisse zu tun, die jeder Drehbuchverfasser gerade in dieser Hinsicht einzugehen hat. Und erst recht beruht das nicht auf Unkenntnis, denn Pasolini war damals ja seit etwa einem Jahrzehnt ein regelmäßig beschäftigter Drehbuchverfasser, dessen Genauigkeit und Beachtung der professionellen Regeln des Genres geschätzt waren.

Es handelt sich vielmehr um eine Art systembezogene Laune, eine Neigung des Autors, der alle Phasen des Prozesses bestimmt und der es sich deshalb leistet, seine Idee als Film vor dem Film umzusetzen und den Film dann, darüber hinausgehend, weiterzuführen, um in Ergänzung und Abweichung von Plänen zu improvisieren. Viele der Aspekte, Figuren, Eigenheiten sind im gezeichneten Ablauf schon genau berücksichtigt worden, z.B. die Physiognomie der Schauspieler, die ihren Charakteren Gesicht und Geste geben. Es ist ein Drehbuch als autonomes Werk, aber zugleich Dokument der Zurückweisung der allzu technisch gewordenen Erwartungen an ein ›Storyboard‹. *Die Erde vom Mond aus gesehen* beruht also eher auf einem Nicht-Storyboard. Die Haltung Pasolinis hierfür kann angemessen bezeichnet werden als »militanter Dilettantismus«.[43] Es handelt sich nicht um eine demonstrative Geste, vielmehr geht es darum, zu unverbrauchten Impulsen, Bildern, Ideen zurückzufinden. Gegen die Routine der Berufsrollen insistiert Pasolini auf der Wiedergewinnung eines frischen Blicks und einer ›rohen Arbeitsweise‹, eines allseitig improvisierenden Denkens.

Exkurs: Realität und Improvisation, Profis und Laien

Pasolinis poetisches Interesse, das sich in der Literatur wie in der Kinematografie in gleicher Weise verdichtet und das er zur medial souveränen, je spezifischen Meisterschaft entwickelt, lässt Entgegensetzungen und übliche Klassifikationen nicht gelten – jedenfalls nicht ohne gravierende Verschiebungen vorzunehmen. Der Gegensatz zwischen einem Realen und seiner filmischen Rekonstruktion,

Inszenierung oder Simulation scheint ihm ontologisch haltlos, obsolet, vor allem aber uninteressant. Ebenso die Opposition von einstudiertem, vorbereitetem Spiel gegen ein angeblich unvermitteltes und unverstelltes Improvisieren. Das Authentische, Momentane, je Echte interessierte ihn über alles. Er zog es vor, mit Laien zu arbeiten, weil diese näher am Realen sich bewegen. Da es Pasolini stets gelang, den kinematografischen Apparat als ein Instrumentarium ›nebenbei‹ zu behandeln, wie eine Beigabe, leichthin und ohne Umstände, ergab sich ein Filmen, das den Gegensatz von Dokumentieren und Fiktionalisieren ebenso überwand wie den zwischen Berufsschauspielern und Menschen, die über sich erzählen, wobei vermittels der Aufnahme ihr Handeln in der Kamera zu einem Spiel wird. Aber eben nicht, wie sie spielen, sondern durch die kinematografische Apparatur als solche. Alle Gespräche, Erkundungen, Notizen und fertige Filme belegen, dass Pasolini mit der zunächst abenteuerlich anmutenden Aussage recht hatte, dass es technische Probleme beim Filmen nicht gibt. Wahrscheinlich meinte er das auch deshalb, weil nicht die technische, wohl aber die juristische Dimension menschlichen Handelns sein Filmen schwer in Mitleidenschaft zog, beeinträchtigte, zuweilen gar verhinderte. Die leichthin gehandhabte Kamera, auch wenn der Schwenk nicht ›sauber‹ ist, das problemlose Involvieren von Gesprächspartnern vor der Apparatur, ihre Nähe und Diskretion, die nie voyeuristisch ist, kurzum: das überaus feinnervige und agile, freundliche und präzise Eingehen auf Situationen ist Kennzeichen einer Qualität des Künstlers und seiner Filme, welche substanzieller ist als die sich ausfaltende Opposition zwischen dem Wirklichen, dem Formalen und dem Improvisatorischen.

Pasolini war niemals dezidiert auf der Suche nach Orten, Schauspielern, Situationen. Er hatte ein Realitätsverständnis, das es ihm ermöglichte, aufnehmend aufmerksam zu sein. So hatte er, der ständig unterwegs war, ständig die Gelegenheit, geeignete Charaktere als Menschen zu finden, und musste dafür nicht – wie das kaum als solches wahrgenommene unrühmliche Beispiel Fellinis belegt – Agenturen mit dicken Katalogen und Angaben zu zahllosen Statisten bemühen, die zuweilen ihre Monstrosität in erschreckender Weise herausstreichen und anpreisen. Die Besetzungslisten zeigen, wie fähig und genau Pasolini auch hier war. So lernte er beim Drehen von *La ricotta* Ninetto Davoli kennen. Früher schon, während der literarisch-linguistischen Erkundungen in den subproletarischen Borgate die Gebrüder Citti. Mit allen ist er ein Leben lang verbunden geblieben. Aber auch das Prinzip, vorrangig mit Laien zu arbeiten, wurde von ihm nicht doktrinär gehandhabt. Pasolini hat nichts doktrinär gehandhabt. Seine Radikalität rührte aus und bestand in ganz anderem.

Eine Reihe hochrangiger Namen ist auf den Besetzungslisten zu finden. Silvana Mangano ist nur ein herausragendes Beispiel. Auch Laura Betti war Berufsschauspielerin, Orson Welles sowieso. Für *Porcile* (1969) wollte Pasolini mit dem skrupulösen, über alle Maßen detailversessenen und anspruchsvollen Jacques Tati in einer Hauptrolle arbeiten. Besonders eindrücklich erweist sich das je problemlose Eingehen auf die Menschen und das Zusammenspiel von Profis und Laien in *Comizi d'amore* (1963). Die Profis, hochkarätige Schauspielerinnen unter ihnen und profilierte Intellektuelle wie Oriana Fallaci agieren nicht anders als Soldaten,

Fußballer, Diskobesucherinnen, Männer, Frauen, kurzum: irgendwer, der auf Fragen antwortet. Dass Laien, darunter die Nichte Graziella Chiarcossi, die Rahmenhandlung spielen, die für fiktionalisierende Darsteller geschrieben worden ist und die Berufsschauspielerinnen in eigener Sache und konkret als empirische Individuen (und nicht in einer Rolle) sprechen – diese Umkehrung ist hier Konzept und eine der Ausdrucksmöglichkeiten, um die es geht. Man bekommt den Eindruck, für Pasolini sei Realität nichts anderes als das Wirkliche eines Spiels, das sich aus lauter Kontingenzen, Zufällen, aus Konkretem und nicht aus Verallgemeinerbarem zusammensetzt, also mittels Improvisationen in nicht-ableitbaren Situationen jeweilige in sich bestimmte Gegebenheiten ergibt, entwickelt und verwirklicht.

Die ›Verwirklichung des Wirklichen‹ mit den Mitteln der Improvisation und der je entfesselten poetischen Kraft der Situationen kennzeichnet den Kern. Es handelt sich hier im Übrigen offensichtlich um eine weitere Umschreibung der in den filmtheoretischen Schriften entfalteten Kernthese von der ›ersten, natürlichen Sprache des Films als einer Sprache des Wirklichen selbst‹. Es geht nicht um Profis oder Laien, es geht um Menschen. Menschen, die ihre Realität verkörpern, die sie sind und die sie in diesem entscheidenden Sinne gar nicht spielen können. Pasolinis große Kunst und Gabe bestand darin, die Laien die apparative Konstruktion und technische Künstlichkeit der Szene, den Aufbau des Artefakts Kinematografie vollkommen vergessen zu lassen. Das war natürlich allen Autorenfilmern eigen. Z.B. nutzten sie den Auflauf von Menschen, den eine Kamerasituation in einer ansonsten ›weiterlaufenden‹ Realität immer verursacht, um die der Filmaufnahme Zuschauenden als Statisten in just diesem Film als Zuschauer ›mimende‹ Schauspieler zu nutzen, entsprechend aufzunehmen und zu integrieren. So geschehen in der Schlussszene von *Accattone* (1961), als die Zuschauer zum Unfall mit dem Motorrad hinlaufen. Und in vielen anderen Filmen und Szenen.

Besonders wird dies deutlich, wenn man die *Appunti* (siehe die nachfolgenden Kapitel) betitelten Werke angemessen in ihrer komplexen, auf entfalteter Montageanstrengung beruhenden Form würdigt. Hier ist das Reale vom Improvisatorischen prinzipiell nicht zu trennen. Antreibend ist, immer wieder, der ›Hunger nach Realität‹, die unvergleichliche Fähigkeit, inmitten des Wirklichen dessen Gestalt als eine poetische zu erkennen, statt die ›Wirklichkeit zu poetisieren‹, wie es die Romantiker gefordert haben. Pasolini ist ein radikaler Realist, wenn auch nicht in Übereinstimmung mit dem Begriff der Schulbildungen. Oder ein spiritueller Materialist, vielleicht im theologisch-philosophischen Sinne eines Spinoza, der die Dualität von Freiheit und Notwendigkeit als Illusion und nutzlose Konstruktion zurückgewiesen hat. Jedenfalls ist Pasolini nicht Romantiker nach traditionellem Verständnis. Sein Werk, das so viele Medien nutzt, ist stets intermedial und multimedial, aber doch nicht wirklich hybrid. Wiewohl doppelt codiert: Avantgarde und Kitsch, sonst verlässliche nominelle Konstruktionen und wirkliche Opponenten, versagen ebenfalls in der Anwendung auf viele Filme Pasolinis, die ohne Zweifel beide Codes benutzen und von beiden Rhetoriken geprägt sind, stilistisch durchaus Vermischungen, Hybridisierungen vornehmen, zum Teil gar unbewusst, diese also als wirksame in Kauf nehmen.

Die Bestimmung des Hybriden gilt hier nur hypothetisch und in einem formalen Sinne. Entscheidender ist zu verstehen, dass Pasolini die Vielfalt der Medien aus dem Geiste eines einzigen Werkzusammenhangs und einer einzigen und ungeteilten künstlerischen Poetik benutzt, weil diese Vielgliedrigkeit das ist, was er als Realität wahrnimmt, schützt und auch fordert. Die Ausprägung des Gleichen als ein je Anderes und doch unbedingt je Eigenes, ein zur Einheit Verbundenes aus dem Stoff eines Selben – das ist der Inbegriff des Lebendigen wie der Kunst und damit auch der Vielfalt der Medien. Pasolinis polyvalente Nutzung der Medien rührt nicht aus einer – zweifellos vorhandenen – Sonderbegabung her, sondern aus seiner Auffassung von den wahren Kräften und Dimensionen des Lebens. Man könnte die poetische Philosophie Pasolinis deshalb auch als einen stetig Verbindungen knüpfenden medialen Vitalismus bezeichnen.

La sequenza del fiore di carta (auch unter dem Titel *La fiore di campo*; deutsch: Geschichte einer Papierblume, 1968, 12 Minuten)

Pasolini drehte seinen Beitrag 1968 in der Via nazionale in Rom ursprünglich als eine lange, in einem Zug realisierte Kamerafahrt für das Filmvorhaben *Vangelo '70* (Evangelium der 70er Jahre), in welches einige weitere Einstellungen aus dokumentarischem, per TV ausgestrahltem Material hineingeschnitten wurden. Ausgangspunkt des gesamten Episodenfilms – so der Plan des Produzenten und Kollegen Carlo Lizzani – sollten Gleichnisse, Motive und kleine Geschehnisse aus dem Neuen Testament sein, die zur Betrachtung der gegenwärtigen Lage tauglich sind. Tatsächlich erweist sich das als starkes Konzept. Alle Episoden behandeln christliche Tugenden in ihrem zeitgeschichtlichen Bestand und radikalisieren damit die christliche Philosophie im Sinne einer verbindlichen, auf jeweilige Gegenwart bezogenen Entscheidungs-Ethik, die sie immer gewesen ist. Lüge, Trägheit, falsches Begehren, Eitelkeit, verweigerte Hilfeleistungen, Verlogenheit, Betrug sind keine Todsünden, sondern im christlichen Verwerfungskanon unterhalb von diesen angesiedelt. Als relativ harmlose Sünden oder Lässlichkeiten finden sie sich zuhauf inmitten der Lebensformen von Menschen – noch, auch und gerade in der Epoche der Entfaltung der christlichen Tugendcodices.

Damit erlaubt die so selbstverständliche Kontrastfolie des Christentums ein zeitgenössisches Sittengemälde, das keine expliziten religiösen Figuren benutzen muss. Der Episodenfilm ist einer der stärksten dieser Gattung, die in den 1960er Jahren dem Publikum noch interessant erschien. In seiner Episode lässt Pasolini Ninetto Davoli die Via nazionale in Rom hinuntergehen, besser: tanzen. Er ist mit einer großen Papierblume ausgestattet, spricht nach hierhin und dorthin, lässt sich an einer Baustelle Feuer geben, steigt in einen Lieferwagen, um ein Stück mitzufahren, genießt das Leben ohne Arbeit, die Menschen, seine Begegnungen. Kurzum: Er ist vollkommen unschuldig in seiner Performance, die man nicht nur artistisch, sondern als Hommage an das Leben verstehen kann. Er lebt, handelt, begibt sich in Situationen, Kontakte, Beziehungen. Er denkt nicht nach, er ist direkt, konkret, also: unschuldig.

In seinen Weg schneidet Pasolini Bilder der Gegenwart aus anderen Regionen der Welt. Gefährliche, für die globale Lage entscheidende Ereignisse überlagern Ninettos Tanz: Bilder des Vietnam-Kriegs, der US-amerikanischen Politik, der Ost-West-Beziehungen, verschiedener Krisentreffen. Sie erscheinen wie Schatten, die auf den Gang Ninettos geworfen werden. Aber er sieht diese nicht, hört auch Gottes Stimme nicht. Der Zuschauer, nicht aber Ninetto vernimmt im Verkehrslärm, der damals schon beachtlich war, Stimmen aus dem Himmel, von Gott unter anderem – von verschiedenen Freunden und Kollegen gesprochen: Bernardo Bertolucci, Graziella Chiarcossi –, die Ninetto anrufen, mahnen, zur Erkenntnis drängen, in die Verantwortung, in eine entwickeltere Wahrnehmung. Ninetto aber hört rein gar nichts, ist er doch selbstgenügsam in seinem Konkreten befangen, welche Befangenheit ein Synonym für Glück schlechthin ist. Gott lässt ihn schließlich just deshalb sterben, weil er diese Unschuld verurteilt. Wie der Feigenbaum im Neuen Testament versteht er nicht, weil er reif und unschuldig ist.

Pasolini äußert sich zur Wahl des Motivs wie folgt: »… daher habe ich für meine Episode die Geschichte vom unschuldigen Feigenbaum gewählt. Sie erinnern sich doch an die Stelle, wo Christus ein paar Feigen pflücken will, der Baum aber noch keine trägt, weil es erst März ist, und Christus den Baum verflucht. Diese Stelle gab mir Rätsel auf, und es gibt eine Reihe einander widersprechender Interpretationen. Ich habe die Stelle folgendermaßen gedeutet: Es gibt Augenblicke in der Geschichte, in denen man nicht unschuldig sein kann, in denen man wach sein muss; nicht wach zu sein, heißt, sich schuldig zu machen.«[44] Die übrigen Teile des Episodenfilms, der unter dem Titel *Amore e rabbia* (Liebe und Zorn) in die Kinos gekommen ist, stammen von Carlo Lizzani, Bernardo Bertolucci in Zusammenarbeit mit dem grandiosen The Living Theatre, Jean-Luc Godard und Marco Bellocchio, der kurzfristig für Valerio Zurlini eingesprungen ist, dessen Film abendfüllende Überlänge hatte und später eigenständig in die Kinos kam. Nun war der gesamte Film aber um eine Episode zu kurz, die dann Bellocchio drehte, der sein Werk selbst für nicht gut befand. Ein von Pasolini gefilmtes Intro – die Regisseure der Episoden, noch mit Zurlini, am Tisch im Gespräch zeigend – war schon abgedreht und wurde zurückgezogen wegen dieses Wechsels. Dieser Teil scheint, wohl endgültig, verloren.

La rabbia (Der Zorn, 1963, 50 Minuten)

Es handelt sich um den ersten Teil eines Films, den Gaston Ferrante, ein Produzent von Opus Film Rom, angeregt hat. Seine Idee war, einem radikal ›linken‹ und einem radikal ›rechten‹ Autor freie Hand zu geben für ein Porträt der gegenwärtigen Lage Italiens. Die beiden Teile sollten hintereinander, zusammengesetzt zu einem abendfüllenden Film, in die Kinos kommen. Als ›Rechter‹ wurde Giovanni Guareschi, Autor und Erfinder von *Don Camillo und Peppone* gewählt. Die beiden Autoren vermieden jeden Kontakt, sie konnten einander und das, was der je andere tat und verkörperte, nicht ausstehen.[45] Das ist nicht nur ein ideologisches Problem: Pasolini als Linker ist radikal, aber dissident, komplex. Guareschi ist auch radikal, aber ein konformistischer Rechter, Rassist, trivial bekennender Autoritätsgläubiger. Nach öffentlichen Protesten wegen des rassistischen Gehalts des Guareschi-

Teils wurde der Film zurückgezogen und verschwand aus dem Kino. In Deutschland kam er gar nicht erst in den Verleih. Nur selten ist er später im Fernsehen zu sehen gewesen, aus dem er auch hervorgegangen ist. Das ist bedauerlich, weil es sich hier um eine ganz eigenständige Facette im Œuvre Pasolinis handelt.

Auf die Frage nach dem schlechten Ende des Projektes wegen Guareschi führt Pasolini aus: »Das ist keine besonders aufregende Geschichte. Ich habe meinen Teil fertiggestellt und dachte, daß die Sache erledigt sei, als der Produzent meinte, einen kommerziellen Erfolg landen zu müssen. Er kam auf die glänzende Idee, noch eine Episode in Auftrag zu geben, die einen Kommentar von der anderen Seite des politischen Spektrums bringen sollte. Er hat sich jedoch Guareschi ausgesucht, und das war inakzeptabel. Es kam also zu Schwierigkeiten mit dem Produzenten. Der Film wurde dann trotzdem ein Flop, weil sich die Leute für einen so überaus politischen Stoff nicht interessierten.«[46]

Pasolini schildert das Verfahren, das zu einem der interessantesten und unbekanntesten Found-Footage-Werke der 1960er Jahre geführt hat und das sich in der Tradition der Found-Footage-Projekte der Experimentalfilmer eines ›New American Cinema‹ mit Zentrum San Francisco (u.a. Robert Nelson, Stan Brakhage, Michael McClure, Bruce Conner) bewegt, so: »›La rabbia‹ ist ein seltsamer Film, weil er nur aus Dokumentarmaterial zusammengeschnitten ist und ich selbst nicht einen Kader beigetragen habe. Es sind vor allem Stücke aus Wochenschauen, und daher ist das Material extrem banal und ausgesprochen reaktionär. Ich habe mir aus Wochenschauen der fünfziger Jahre einige Sequenzen herausgesucht und sie auf meine Art aneinandergereiht – die meisten handeln vom Krieg in Algerien und von Papst Johannes, einige wenige und nicht so wichtige von der Rückkehr der italienischen Kriegsgefangenen aus Russland. Worauf es mir ankam, war – sagen wir einmal – eine marxistische Verurteilung der zeitgenössischen Gesellschaft und dessen, was in dieser Gesellschaft vorgeht. Seltsam an dem Film ist dass der Kommentar in Versen ist, die ich eigens für den Film geschrieben habe. Gesprochen werden sie von Giorgio Bassani, der Orson Welles in ›La ricotta‹ synchronisiert hat und von Renato Guttuso, dem Maler. Was meine Hälfte der Arbeit betrifft, ist der beste und einzig erhaltenswerte Teil des Films die dem Tod von Marilyn Monroe gewidmete Sequenz.«[47] Ob man diese Auffassung teilt oder nicht, die Arbeit des Cineasten und Kinegrafen Pasolini dient hier einer beispielgebenden Auseinandersetzung mit dem Apparat der Television, den Archiven und rituellen Ikonografien der Formung des Imaginären durch Mega-Apparate wie eben Fernsehen oder auch Hollywood.

Appunti per un poema sul terzo mondo (Notizen für ein Poem zur Dritten Welt, nicht datiert, wohl aber zwischen ca. 1962 und 1968)

Pasolini war in kurzer Zeit zu einem leidenschaftlichen und guten Kenner Afrikas geworden. In den letzten Tagen des Jahres 1960 reiste er mit Alberto Moravia nach Indien – es war die Reise, die wegen des eindringlichen schriftlichen Berichts *L'odore dell'India* (Der Atem Indiens) berühmt werden sollte. Elsa Morante kam nach. Sie fuhren nach Bombay, Neu-Delhi, Kalkutta, wo sie Mutter Teresa besuchten. Im Februar 1961 fuhren sie gut gelaunt und neugierig weiter nach Afrika. Die Route hatte Moravia festgelegt. Sie durchstreiften hauptsächlich Kenia. Bereits bei dieser ersten Exkursion auf dem Kontinent – erst recht auf weiteren, nahezu jährlich erfolgenden, ausgedehnteren Reisen – entwickelte sich eine tiefe Zuneigung und eine heftige, anhaltende Faszination für Afrika, die Pasolini durch Lektüren vertiefte. Er entwickelte sich rasch zu einem interessierten Kenner und Verehrer Afrikas, dieses verfemten, verworfenen Kontinentes, der bis heute auf bemerkenswerte Weise im Abseits liegt, auch der intellektuellen Wahrnehmung der ›Linken‹. Sofern diese sich nicht mythischen Stilisierungen von musikalischer Ursprünglichkeit oder schwärmerischer Militanz, billig zu habenden Gesten hingibt, die weniger auf den Spuren von Frantz Fanons *Verdammte dieser Erde*, vielmehr auf denen des revoltistisch-kriminell im ersten Kapitel zu diesem Buch agierenden Jean-Paul Sartre gebahnt worden sind.

Fanons Buch ist differenziert und fern von den Vereinnahmungen und Verfälschungen Sartres, der doch in der Einleitung dieser Schrift tatsächlich den militanten Kampf auf das Gebot eines politisch-moralisch nicht nur gerechtfertigten, sondern geradezu geforderten physischen Mordes reduziert. Das alles war nicht Pasolinis Sache. Seine Verehrung war tief, human, anthropologisch, poetisch und in Übereinstimmung mit seiner Auffassung vom Reichtum des Lebens in archaischen Lebensformen, also in differenzieller Spezifität begründet. Insgesamt: niemals strategisch. Man darf nicht vergessen, dass Pasolini sich in Milieus der Gewalttätigkeit bestens auskannte. Seine nächtlichen, nicht selten lebensgefährlichen, die Gefahr suchenden Exzesse haben ihn vermutlich vor einem täglichen Delirieren in symbolischen Gewalttätigkeiten desjenigen lauthals propagierenden Intellektuellen geschützt, der darin doch nur kompensiert, was er selber nicht lebendig zu verkörpern vermag.

Aus den Begegnungen mit Afrika entwickelten sich nicht nur das Vorhaben der Verfilmung der Orestie, dieser ›Film über einen zu machenden Film‹ auf dem schwarzen Kontinent und die in Nordafrika spielende Realisierung von *Edipo re*. Sondern es entwickelte sich daraus das Vorhaben der aus der Perspektive der Dritten Welt vollzogenen Adaptation der großen griechischen Tragödienstoffe insgesamt, also wieder einer der für Pasolini so typischen Trilogien, diesmal als Trilogie aus Aischylos, Euripides und Sophokles, also sich verklammernd zum Dreischritt von Orestie, Medea, Ödipus.[48] Es gibt im Nachlass ausführliche Entwürfe, Notizen, Pläne, Beschreibungen, die zunächst im Gesamtkomplex von *Il Padre selvaggio* (Der wilde Vater) situiert sind, an dem Pasolini 1961 zu arbeiten begann.[49] Das erste Drehbuch dazu schrieb er 1962 und ergänzte es um Skizzen zu einer afrikanischen Variante unter dem Titel *Reise nach Kythera*. Der ursprüngliche Stoff nutzte das Motiv des Kannibalismus in einer Weise, die auf eine Umschreibung des ›Primitiven‹ hinauslaufen sollte. Es handelt sich um eine in Afrika spielende Geschichte eines pädagogischen Kolonialisten, der Päderastie und Inzest als Kolonisator gegen die Schwarzen praktiziert. Kannibalismus wird später in *Porcile* als Anspielung, in *Medea* als mythische Realität archaischer Zeit wiederaufgegriffen werden. Pasolini konnte wegen des Gotteslästerungsprozesses gegen den Film *La ricotta* dieses Projekt – eines seiner wichtigsten – nicht realisieren. In Afrika jedenfalls fand er Farben und Licht wieder, die ihn an den Zauber Friauls erinnerten. Ein weiterer Stoff war eine Adaptation des Othello-Stoffes. Das Vorhaben, die Lage der Dritten Welt aus ihrer eigenen Sicht zu realisieren, verstand Pasolini so, dass dies getragen und ausgedrückt werden müsse durch die Schwarzen in ihrer Leibhaftigkeit.

Appunti per un film/poema sul terzo mondo wird als nicht realisierbares Vorhaben folgende Phasen unterscheiden und festhalten: eine Einleitung sowie fünf sich ergänzende, immer aber auch eigenständige Episoden: ›Paesi arabi‹, ›Africa‹/›Il padre Selvaggio‹, ›India‹ (realisiert unter dem Titel *Appunti per un film sull'India*), ›Sud America‹, ›Nord America‹/›Ghetti del Nord America‹. Das die wesentlichen Aspekte formulierende »poema sul terzo mondo« (Gedicht auf die Dritte Welt) ist nicht datiert, stammt aber wahrscheinlich aus dem Jahre 1968. Den Film über die Ghettos von Nordamerika entwickelte Pasolini anhand der Idee, das Leben von Malcolm X zu erzählen. Das sollte dann Spike Lee vollenden, der damit auch einer Neigung, zuweilen Forderung Pasolinis gerecht wird, dass Schwarze nur von Schwarzen gespielt werden könnten. Das sollte man jedoch nicht überbewerten, denn Pasolinis Neigung zu Laien bedeutet ja immer, dass die Personen sich selbst spielen, indem und insoweit sie stetig sie selbst sind und umgekehrt.

Exkurs: ›Appunti‹

Besonders ertragreich waren die Zeiten, in denen Pasolini Filme als Versuche drehte – ›Appunti‹, also die erläuterten ›Notizen‹/›Entwürfe‹, Essays, Versuche, Filme als Annäherungen, Übersichten, Drehbuchentwicklungen, Versuche zwischen Sprache und Bild; oder die ›Sopraluoghi‹, Filme über mögliche Drehorte, die natürlich nicht nur geografische Merkmale oder Attribute für Ausstattungen dokumentierten, sondern die Poesie der Annäherung an einen poetischen Raum und eine poetologische Chronologie entwarfen: Indien, Palästina, Afrika. Hervé Joubert-Laurencin hat die Abfolge der Filme und der Arbeiten daran in ihrer Schichtung durch eine tabellarische Rekonstruktion – als Annex unter dem Titel »Chronologie comparée des années-cinéma« – deutlich gemacht.[50] ›Appunti‹ und ›Sopraluoghi‹ bezeichnen zwei Formen des Films, die originär von Pasolini etabliert worden sind. Beides sind normalerweise Voraussetzungen, die für den internen Gebrauch gedacht und im Endprodukt aufgehoben und darin verschwunden sind. Also propädeutische Maßnahmen, Hilfsmittel, Krücken. Nichts kennzeichnet den Filmer Pasolini besser als die Tatsache, dass für ihn diese Trennungen und Phrasierungen nicht gelten, sondern jeder angemessene Gebrauch eine mögliche vollendete Form der Gestaltung impliziert. Das gebräuchliche Wort ›appunti‹ bedeutet ›Notizen‹ (appunto: Subst.: Notiz; Adv.: genau). Die Verwendung durch Pasolini ist eine Eigenheit, die aus den realisierten Notizen einen vollgültigen Film macht, also eine eigene Gattung oder eigene Charakterisierung bezeichnet – und damit auch eine veritable Findung Pasolinis. Es handelt sich nicht um Vorstudien, sondern einerseits um den Film als Resultat von Filmnotaten/notierendem Film, andererseits und kinematografische Notizen, die zu vollgültigen Filmen endmontiert worden sind.

Sachlich gemeint ist ein spontanes, schnelles Arbeiten, Improvisieren mit der Kamera, in Übereinstimmung mit Pasolinis Auffassung von der natürlichen Semiotik des Realen oder der ersten Sprache der Natur / Wirklichkeit. Im Falle Pasolinis kommt die Kamera als ein den poetischen Alltag über lange Zeiträume zunehmend wie automatisch begleitendes Instrument des Notierens dazu. Es ist selbstverständlich geworden, begleitet den Filmer als Autor stetig. Man könnte sagen, dass der Gebrauch, wiewohl bei Pasolini gänzlich im filmischen Material des Zelluloids beheimatet, doch der Technik und Auffassung einer Videografie oder einer ›Handycam‹ als leichtem, digitalem, erweitert elektronischem Aufzeichnungsgerät entspricht, obwohl, was oft übersehen oder unterschlagen wird, die Filmkamera im strikten Sinne jeweils instantan einsatzfähig ist, zum Unterschied von allen an elektrische Lade- und Einstellungsprozeduren gebundenen Technologien. ›Appunti‹ sind schnelle Notate und doch, wie gesagt, vollgültige endmontierte Filme. Sie geben Pasolinis Auffassung vom Film umfänglich wieder, die man wie folgt charakterisieren kann: Im Realen passiert immer etwas, das kinematografisch höchst bedeutsam ist, jedoch keiner nachholenden kinematografischen Inszenierung oder Registratur bedarf oder fähig ist. Es ist ›in sich‹ bereits filmisch. Schnell und genau sein, in höchster Zerstreutheit noch aufmerksam – das ist die Devise.

Pasolini hat die Apparatetheorie eines Walter Benjamin weitreichend verinnerlicht, natürlich nicht diese als solche oder referentiell, sondern das durch diese sachlich Beschriebene, das Gemeinte sich aneignend auf seine Weise. Schon das apparativ vermittelte Sehen ist eine Analyse des Realen, das dessen Montagen liest oder dessen konstruktive Verfassung zum Ausdruck bringt. Die Handhabung der Kamera ist eine poetische Grunddisziplin. Pasolini hat oft – mehr als andere Regisseure, selbst als Godard – die Kamera selber bedient, weil sie ihm ermöglichte, in der Realität verstehend sich zu bewegen. So hat er nicht nur improvisatorisch gearbeitet, z.B. in *Porcile*, wo es – selten für einen Spielfilm – verwackelte Landschaftsschwenks gibt und der Zuschauer sich sofort mimetisch der Kamera verbindet, indem er bemerkt, dass für solches gerade hier nicht die ruhigen Schwenks ermöglichenden Schienen gebaut worden sind, ›wie sich das normalerweise gehört‹ für solche Zwecke.

In *Medea* (1969/70) gibt es, wie natürlich in allen anderen Filmen mit Laien, intensive Szenen, die weder simuliert noch im üblichen Sinne inszeniert noch reproduziert werden können. Es kommt darauf an, dass die Kamera sehr ›nah am Geschehen‹ ist. Und das kann sie am besten, wenn sie als Teil der Wirklichkeit, als apparative ›Intermittenz im Realen selber‹ verstanden und gehandhabt wird. Das ergibt dann unvermeidliche, eher heftige als ruhige Bewegungen. In *Medea* stellt sich dies öfter ein, wenn die Schauspieler die ohnehin Intensitäten und Turbulenzen erzeugende Grenze zwischen dem Inneren des Hofes des Königs Kreon und seines Sohnes Jason sowie den Gebieten außerhalb der Stadtmauern überschreiten, wo Medea als Verbannte und Verstoßene mit ihren Kindern lebt. Nachdem die Schauspieler die tunnelartigen Öffnungen durcheilt haben, ergibt sich regelmäßig eine spielerisch improvisierende Handlung, die die Kamera dokumentarisch einfängt. Auch das ist eine Art ›Appunti‹-Ästhetik.

›Appunti‹ bezeichnet ein ästhetisches Verfahren und nicht alleine diejenige Filmgattung, die zwischen Film, Sprache, Bilddokumentation, Imagination und szenischen Versuchen angesiedelt ist. ›Appunti‹ markiert den Film als argumentierenden Essay über das filmische Denken – also über Orte, Projekte, Vorhaben, Ideen, Adaptation von Stoffen. Besonders gut nachzuvollziehen ist dies anhand der *Appunti per un Orestiade africana* (1968/69, Notizen für eine afrikanische Orestie), besonders daran, wie Pasolini auf der Suche nach einer afrikanischen Orestie – er wollte den Aischylos-Stoff unbedingt in Afrika drehen – den Film als Suche nach den Orten des Filmes und damit als Szenografie der Menschen, Situationen und Bewegungen anlegt. Das führt ihn auch an den heute in skandalöser Weise imperialisierten, an Tansania, Uganda und Kenia angrenzenden Viktoria-See, den er noch als eine der ärmsten, ihn faszinierenden Gegenden zeigte. Ein Ort, der heute Pasolinis schwarze Diagnose vom konsumistischen Genozid auf das Bitterste belegen würde. Die Menschen rund um den See, der sie über Jahrtausende ernährte, verhungern, weil die Fisch-Bewirtschaftung ihnen zwar kärgliches Geld, aber keine Fische mehr gibt, die den Menschen der Ersten Welt vorbehalten bleiben, die ihre eigenen Gewässer mittlerweile leergefischt haben.

An diesem Ort und anderswo in Afrika unterwegs, beschreibt, deutet, situiert Pasolini die Gesichter und Menschen, die Schwarzen, die er trifft. Viele Charaktere könnten sofort das treffen, was er sich in der Adaption der Orestie als wahr und wahrhaft vorstellt. Das kommentiert Pasolini beredt. Und er erläutert mit gleicher Emphase, weshalb er den Film nicht drehen, den Stoff nicht transponieren konnte: weil er keine Elektra ausfindig zu machen vermochte. Die wunderschönen schwarzen Frauen seien in Afrika zwar in jeder Hinsicht fähig zur Darstellung dieser Königstochter. Aber in einer entscheidenden ganz und gar nicht: Sie verfügten nicht über die Fähigkeit zur Empfindung des Tragischen, könnten Verzweiflung, Trauer, Verbitterung, Verwerfungen nicht verkörpern. Ihr Stolz werde immer wieder unterbrochen durch ein fröhliches Lachen, ja Kichern. Das stetige Gelächter, der berühmte afrikanische Impuls des Tanzens und Singens noch in und gerade bei tiefster Misere verhinderten also die Realisierung einer afrikanischen Orestie – auch dies ist natürlich noch ein kolonialistisches Klischee, über das selbst ein Pasolini nicht hinwegkommen konnte oder wollte. Den Film gibt es, wiewohl als Vorhaben nicht realisiert, natürlich trotzdem: eben die ›Appunti‹. Er vertritt nicht ein anderes, abwesendes oder unmögliches Werk, sondern ist dieses in der einzigen realen und adäquaten Gestalt. Gelungen, originär und eben verwirklicht. Pasolini sah dies so.

Man hat das zu Lebzeiten des Regisseurs allerdings übersehen, nicht wahrhaben wollen. Langsam werden die Eigenheiten und Qualitäten nun deutlich und sichtbar. Zu studieren sind eine ganz besondere filmische Ästhetik und Praktik in einer Zwischensphäre zwischen visuellem Erkunden und diskursivem Kommentar. In dieser Zwischensphäre lösen sich die ontologisch erstarrten Differenzierungen zwischen Bild und Sprache, Imagination und Analyse, ikonischer und verbaler Konstruktion ebenso auf wie die chronologische Ordnung zwischen primärem Bild und sekundärem sprachlichen Kommentar. Dieser Film ist gleichzeitig ein herausragendes Beispiel eines – wenn man denn solche falsche Dualismen unterstellenden Kennzeichnungen gebrauchen will – Dokumentarfilms. Es handelt sich jedoch bei der afrikanischen Orestie keineswegs nur um eine auch dokumentarisch beeindruckende Reise durch Afrika und den Stoff der griechischen Tragödie, also eine Betrachtung des interkulturellen Konfliktes aus der anderen, der ›barbarischen‹ Sicht, der Sicht der Nicht-Griechen, der Diffamierten. Es sind auch inszenierte Teile, die im beabsichtigten Film hätten vorkommen sollen, in dessen Realisierung als sondierende Suche, Bewegung, ein ›Unterwegs-Sein‹ aufgenommen worden. Eine Jazzgruppe um Gato Barbieri übernimmt die Rolle des antiken Chors. Es sind Szenen eingeschnitten aus Diskussionen Pasolinis mit schwarzen Studierenden der Universität Rom, die sich Szenen aus den ›Appunti‹ anschauen und dann mit Pasolini über das Gesehene und das dazu zu Denkende diskutieren. Einleitend bezeichnet der die Arbeit selbst in ebenso präzisem wie spontanem Gestus kommentierende Pasolini *Appunti per un Orestiade africana* als einen Film, der gedacht ist als Essay über einen Film, Bilder über Worte und Diskurse als Bilder.

Weitere Beispiele für die eigenständige und vollwertige Gattung der durch Pasolini entwickelten ›Appunti‹ sind der 1967/68 für TV 7, eine Sendereihe des italienischen Fernsehens gedrehte kurze Dokumentarfilm *Appunti di viaggio per un film sull' India* sowie 1970 die Realisierung der Dokumentation/Fernsehproduktion *Appunti per un romanzo dell'immondezza*, ein kurzer Film über einen Streik von Straßenarbeitern. Dieser Dokumentarfilm Pasolinis – unter dem ursprünglichen Titel *Lo sciopero degli spazzini* – im Auftrag von Unitelefilm für das ›Comitato cineasti italiana contro la repressione‹ gedreht, scheint verloren zu sein, ist jedenfalls nicht auffindbar. ›Appunti‹ verkörpert auch eine spezifische Kunst des Improvisierens sowie eine kinematografische Semiotik und Ästhetik.

Dies steht in Übereinstimmung mit Pasolinis filmischer, kinegrafischer Grundauffassung, dass es nur auf das wirkliche Geschehen ankomme und die Kamera am Realen gar nichts ändere. Ob jemand lächelt oder ob ein Schauspieler, der dies einstudiert hat, vor der Kamera lächelt: Es handelt sich in beiden Fällen um eine identische Geste. Es ist diese Geste des zeitlich gebundenen Realen, welche in sich eine kinematografische Ästhetik und eine Semiotik der Mimik, Gestik, der Zeichen enthält. Diese ästhetischen und semiotischen Systeme können zwar, sekundär benutzt, eine bestimmte Dimension des Geschehens theoretisch explizieren. Aber das, was sie beschreiben, spielt sich schon auf der Ebene des Beschriebenen in derselben Weise ab. Es ist Bestandteil des Poetischen. Es ist nicht so, dass ein Implizites expliziert wird, sondern so, dass die Meta-Ebene sich selbst auf der Objekt-Ebene zur Darstellung bringt. Kinematografische Ästhetik, Poetologie und Semiotik bei Pasolini sind immer Verfahren der wirklichen Geschehnisse wie bestimmende Faktoren der poetischen Arbeit und Bewegung. Die ›Appunti‹ sind vollwertig verwirklichte Filme. Man darf sie deshalb nicht in Zusammenhang bringen oder gar verwechseln mit denjenigen konkreten und ausgearbeiteten Filmvorhaben, die nicht zuletzt wegen der Prozesse, Anklagen und juristischen Prozeduren und weiterer widriger äußerer Umstände nicht realisiert werden konnten und deshalb gescheitert, nur Idee geblieben sind – wie *San Paolo* oder *Il padre selvaggio*.

Medea (1969/70) wird als Beispiel gewählt wegen der Verbindung des Diversen, der Montage der Stile und Zeiten, wie sie allerdings dem Prinzip nach für Pasolini generell kennzeichnend sind. Moderne und Archaik spiegeln sich in den Zeitrhythmen und Inszenierungsprinzipien. Aufwand und Ausstattung markieren die Phase der Weltgeltung des Regisseurs. Große Budgets sind verfügbar. Und doch passt sich Pasolini nicht an. Er bleibt seinem Stil des Improvisierens, der spontanen Kamera treu – lange vor den ›Dogma‹-Prinzipien eines Lars von Trier erfüllt er viele von deren Forderungen aus vergleichbaren ästhetischen Überzeugungen und künstlerischen Motiven heraus. Entscheidend ist nicht die Inszenierung eines vorgefassten Plans, sondern die Auffassung, die Kamera habe das intensiv unter Menschen sich je momentan und unbeeinflussbar einstellende Ereignis einzufangen. Pasolinis Kinematografie ist Kairos-Poetik. Die je kennzeichnende Einheit von Ort und Zeit ist keine Szene für eine Inszenierung, sondern das, was dem apparativen Sehen des Kinematografen entspricht, sich mit ihm unverbrüchlich verbindet und je momentan, ephemer sichtbar wird.

Pasolini drehte die außerhalb der Stadt – im und um das Haus der Medea vor den Mauern von Korinth – spielenden Szenen an den alten Stadtmauern der syrischen Stadt Aleppo. Weitere Außenaufnahmen, die Landschaften der Sage um das Goldene Vlies zeigen, der mythischen Erzählung einer Reise ans Ende der Welt, von Abenteuer und gräcozentrischem Imperialismus, Historie des schmählichen Betrugs Jasons an der archaischen Zauberin und Priesterin Medea in Kolchos sowie am Ethos, der Macht und dem Zauber der Liebe allgemein, wurden gedreht in der Türkei (Urgüp, Göreme). Die innerstädtischen Szenen fanden das entsprechende Dekor auf der Piazza dei miracoli und dem Campo santo in Pisa, die Szenen des Interieurs der Medea ihren Schauplatz im Castello von Chia. Als Außenfassade des Hauses vor den Toren Korinths diente ein historisches Gebäude in Anzio (›Marechiaro di Anzio‹), am Mittelmeer gelegen zwischen Ostia und San Felice Circeo. Für Innenaufnahmen in diesem Gebäude wurde in ›Cinecittà‹ eine Kulisse gebaut.

Diese genauen Ortsangaben sind nicht Ausdruck einer skurrilen Neigung zur positivistischen Übertreibung oder eines übertriebenen Spezialistentums, sondern wichtig für das Verständnis Pasolinis, besonders für die magischen Talente und Neigungen des Regisseurs, der mythopoetischen Energien und Kraftzentren der Orte vertraute. Dies alles wird in den bisherigen deutschsprachigen Verzeichnissen falsch, bestenfalls teilweise und im Einzelnen ungenau bezeichnet, wenn die Rede ist von Drehorten in der Türkei und ›in der Umgebung Roms‹, was natürlich, großzügig ausgelegt, für Pisa und Anzio noch zutrifft, aber die Sache und den Sinn ebenso verfehlt wie die Motivation Pasolinis, in diesem Falle gerade nicht ein Rom mit antikem Gestus als kaiserliches Zentrum zu wählen, sondern das durch fundamentalistische Kriegsführung im Namen eines ›wahren‹ Glaubens ermöglichte und triumphierend gebaute ›heilige Feld‹ Pisas, das einen präzisen Gegenpol zur Welt der Magierin Medea abgibt. Dramaturgisch ist die Wahl der Orte Aleppo und Pisa eine überzeugende, inhaltlich eine evidente Idee, technisch und logistisch eine große Herausforderung. Jede Szene, die filmisch und inhaltlich zusammenhängt, wird zerschnitten und muss in zwei Teilen von einigen Tausend Kilometern Distanz realisiert werden.

Überaus genau und sprechend ist auch die Wahl der Aufnahmeorte für weitere Episoden von *Medea*. Der rund fünfzehnminütige Prolog präsentiert Laurent Terzieff als Kentauren in der Lagune von Grado. Die nächsten stummen, rein gestisch-narrativen und deshalb Pasolinis Filmauffassung von der Natur als Zeichensprache und vom kinematografischen Apparat als Natur besonders deutlich ausdrückenden fünfunddreißig Minuten spielen in den Felswohnungen von Kappadokien (Ostanatolien). Die später, nach dem Verrat und Exil Medeas, immer stärker dominierende Welt der Griechen ist aufgeteilt: Das Innere Korinths ist, im Wesentlichen, Pisa, das Äußere Korinths situiert in der Zone um die Stadtmauern Aleppos in Syrien.

Das ergibt einen präzisen inhaltlichen Sinn. Die gewalttätige Welt ist nicht die der archaischen Menschenopfer in Kolchos, am Rande der damaligen Welt, in der barbarischen Ferne am Schwarzen Meer, sondern, umgekehrt, die sich so zivilisiert wähnende Welt des alten Griechenland. Die auf Irreversibilität setzende historisch-revolutionäre Zeit, die alles in sich Kreisende des Archaischen und Mythischen gewaltsam auflöst und zerstört, kennzeichnet die ›progressive‹ Welt der so militant gegen alles nach außen verlagerte ›Barbarische‹ eingestellten Griechen. Deshalb sind die innere Einheit der Zeit und die Ausfaltung der Rhythmen in sich zerrissen. Eben dies wird durch die Divergenz der Szene des Inneren von der des Äußeren ausgedrückt. Der archaische Weg durch Staub, Ruinen und trockene Gemäuer in das Innere des grünen Rasens auf dem Campo santo in Pisa bringt die Zerrissenheit der Zeit zum Ausdruck, nicht die exotische Kombination divergenter Orte. Damit drückt die so eigenwillige, überaus genaue und kundige Wahl der Orte das ganze kinematografische Verfahren und die Kunst des Filmers Pasolini aus, keineswegs nur die Kundigkeit eines Dekors oder gar die Genauigkeit eines fähigen Ausstattungsteams.

Arbeitsweise

Pasolini arbeitet immer an mehreren Projekten gleichzeitig. Man kann sagen, dass er Vielfältiges multipel und parallel, vernetzend und rhythmisiert dachte in ganz unterschiedlichen Dimensionen. Es bereitete ihm keine Probleme, auch große, Jahre dauernde Vorhaben mit jeweils mittleren, z.B. Filmen, und kleinen, z.B. Tagesschriften, Notizen, Gedichten, zu verbinden. Während der Realisation eines Films schrieb er in den freien Stunden und nach dem rituellen Fußballspiel mit der Crew, die deshalb immer mindestens zweiundzwanzig einsatzfähige Spieler aufweisen musste, an nächsten Filmstoffen, lieferte seine Kolumnen und Zeitungsbeiträge ab und las. Man wird sich die Ernsthaftigkeit von Letzterem nicht nur anhand der dann in *Descrizioni di descrizioni* gesammelten Kritiken verdeutlichen, sondern auch daran, dass er für *König Ödipus* und *Medea* die altgriechischen Originaltexte las, sie nicht nur zu Rate zog, sondern u.a. für Dialoge in *Edipo re* auch Übersetzungen selbst anfertigte.

Ein weiteres Charakteristikum der Arbeitsweise Pasolinis ist die vitale, vehemente, engagierte Reaktion auf vieles, die sich durchhielt auch in Zeiten wachsender Verzweiflung. Diese schlug sich nicht in Lähmungen nieder, ›schlug nicht durch‹. Nehmen wir als Beispiel die zwölf Monate von Mitte 1962 bis Mitte 1963, von denen die Chronisten und deshalb auch wir im Gefolge vieles, aber bei Weitem nicht alles wissen. Dennoch, auch der Teil, der benannt werden kann,[51] übersteigt die normale Vorstellungskraft deutlich. Im Jahre 1962 schrieb Pasolini den Großteil der Gedichte, die dann in *Poesia in forma di rosa* 1964 erschienen sind. Noch während er seine Filme an der römischen Peripherie drehte, schrieb er an *Il padre selvaggio*, dem, aus seiner Sicht, prototypisch afrikanischen Film. Nach Beendigung von *La ricotta* unterbrach er die Arbeit am Found-Footage-Projekt *La rabbia*, für das mehrere Tausend Stunden TV-Material aus den Jahren 1956 bis 1962 zu sichten waren, und unternahm im Januar 1963 zusammen mit Moravia die legendäre – hymnisch gepriesene, als Durchbruch im inneren Erleben der Welt gewertete – zweite Afrikareise. Anfang Februar wählte er Schauspieler für *Il padre selvaggio* aus, schnitt *La rabbia* fertig und entwickelte sein Matthäus-Vorhaben, das er bereis als realisierbaren Film ankündigte. Ende Februar kamen *La ricotta* und *RoGoPaG* in die Kinos. Der Film wurde wegen Pasolinis Episode beschlagnahmt. Die Sache zog sich hin und nahm eine böse Wendung. Der langwierige Prozess hinderte Pasolini anhaltend schmerzlich an der Realisierung seines ›afrikanischen Films‹.

Im März 1963 wurde er wegen ›Beleidigung religiöser Gefühle‹ in erster Instanz zu vier Monaten Gefängnis auf Bewährung verurteilt. Im April kam *La rabbia* in die Kinos, wurde aber vom Verleiher wieder zurückgezogen, da die Koppelung des ›linken‹ Pasolini mit dem ›rechten Zeitzeugen‹ Giovanni Guareschi, wie geschildert, überhaupt nicht funktionierte und keiner der beiden auch nur den geringsten Wert darauf legte, mit dem anderen in Zusammenhang gebracht zu werden. Für die spätere Rückkehr zu einer ruhigeren, konzentrierten Arbeitsweise, besonders für das Zeichnen, Malen und Schreiben, zog sich Pasolini in den von ihm gekauften, restaurierten, erweiterten und eingerichteten abgelegenen Turm von Chia bei Viterbo zurück, ein Bauwerk, für dessen Erhaltung sich bis heute keine italienische Denkmalpflege, kein Kulturinstitut, kein staatliches Archiv einsetzen mag. Pasolini entdeckte den Turm anlässlich des Drehs einer Episode des *Decameron*.

Alberto Moravia gibt, einmal mehr, eine genauere Schilderung von Haus und Lage, was üblicherweise in der Rede vom ›Turm in Chia‹ verwischt wird. Er spricht vom Turm als einer »Karawanserei, einer Einfriedung von Mauern mit einem Turm. Die Leute, die früher über die Via Cassia fuhren, verbrachten dort die Nacht, um in Sicherheit zu sein, eben wie in arabischen Karawansereien. Ein wunderschöner, einmaliger Ort. Er hat das Ganze für wenig Geld erstanden, für fünf Millionen Lire oder so ähnlich. Dann hat er direkt an einer Mauer anschließend ein Haus von sechs Zimmern bauen lassen. Die Karawanserei steht auf einem Felsausläufer, einem leicht zu verteidigenden Platz. Ein Fels zwischen zwei Canyons, wie in Colorado, zwei tiefe Schluchten, in deren Tiefen Wildbäche fließen. Der Turm ist fünfeckig, sehr schön, wunderschön. Man erreicht die Einfriedung durch einen Eichenwald, ein schöner, wunderschöner, fast dantischer, ziemlich sinistrer Ort. Dann erzählte ich ihm, daß ich gerne ein Haus am Meer haben würde. Mir gefallen diese Orte im Landesinnern nicht. Ich liebe das Meer. Ich hatte ein sehr teures Grundstück in Sabaudia gefunden. Wir haben uns zusammengetan und das Grundstück gekauft. Dann haben wir darauf eine Villa von 260 Quadratmetern bauen lassen, in zwei Wohnungen von je 130 Quadratmetern unterteilt. Wir hockten also aufeinander. Doch da er für mich wie ein Bruder war, kamen wir sehr gut aus, auch wenn er kaum sprach. Er war sehr glücklich.«[52] In dieser Wohnung in Sabaudia, in der Nähe von San Felice Circeo, schrieb Pasolini 1973 zusammen mit Dacia Maraini, der zweiten Ehefrau Moravias, einer seit Langem sehr guten Freundin, binnen vierzehn Tagen das Drehbuch zu *Il fiore delle Mille e una notte* (Erotische Geschichten aus 1001 Nacht): 300 Seiten, erarbeitet in höchster Konzentration und unermüdlicher Genauigkeit, täglich über vierzehn Stunden, wie Maraini berichtet.

40 Zit. nach Pier Paolo Pasolini: Freud kennt die Schliche der großen Erzähler, in: ders.: *Literatur und Leidenschaft. Über Bücher und Autoren*, München 1994, S. 105.

41 Vgl. Pier Paolo Pasolini: *Die Erde vom Mond aus gesehen. Szenario, gezeichnet*. Mit einer Einleitung von Serafino Murri, Wien und Bozen 1997.

42 Vgl. Jörg Jochen Berns: *Film vor dem Film. Bewegende und bewegliche Bilder als Mittel der Imaginationssteuerung in Mittelalter und Früher Neuzeit*, Marburg 2000.

43 Serafino Murri: Pasolini und der naive Blick. Das ›Comic-Drehbuch‹ ›Die Erde vom Mond aus gesehen‹ und der Trümmerhaufen der Kultur, Vorwort zu: Pasolini, *Die Erde vom Mond aus gesehen*, S. 19.

44 Pier Paolo Pasolini: *Pasolini über Pasolini. Im Gespräch mit Jon Halliday*, Wien und Bozen 1995, S. 131.

45 Vgl. im Weiteren: Peter Kammerer: Eine politische Vision Pasolinis: La Rabbia 1962/3, in: Christoph Klimke (Hg.): *Kraft der Vergangenheit. Zu Motiven der Filme von Pier Paolo Pasolini*, Frankfurt am Main 1987, S. 78—96, bes. S. 80f.; Hervé Joubert-Laurencin: *Pasolini. Portrait du poète en cinéaste*, Paris 1995, S. 132—149, 312f.

46 Pasolini, *Pasolini über Pasolini*, S. 77.

47 Ebd, S. 76.

48 Zur paradigmatischen Bedeutung von Pasolinis Bearbeitung der paradigmatischen Antiken-Theaterstoffe aus Aischylos, Sophokles, Euripides, insbesondere zu *Edipo re* und *Medea* siehe Joubert-Laurencin, *Pasolini*, S. 225ff.

49 Vgl. als Quellen: ebd., S. 132—136, 163ff.; Betti/Gulinucci, *Le regole di un' illusione*, S. 351.

50 Joubert-Laurencin, *Pasolini*, S. 299—307.

51 Vgl. im Folgenden Kammerer, Eine politische Vision Pasolinis, bes. S. 80f.

52 Alberto Moravia: Mein Freund Pasolini, in: Pasolini, *Wer ich bin*, S. 59—78, hier: S. 76f. Dieses bis heute wohl intimste, beste, informationsreichste Interview zur Person Pasolini gab Moravia im Februar 1978 in Venedig. Der Interviewer, Gianni da Campo, wollte einen Film über Pasolini drehen. Das Projekt wurde angesichts zahlreicher Schwierigkeiten aufgegeben, und die Tonbänder blieben liegen. 1993, knapp zwei Jahre nach Moravias Tod und aus Anlass der Veröffentlichung des nachgelassenen Romans *Petrolio*, wurden sie transkribiert und das Gespräch publiziert.

Kapitel V

Rite de Passage

Die Aufbrüche sind nach den Entfaltungen, also den ausgebildeten Figuren zu schildern. Das erweist sich bei Pasolini methodisch als zwingend. Die Ungleichzeitigkeit bei Pasolini markiert die Fülle des Diversen und Dispersen im Modus einer Koexistenz in jeweilig aktualer Gegenwärtigkeit. Intensität, nicht Chronologie ist das entscheidende Prinzip. Die taghelle Technik der Traummontage als Film wirft ein Licht auf die im Dunkeln wirkende Dynamik des existenziellen Entwurfs. Es sind die jeweilig nur im aktual erinnernden Erleben wirkenden Prinzipien der Verschiebung, Verdichtung und Verwandlung, welche wie im Leben vor allem in der Poesie die Kräfte der Verwandlung markieren. Die medial erweiterte Poesie ist also bezeichnet durch die sich ergebende Nähe des Bedeutenden, des jeweils Bezeichnendsten – ganz unabhängig davon, in welchen Abfolgen sich dieses entwickelt hat in der Ordnung einer linear benannten Zeit. Blenden wir also zurück, um die kinematografische Bewegung nicht nur als poetische Markierung, sondern als vitale Erfahrung und zuweilen als ganzes Leben erfahrbar und darstellbar zu machen.

Pasolini war ein gefühlvoller, ja: ein geradezu sentimentaler Mensch. Er erfüllt in seltener Reinheit die von Friedrich Schiller entworfenen Charakterzüge der ›schönen Seele‹, die vom Sentimentalischen ausgehend unweigerlich zum Anarchisten gegen alle unwahre Ordnung wird. Bezeichnend ist hier nicht der spätere säkularisierte oder abgeleitete Romantizismus, sondern die poetische Utopie, die um 1800 zu radikalen Verwerfungen aller herzlosen kalten Ordnungen geführt hat. Mitsamt der in die Euphorie einschießenden Verzweiflung, die man bei einem Novalis oder Kleist findet. So eben auch bei Pasolini. Das Romantische charakterisiert ein kritisches Erkenntnisprinzip, eine poetologische Intention und eine künstlerische Beschaffenheit der Person, die unwählbar sind und das Genialische mit dem Melancholischen untrennbar verbinden.

Silvana Mauris Zeugnis

Eine Vertraute, ein Leben lang – aber auch eine sehnsuchtsvoll vermiedene Liebe – ist die impulsive, gebildete Silvana Mauri, die sich gegenüber Nico Naldini, dem wenige Jahre jüngeren Cousin, Freund, späteren Biografen, Archivwahrer und Herausgeber Pasolinis (insbesondere Spezialist der friulanischen Periode in allen, auch den verschwiegenen Einzelheiten), über die so schöne und noch unbeschwerte Zeit der Zwanzigjährigen im Friaul äußert. Im Karneval 1947 war Silvana Mauri, die in Mailand lebt, zu Gast im Bauernhaus in Versuta. Sie schildert die damalige Lebensform, die Beziehungen, Gefühle, die gesamte psychomentale Dynamik wie folgt: »Ich nahm eiskalte Züge, um zu ihm nach Casarsa zu fahren, zwölf, manchmal zwanzig Stunden Reise von Mailand. Ich landete auf dem hartgefrorenen Gras der Ebene und dann in der warmen Küche seiner Mutter in Versuta, wo zwei Feldbetten neben dem Feuer standen. Tagsüber fuhren wir trunken vor Glück, gedankenlos, wie mit Flügeln, auf dem Fahrrad am eisigen Tagliamento-Ufer in die umliegenden Dörfer zu irgendeinem kleinen Gemeindekino, oder um hemmungslos Tango, Polka und Foxtrott zu tanzen (unermüdlich und virtuos waren wir als Tänzer) auf den Dorftanzböden, oder um die bäuerlichen Mysterienspiele des Karnevals zu verfolgen (ein als Junge verkleidetes Mädchen sprach mit der Fastenzeit, einem als Frau verkleideten Jungen, beunruhigende Verkleidungen), oder von Haus zu Haus, um Wein zu trinken und Polenta zu essen. Ich war der Widerschein all dessen, was ihm gehörte, und mir schien, als wohnte ich nicht in einem wirklichen Dorf, sondern direkt in seinem Herzen. Auch Pier Paolo war damals noch glücklich: vielleicht muß ich aus dieser meiner unaussprechlichen (und lächerlichen) Heiterkeit herauskommen, zu der die Felder von Casarsa, mein zu jugendliches Aussehen beitragen. Auch seine Homosexualität war noch ein süßes Spiel unter Jungen, ein rotes Heft, das ihm aus der Tasche hervorsah und um das wir uns spielerisch balgten. Dann aber war sein Gesicht plötzlich verwüstet von der Begierde, den plumpen Bewegungen der zarten Bauernjungen zu folgen, den jugendlichen ›Pappeln‹, wie wir sie unter uns nannten, im Gegensatz zu den ›Königs-Stämmen‹, was die schwarzen knotigen Maulbeerbäume waren und die schwarzen alten Bauern. [...] Wie ist es geschehen, daß ich, ein bürgerliches Mädchen, ohne Dialekt, ohne dörfliche Wurzeln, heterosexuell, und er, damals ganz durchdrungen und gefesselt von Casarseser, mütterlicher Dichtung, weltunerfahren, erschreckt von dem, was er nicht kannte, ganz bedrückt von seinem unbekannten Innern, mit seinem starken, genialen Geist eines lerneifrigen Studenten, homosexuell, wie kommt es, daß wir einander das ganze Leben verfolgt, uns geschrieben, erzählt, getroffen haben, wenn und sowie es möglich war im Rahmen seines Lebens, das sich immer mehr von meinem entfernte, angefüllt war mit hektischer Arbeit, tausend anderen Begegnungen, Verfolgungen und Provokationen? Wenn ich nun seine Briefe wiederlese, verstehe ich ihn. Neben seiner Mutter, der einzigen Liebe seines Lebens, die jedoch eine starre und symbolische Figur war und deren kindliche Unschuld er immer bangend beschützen wollte, war ich der Ort seiner lebenswichtigen Zuversicht, der rote Faden einer völligen Akzeptanz.«[53]

Was Silvana Mauri im Rückblick als für ein ganzes Leben gültig beschreibt, trifft zweifellos auch auf Pasolini zu. Das gilt für das bezeugende öffentlich-biografische wie auch das schweigende innere Leben. Mauri bleibt eine vertraute, eine tiefe, energetische Kraft. Sie stellt eine wahre Fluchtlinie Pasolinis dar – seines Lebens, Suchens, auch seines Fliehens. Kaum ein Besuch in Bologna, der nicht mit Abstechern nach Mailand verbunden sein wird. Gerade in der ersten Zeit der Befreiung nach der Flucht aus dem Friaul und den neugierigen, von Schamgefühlen sich befreienden, zunehmend entfesselten und immer heftigeren Suchbewegungen in und um Rom ist Silvana Mauri ein Kraftzentrum der Selbstreflexion. Aber auch Vertrauensperson in erotischen Äußerungen und dem Reifen des philosophisch-poetischen Begehrens Pasolinis.

Von seinen Briefen an Silvana Mauri, den Briefen aus den ersten Jahren Roms generell, vielleicht sogar bezüglich aller Briefe, die eine Selbstbeschreibung und auch -rechtfertigung enthalten, ist derjenige vom 10. Februar 1950 der umfangreichste und wichtigste, ein veritables Schlüsseldokument. Pasolini schreibt an die ›liebste Silvana‹ und will den von ihm im letzten Brief vermittelten Eindruck allzu großer Verzweiflung korrigieren. Pasolini weiß, dass er zum Melodramatischen und zu einer existenziellen, nicht zu einer physischen Hypochondrie neigt. Er leidet und, so scheint es, nicht selten leidet er in dem Sinne gern, dass er sich dem Leiden an der Welt, ihren Defiziten und dem Ungenügen aller, besonders dem eigenen, vorbehaltlos und trauervoll hingibt. Aber auch das muss relativiert werden. Wie immer bei Pasolini stimmen diese Charakterisierungen nur bis zu einer gewissen Grenze, danach lösen sie sich in Unwahrheit auf und legen die gegenteilige Diagnose nahe, die sich eben auch als wahr erweist. Kämpfte der späte Pasolini nur noch für Teilwahrheiten, so waren dem jungen Pasolini die tiefe Ambivalenz, das Schillern, Changieren und die Multiplizität von Wahrheiten bereits bestens vertraut.

Pasolini konnte sehr vieles ertragen, mutete anderen ebenso viel zu wie sich selbst. Er war und blieb, wie nahezu alle Einzelgänger dieses intellektuellen Zuschnitts, misstrauisch und hart gegen sich selbst, liebevoll, aufmerksam und immer merklich zurückhaltend gegen andere. Auch die Heiterkeit ist grundlos, das meiste existenziell gegeben und unwählbar, im strikten Sinne bedeutungslos, als ein einem schlicht Widerfahrendes. Das gilt für das meiste, das heute – im Zeitalter eines überbordenden kulturellen Nominalismus – als gegenständlich frei wählbare Identität gehandelt, gesucht, beschrieben, bedeutsam aufgeladen, signifikant gemacht, ja: heillos überdeterminiert wird. »Heute war ich, ohne einen Grund, weniger bedrückt, empfand einige Grade weniger Trostlosigkeit. Jetzt ist schon Abend, und ich sitze hier mit Deinem Brief vor Augen. Weißt Du, ich wohne ganz nah beim Ghetto, zwei Schritte von der Cola di Rienzo-Kirche entfernt: erinnerst Du Dich? Ich habe inzwischen schon zwei- oder dreimal unseren Rundgang von '47 wiederholt, und obgleich ich jenen Himmel und jene Luft nicht mehr gefunden habe – vom entsetzlichen Grau des Ghettos zum Weiß von San Pietro in Montorio; die Jüdin, die neben einer Kette vor der dunklen Tür sitzt; das Gewitter mit Harzgeruch, und dann Villa Giulia und Palazzo Farnese, jener Palazzo Farnese, den es nicht noch einmal geben wird, so als hätte das Licht nach dem Gewitter ihn in einen Schleier gemeißelt –, habe ich mich betäubt und getröstet. Auch jetzt brummt mir noch der Kopf von dem Geschrei am Campo de' Fiori, während es zu regnen aufhörte. Aber diese Wärme, die mich durchströmt wie eine Erholung, verdanke ich Deinem Brief: Er liegt hier, verschmiert mit Lippenstift und Creme vom Karneval in Versuta und den Blumen auf der Spanischen Treppe. Damals, 1947, hat mein Abstieg begonnen, der nach Lerici zum Absturz wurde: über mich zu urteilen, gelingt mir noch nicht, auch nicht, wie es leicht wäre, schlecht über mich zu urteilen, doch ich denke, es war unvermeidlich.«[54] In Rom erlebte Pasolini zunächst eine Krise des Schreibens. Die Wörter entzogen sich ihm.

Trotz allen Wandels im Äußeren bekennt sich Pasolini zu der seit je gelebten Dualität: zivilisierte Tageshöflichkeit und nächtliches, animalisches, amoralisch entfesseltes Streunen – daran will er nichts ändern. Das ›ambigue‹ Leben will er und macht daraus ein Schicksal, das er vehement begrüßt. »Ich kann Dir nur sagen, daß ich das ambigue Leben – wie Du es richtig nennst – das ich in Casarsa führte, auch hier fortsetzen werde. Und wenn Du an die Etymologie von ambigue denkst, wirst Du sehen, daß einer, der eine doppelte Existenz lebt, nur ambigue sein kann. Deshalb bin ich manchmal – und in diesen letzten Zeiten häufig – eisig,

›böse‹, meine Worte ›tun weh‹. Das ist keine ›maudit‹-Haltung, sondern das bedrängende Bedürfnis, die anderen nicht zu täuschen, das auszuspucken, was ich auch bin.«[55] Die Ambivalenz ist nicht zu leugnen. Es gibt zwei Seiten. Das Gesunde verdeckt ein Krankes. Der Fleiß und die Tugenden des Musterschülers haben einen monströsen Hintergrund. So erläutert es Pasolini seiner Gefährtin und erwählten Vertrauten. Die Scham ist zu überwinden, abzulegen. Sie führt nicht zur Wahrheit, sondern in die Irre. Das ist existenziell, nicht psychologisch gemeint. Er beruft sich gar auf den Heiligen Paulus und erklärt Rom zur Stadt eines anderen Pasolini, der weder der alte noch ein neuer ist. »Entschuldige – ich wollte nur sagen, daß es mir nicht immer möglich ist oder sein wird, mit Schamgefühl von mir zu sprechen: es wird mir vielmehr oft nötig sein, mich an den Pranger zu stellen, weil ich niemanden mehr täuschen will – wie ich im Grunde Dich getäuscht habe und auch andere Freunde, die nun von einem alten Pier Paolo sprechen oder von einem Pier Paolo, der sich erneuern muss. Ich weiß nicht genau, was ich unter Scheinheiligkeit verstehen soll, aber inzwischen graut mir davor. Schluß mit den halben Worten, man muß dem Skandal ins Auge sehen, hat, meine ich, der heilige Paulus gesagt … ich glaube – diesbezüglich –, daß ich gerade deshalb in Rom leben möchte, weil es hier weder einen alten noch einen neuen Pier Paolo geben wird.«[56] Seine Sehnsucht nach Liebe habe diese dämonisiert, übergroß, problematisch, verfehlt und abartig werden lassen: »in mir hat die Schwierigkeit zu lieben das Bedürfnis zu lieben zur Obsession gemacht: die Funktion hat das Organ hypertroph werden lassen, als die Liebe mir in der Adoleszenz wie eine unerreichbare Chimäre vorkam: als dann mit der Erfahrung die Funktion wieder ihre richtigen Proportionen angenommen hat und die Chimäre bis zur erbärmlichsten Alltäglichkeit entweiht worden war, da war das Übel schon eingeimpft, chronisch und unheilbar. Ich fand mich mit einem riesigen mentalen Organ für eine nunmehr vernachlässigbare Funktion wieder …«[57]

Urbane Befreiung: eine dichterische Perspektive

Rom präsentiert sich Pasolinis Vorstellung als Stadt, in der er ›ambigue‹ leben kann. Und unintellektuell, triebhaft, streunend. In typischer Verblendung des Novizen meint er gar, literarische Zirkel unbedingt meiden zu sollen. Er will arbeiten und lieben – und zwar beides verzweifelt. Man muss übersetzen: bis zur Verzweiflung und in Verzweiflung. »Ich glaube also, daß ich in Rom bleiben werde – diesem neuen Casarsa –, um so mehr, als ich keine Absicht hege, Literaten kennenzulernen oder auch bloß zu sehen, das sind Menschen, die mich immer in Angst und Schrecken versetzt haben, weil sie immer Meinungen verlangen, während ich keine habe. Ich beabsichtige zu arbeiten und zu lieben, das eine so verzweifelt wie das andere […] ich habe mich von meinem Rest an bösartiger und versteinerter Perversion befreit, nun fühle ich mich leichter, und die Libido ist ein Kreuz, kein Gewicht mehr, das mich zum Grund hinabzieht.«[58] Rom ist nicht Aufhebung, Leugnung oder Tilgung von Casarsa, sondern seine Wiedererlangung als zweites, gutes Casarsa. Er hat im Friaul den Lehrerberuf nicht nur zurück, sondern hinter sich gelassen. Er sieht sich als werdender Poet. »Mein zukünftiges

Leben wird gewiss nicht das eines Universitätsprofessors sein: ich stehe nunmehr unter dem Zeichen Rimbauds oder Campanas oder auch Wildes, ob ich will oder nicht, ob die anderen es akzeptieren oder nicht.«[59] Der Freundin legt er Rechenschaft ab über seine Sicht auf sein Triebleben, auf Eros, Sexualität, Prägung, Bindung, Lösung. Eine überaus interessante Konzeption entfaltet sich darin: Pasolini bewältigt die auferlegte Krise der Dissidenz, der politisch-religiös-sozialen Ächtung und Verfolgung des Homosexuellen, des Obszönen, Verwerflichen und Andersartigkeit nicht mit der Besetzung einer ›neuen‹, ›wahren‹ Identität. Er sucht überhaupt keine Identität. Eine solche erscheint ihm nicht mehr möglich, auch nicht erwünscht. Ja, er bedarf ihrer nicht mehr. Ein Druck mindert sich: Rom wird so zu einer entscheidenden Zäsur.

›Freie indirekte Rede‹ — dialektales Sprechen und poetische Zeichenkunde

Pasolini hat das Friulanische nicht als Muttersprache empfangen, sondern als junger Mann erlernt. Man sprach bei den Colussi das Venetianische, wie es üblich war in Familien, die keine Bauern waren. Der Vater kam, abgesehen von den persönlichen Verwerfungen, – da aus ravennatischem Adel herrührend – für diese Referenz ohnehin nicht in Frage. Pier Paolo Pasolini lernte das Friulanische aus Liebe zu Lebensweise und Kultur der Bauern. Ihm gefiel der gehörte wie auch ›erhörte‹ Klang der Sprache, die Melodie und Klangfarbe der ›parole‹, besonders die sonoren Qualitäten spezifischer Ausdrücke, die wie Duft, sanfter Wind oder lockender Geruch durch die Landschaft zogen. Es ging ihm um nichts weniger als eine hochkulturelle Neubegründung des ›furlan‹, der ursprünglichen friulanischen Sprache im Kontext der eigenständigen, reichhaltig verzweigten rätoromanischen Sprachen, die er, sprachgeschichtlich genau, auf die Eigenständigkeit eines altprovenzalischen Raums und die ›félibres‹ zurückbezog.

Pasolinis Auffassung ist den Regionalismen der letzten zwanzig Jahre diametral entgegengesetzt, weil er die Sprache nicht als identitätssichernde regionale Amtssprache durchsetzen, sondern als poetische Ausdrucksform einerseits, spezifische Lebendigkeit des oralen Ausdrucks andererseits aufwerten und erhalten wollte. Es kommt also zum Bildforscher, Ikonografen und visuellen Erneuerer Pasolini der linguistische Bewahrer und Transformator wesentlich hinzu. Die Fundamente dazu wurden also ebenfalls in den Friulaner Jahren gelegt. »Accanto al rinnovamento culturale delle arti visive, Pier Paolo Pasolini sviluppò negli anni del primo dopoguerra la sua ricerca originale, tentando di rifondare la lingua friulana rimasta l'unico cemento delle genti contadine.«[60] Also nicht verklären, retten, identitätspolitisch folklorisieren, sondern ›wiederbegründen‹ ist Ziel und Programm. Das hatte allerdings – mit der später entfalteten Dissidenz deutlich übereinstimmende – politische Implikationen. Denn gegen die regionalen Sprechweisen, also die ›unreinen Akte‹ des Sich-Äußerns ist das Toskanische als abstrakt zentralisierte italienische Hochsprache per Dekret durchgesetzt worden. Man muss sich bei allen Fragen zum Gepräge Italiens immer vor Augen halten, dass sich in den Sprachen äußert, was in der Politik und Gesellschaft angelegt ist: Italien ist nie wirklich Einheit geworden, die Vision Garribaldis blieb Stückwerk und letztlich auf der Strecke.

Pasolinis Wieder-Einsetzung einer Sprache der Bauern jenseits ihrer angestammten Lebensweise hat mit seiner linguistischen Auffassung vom Reichtum der Sprechweisen zu tun, mit den Ressourcen und dem poetologischen Prinzip, sich von neuen Klängen überraschen zu lassen, die sprechende Kraft haben, ohne eine bekannte Semantik wiederzugeben. Die Überzeugung von der Kraft einer ›freien indirekten Rede‹ ist für Pasolinis Filmtheorie und -zeichenlehre durchgängig verbindlich. An Pasolinis kinematografische, praktisch-poetische Bildauffassung, aber auch seine Filmtheorie schließt Gilles Deleuze seine zweibändige Abhandlung zum Zeit- und Bewegungsbild des Kinos an. Er weist, wie bereits erwähnt, immer wieder auf die Schlüsselrolle hin, die Pasolini, neben und mit Henri Bergson, für ihn und seine Filmerfahrung besetzt hält. Auch in dem wieder mit Félix Guattari geschriebenen zweiten Band über ›Kapitalismus und Schizophrenie‹, *Mille plateaux*, widmet er Pasolinis Behandlung der freien indirekten Rede ein ganzes Kapitel. Die ›indirekte freie Rede‹ als spezifische Montageform filmischer Bildbezüge und damit als Basis eigentlicher kinematografischer Sprachlichkeit entspricht im Kern bereits Pasolinis früher Auffassung von der natürlichen Sprache einer Realität, wie sie ihm in der bäuerlichen Rede entgegentrat – und vielleicht auch in den Filmen, deren Darbietung in den Kinos der Nachbardörfer der junge Mann mit Freundinnen und Freunden leidenschaftlich aufsuchte.

In der linguistischen Erfahrung des ›furlan‹, den frühen Poemen wie den Filmen des erwachsenen Künstlers handelt es sich bei der erörterten rhetorischen Figur um differente Formen eines natürlichen Redens, die nicht einer semiotischen Übersetzung bedürfen, sondern die selbst die Realität sind, für die sie stehen, wenn sie als diese in den Montageformen und den Sprachen der Poesie oder des Films erscheinen. Der Realismus der Zeichen entsteht nicht kraft Übersetzung, sondern *ist* diese selbst. Die Geste und Rhetorik des Wirklichen, das nicht in ein Artefakt übersetzt werden muss, um Ausdruck zu werden, fällt mit den Zeichen zusammen. Diese ›stehen‹ nicht ›für etwas‹, sie ›sind‹ einfach und präzise das, was die semiotische Zuschreibung als zeichenhaften Ausdruck erst im Nachhinein zu rekonstruieren vermag.

Die ›indirekte freie Rede‹ steht für ein konkretes, reiches, dichtes Sprechen, für eine konkrete, nicht logifizierte Sprache und Rede, die wesentlich von dem lebt, was jeder Hang zur Logifizierung von Sprachlichem so sehr fürchtet: dem dunklen Rest, einem störrischen Etwas, das nicht in der intendierten Form aufgeht, einer Fülle divergenter Assoziationen, die nicht vereinheitlicht oder geglättet werden können, sondern deren Reichtum erfahren werden muss als eine konkrete, empirische Dynamik. Dem entsprechend verstand und betrieb Pasolini später den Film nicht als Durchführung eines Plans, als Konzept einer abzuarbeitenden Kette von Montagen und kinematografischen Einheiten und Bezügen, sondern als Medium einer genuinen Realität, die als Film immer auch bezeugt, wovon dieser stets lebt: konkreten sprechenden Handlungen, Gesten, Mimik und Reden von Personen und Menschen, die Zeichenkraft haben, weil sie sind, nicht weil sie gespielt oder ausgedrückt werden soll.

Pasolini bleibt sein Leben lang der sanften Natur, der Welt und Mentalität der Bauern auf das herzlichste verbunden – man findet solche Zuneigung in der Liebe zum Konkreten vor der Kamera auch in den späten Jahren, der Arbeitsweise des weltberühmten Filmers und Reisenden durch die Kontinente wieder. In den frühen Jahren bereits verbindet Pasolini derartiges nicht nur mit den Bauern, sondern auch mit den Dichtern der Region. Bis hin zu – selbstverständlich – den notorischen, kosmopolitisch bedeutsamen Schriftstellern Triests als Motoren des Modernismus (Italo Svevo, James Joyce) bleiben sie für Pasolini fortwirkende Referenzen.

An der Lyrik Biagio Marins etwa – wie Angelo Ara und Claudio Magris in ihrem Buch über Triest als imaginierter Stadt einer singulären Identität an, zwischen und hinter den Grenzen schreiben[61] – entfaltet Pasolini die Kontur einer erregenden Geschlechtlichkeit, eines archaisch rohen Eros: »Marin, so schrieb Pasolini, besingt unaufhörlich die zeugende Erregtheit, die geschichtslose und absolute Unschuld einer Geschlechtlichkeit, die sich nicht erschöpft und selbst noch den Tod umarmt.«[62] Derselbe Biagio Marin, der, zurückgezogen in Triest und Grado arbeitend, von Pasolini – der bereits 1961 eine Gedichtsammlung Marins kommentiert herausgegeben hat[63] – bis zu dessen Tod publizistisch treu begleitet, gefördert und gelobt wurde, ließ von Pasolinis Dichtung auf höchstem Niveau nur die in friulanischer Sprache verfasste Lyrik gelten. Die meisten der späteren Arbeiten erschienen ihm nicht als Poesie, sondern als versifizierte politische Polemik oder gar nur als Ideologie.

Marin hielt diese, wie bekannt oft heftige politische Verwerfungen erzeugenden, Poeme Pasolinis vorrangig für einen weiteren Beleg der notorischen ›italienischen Krankheit‹, das politische Engagement der Sprachkünstler in poetischer Metrik zu verbergen, zu verkleiden und entsprechend zu verharmlosen. Auch Pasolini sah er »der italienischen Todsünde verfallen, ›einen Diskurs in Versen für Dichtung zu halten‹«.[64] Mit Marin verband ihn also nicht diese Möglichkeit der Poesie, sondern eine mystisch-alchemistisch-esoterische Auffassung von der Poetik der Natur als eines metaphysischen, vital wirkenden Organismus. An Marin bewunderte Pasolini[65] die Weigerung, eine Trennung von Ich und ›Weltseele‹, Privatheit und Natur zu akzeptieren. In Marins Auffassung galt die Poesie als ein wesentliches Medium der Entfaltung eines Werdens des Transzendenten, eines Instruments der Wahrnehmung eines ›Ganzen‹.

Für Pasolini war Marin deshalb über Jahrzehnte ein wesentlicher Zeuge der Fähigkeit, in einem ästhetischen Rausch keine Demarkationslinie zwischen einem Selbst und einem ›anderen‹, also auch zwischen sich und der ›res extensa‹ anzuerkennen. Im ästhetischen Rausch verwandelt sich der physisch-metaphysische Organismus in ein Innen wie, zugleich, in ein Außen. Alle Dinge der Welt, der Tod inbegriffen, werden durch diese Kraft in einen pantheistischen Eros hineingerissen. Es ist leicht zu verstehen, dass diese Auffassung Pasolini bis in die letzten Jahre seines Lebens, ja darin zunehmend, in Übereinstimmung mit der Beschäftigung mit C.G. Jung und Mircea Eliade, begeistert hat.[66]

Im erwähnten lehrreichen Buch von Ara und Magris werden ebenfalls für Pasolini bedeutsame Aspekte behandelt: die politische Ägide unter de Gasperis, die Verhältnisse der Kommunisten zu den Bauern, die Mythologie des Landbaus bis hin zu den sich aus diesen nährenden Filmen wie *Riso amaro*, in welchem die damalige Schönheitskönigin Italiens, die blutjunge Silvana Mangano, ihre erste Rolle spielte. Dann auch die Situation Norditaliens und des Neo-Realismus generell. Norditalien in Gestalt der Friaul-Julien benachbarten Po-Ebene wird in ebenso zauberhafter wie Pasolinis Emphase vergleichbarer Weise im agrarischen Milieu von Bernardo Bertoluccis *1900* gefeiert, vielleicht zum letzten Mal. Und was die Welt der Industrie und Bourgeoisie anbetrifft, so ist sie in den unübertrefflichen kinematografischen Studien zu einer existenziellen Melancholie, den Filmen von Michelangelo Antonioni, plastisch und dauerhaft aufbewahrt, besonders in den 1960er Jahren.

Die Welt Friauls wiederum bleibt zauberhaft erhalten – je gegenwärtig und unvernichtbar – in den Gedichten Pasolinis, den Erzählungen und Romanen, besonders den Publikationen aus dem Nachlass wie *Amado mio*, *Kleines Meerstück* und *Romàns*.[67] Die konzeptuelle Pflege all dieser archivierten poetischen Zukunftsressourcen nimmt seit Langem und bis heute der mittlerweile achtzigjährige Neffe und Freund Nico Naldini biografisch, organisatorisch und auch kuratierend in überaus sorgfältiger Weise wahr.

Gewaltige Natur, stummer Eros

Pasolinis Befreiung wird radikal sein: Sie besteht im Verzicht auf die Besetzung des mythisch-gewaltigen Geschehens im erotischen Erleben durch welche Sinnfigur auch immer. So verlegt er die Natur nach außen. Was er erlebt, ist und bleibt ihm fremd, ohne dass es bedrohlich sein müsste. Es findet sich hier der Schlüssel zur wirklichen Dissidenz, die keine Wahl darstellt, sondern ein Schicksal, einen mythischen Bann geradezu setzt und auferlegt: Natur ist zauberhaft, dem Erleben aber nicht zugänglich, immer übergeordnet, größer, gewaltiger, mythischer als das, was der erlebende Mensch dem Geschick oder dem zuschreibt, was ihm geschieht oder widerfährt. Psychoanalytisch verlegt Pasolini sein Streben, seine Neigung in eine individualgeschichtlich archaische, frühe Kindheit. Als kleiner Junge benennt er den Übergangsritus, die Erschließung der Naturkraft und Gewalt ›Liebe‹ mit einem alchemistischen Namen (›teta veleta‹) voller Magie und Zauber.

Kein Zweifel, dass Pasolini als Erwachsener sich real an diese Episode in genau der im Brief an Silvana Mauri geschilderten Weise erinnerte. Selbst wenn es sich um eine Deckerinnerung, also Signifikanz eines verschobenen Tagtraums handelt, bleibt die Episode des Dreijährigen, der einen anderen Jungen körperlich begehrt, eine nicht bezweifelbare Wahrheit, eine Wahrheit höherer denn psychoempirischer oder faktografischer Art. »Ich habe gelitten, was man überhaupt leiden kann, ich habe meine Sünde nie angenommen, ich habe mich meiner Natur nie gefügt und mich auch nicht daran gewöhnt. Ich war dazu geboren, heiter, ausgeglichen und natürlich zu sein: meine Homosexualität war eine Zugabe, war außerhalb, hatte nichts mit mir zu tun. Ich habe sie immer neben mir gesehen wie einen Feind, ich habe sie nie in mir empfunden. Erst in diesem letzten Jahr habe ich mich etwas gehenlassen: aber ich war niedergeschlagen, meine familiäre Situation war katastrophal, mein Vater tobte und war niederträchtig bis zum Erbrechen, mein armseliger Kommunismus hatte dazu geführt, daß ich von einer ganzen Gemeinde gehaßt wurde wie ein Ungeheuer, und es zeichnete sich auch ein literarisches Scheitern ab: da war die Suche nach einer unmittelbaren Freude, einer Freude, um darin zu sterben, der einzige Ausweg. Dafür bin ich erbarmungslos bestraft worden. Doch auch darüber werden wir sprechen, oder ich werde Dir mit mehr Ruhe darüber schreiben, jetzt habe ich Dir zu viele Dinge zu sagen. Eine Einzelheit will ich gleich noch zu diesem Thema hinzufügen: Es war in Belluno, als ich dreieinhalb Jahre alt war (mein Bruder sollte noch geboren werden), da empfand ich zum ersten Mal jene überaus süße und gewaltsame Anziehung; die von da an in mir war, immer gleich, blind und finster, wie ein Fossil. Sie hatte damals keinen Namen, war aber so stark und unwiderstehlich, daß ich einen für sie erfinden musste: nämlich ›teta veleta‹ und das schreibe ich Dir zitternd, solche Angst macht mir dieser schreckliche Name, erfunden von einem dreijährigen Kind, das in einen dreizehnjährigen Jungen verliebt war, dieser Name wie für einen Fetisch, uranfänglich, widerwärtig und zärtlich.«[68]

53 Zit. n. Nico Naldini: *Pier Paolo Pasolini. Eine Biographie*, Berlin 1991, S. 101–103.

54 Aus einem Brief von Pasolini an Silvana Mauri vom 10. Februar 1950 aus Rom. (Pier Paolo Pasolini: *»Ich bin eine Kraft des Vergangenen …« Briefe 1940–1975*, hg. von Nico Naldini, Berlin 1991, S. 97).

55 Ebd., S. 97f.

56 Ebd., S. 98.

57 Ebd., S. 98f.

58 Ebd., S. 99f.

59 Ebd., S. 100.

60 Walter Liva: Linguaggi, in: Gian Mario Villalte und Walter Liva (Hg.): *I soj tornat di estàt. I luoghi casarsesi di Pier Paolo Pasolini nelle fotografie di Piergiorgio Branzi, Elio Ciol, Frank Dituri*, Casarsa della Delizia 2008, S. 9. Auf Deutsch: »In den ersten Jahren nach dem Zweiten Weltkrieg entwickelte Pasolini – parallel zu seiner Erneuerung der visuellen Künste – eigenständige Untersuchungen zur friulanischen Sprache mit dem Ziel, diese Sprache zu erneuern, die für ihn die einzige blieb, die den Bauern als Fundament dienen konnte.« (Übersetzung Hans Ulrich Reck).

61 Claudio Magris' mittlerweile preisgekrönte Verklärung eines angeblich ›multikulturellen‹ Triest ist vorrangig eine – als solche allerdings nicht gekennzeichnete – literarische Fiktion, die darauf zielt, Triest als das zu beschreiben, was die Stadt hätte werden können, aber just nie geworden ist. In Tat und Wahrheit ist Triest zur beklemmenden Bastion des ›Irredentismus‹ und eines militanten italienischen Nationalismus in der Nachkriegszeit verkommen, der mit fatalen Folgen alles Besondere der Stadt, insbesondere die von Magris kaffeehausliterarisch nostalgisierten und verklärten Eigenschaften der Versiertheit und Polyvalenz getilgt hat. Wie drastisch sich die Vertreibung der Juden und besonders der Slowenen ausgewirkt hat, ist innerhalb des Klein-Universums Triest nurmehr in den spürbaren Leerstellen und Mängeln auszumachen. Leerreich und konstitutiv für deren Beschreibung ist deshalb ein erfahrungsgesättigter und belehrter historiografischer Außenblick. Triest hat mit fatalen Folgen für Europa bis hin zum ›jugoslawischen‹ Krieg verloren, was es einstmals als Dynamik interner, kulturell reibungsvoller Koexistenz-Energien erfahren und vielleicht auch gelebt hat; vgl. zu den Besonderheiten eines italozentrischen, ideologischen Standpunktes der Geschichtsschreibung die ebenso entlegen erschienene wie anspruchsvoll-kritische, überaus bedeutsame und aufschlussreiche Untersuchung von Boris M. Gombac: *Triste – Triest. Zwei Namen, eine Identität. Spaziergang durch die Historiographie der Stadt Triest 1719–1980*, St. Ingbert 2002.

62 Ebd., S. 121.

63 Vgl. Biagio Marin: *Solitàe. Poesie scelte, a cura di Pier Paolo Pasolini*, Milano 1961.

64 Zit. n. Renate Lurzer: *Triest. Eine*

italienisch-österreichische Dialektik, Klagenfurt 2002, S. 161.

65 Zur Beziehung von Marin und Pasolini vgl. auch Nico Naldini: *Una striscia lunga come la vita*, a cura e con un saggio di Francesco Zambon, Venezia 2009, S. 125f.

66 Vgl. Lurzer, *Triest*, S. 359f.

67 Vgl. Pier Paolo Pasolini: *Amado mio preceduto da Atti impuri con un scritto di Attilio Bertolucci*, a cura di Concetta d'Angeli, Milano 1982; ders.: *Kleines Meerstück und Romàns. Zwei Erzählungen*, Wien und Bozen 1996.

68 Pasolini, *Ich bin eine Kraft des Vergangenen*, S. 100f.

Kapitel VI

Traum und Kreativität

Träume spielen im gesamten Œuvre Pier Paolo Pasolinis eine große Rolle, besonders natürlich, aber keineswegs ausschließlich, ja nicht einmal vorrangig, im Hinblick auf den Code des Filmischen.[69] Im Theaterstück *Pilade* entfaltet er die Hoffnung, die verfolgenden Quälgeister der Erinnerung an verwerfliche, todbringende Schuld, die fürchterlichen Furien könnten den Eumeniden, den sanfteren Göttinnen einer mindestens Leben weiter ermöglichenden, träumerischen wie traumhaften Versöhnung Platz machen. Den Stoff entwickelte Pasolini im Rückgriff auf Motive der Orestie des Aischylos. Diese hatte er aus dem Altgriechischen übersetzt, die Druckfassung erschien 1960 als Buch bei Garzanti: Eschilio, *L'Orestiade*.

Während einer einmonatigen Rekonvaleszenz – nach einem wegen des Durchbruchs eines Magengeschwürs notwendig gewordenen Krankenhausaufenthalt – beschäftigte sich Pasolini 1966, nicht zum ersten Mal, mit Stoffen der griechischen Tragödie und begann, eine Reihe von Theaterstücken zu schreiben, die später – mit zu Lebzeiten unterschiedlichem, insgesamt bescheidenem Erfolg – aufgeführt wurden und, wenigstens die Mehrzahl von ihnen, erst nach seinem Tode gedruckt erschienen: *Affabulazione*, *Pilade*, bei Garzanti in Mailand 1977, deutsch 1984 als *Affabulazione oder Der Königsmord*, *Pylades*; *Porcile*, *Orgia* und *Bestia da stile* in einem Band, 1979 wieder beim Mailänder Verleger Garzanti, deutsch wiederum 1984 als *Orgie*, *Der Schweinestall*. Ebenfalls 1966 übernahm Pasolini zusammen mit Alberto Moravia die Leitung der Literaturzeitschrift *Nuovi argomenti*.

Das illustriert seine obsessive Energie, seinen Charakter, sich alles anzuverwandeln, alles umzusetzen, immer wieder neue Stoffe in neuen Formen sich selbst zugänglich zu machen. Formulieren, formen, schreiben: ein täglicher, permanenter Prozess, um die Energien hochgespannt am Leben, sich mit und in diesen selbst zu erhalten. Man muss das so verstehen, dass das Schreiben und Arbeiten nicht einfach Vorhaben wiedergeben oder widerspiegeln, sondern eine stete Praxis sind, durch welche sich die Objektivationen ergeben, die Werke formen, die Vorhaben substanziell werden, stetig neue und weitere Ideen entstehen, auf der einen Seite, während auf der anderen bereits vollendete Werke deformiert, fragmentiert, zu Zwischenstadien und erneuten Anfängen dehierarchisiert, Vorhaben auch abgenutzt und weggelegt werden. Kreativität – weit davon entfernt, Wachstumsabsichten zu verkörpern oder Unerschöpflichkeitsphantasmen zu garantieren – ist also nicht nur Verbrauch einer Ressource, die vorliegt und ›genutzt‹ wird, so lange es geht, sondern auch Verschwendung in dem Sinne, dass stetig verbraucht und nicht regeneriert oder akkumuliert wird. Was genutzt erscheint, wird vergegenständlicht, dann verbraucht und zuletzt aufgebraucht, getilgt. Nutzen heißt verschwenden. Was verbraucht wird, geht schließlich auch verloren. Aber in der Schwebe dazwischen erhält sich dennoch einiges, das im Unentschiedenen zwischen Gewinnen und Untergehen verbleiben kann. Es ist dieses Träumerische also kein romantischer Zustand, kein Zauberhaftes, kein in den Tag von außen, wundersam und visionär, Einbrechendes, sondern eher eine Komponente arbeitssamer und auch technisch, funktional zu verstehender Praktik.

Besonders anhand der Figur des Orest entwickelt Pasolini in seinem Stücke *Pilade* eine insistierende und ihm für eine Kulturphilosophie der denkbaren Versöhnungen programmatisch werdende Einsicht in die lastende Schuld, die mythisch erwirkt ist und psychologisch nicht mehr aufgelöst werden kann:

> »Orest
> Sie verlangt vor allem Mut von euch. Nichts ist unnatürlicher, als zu vergessen:
> Und doch will sie, daß ihr vergeßt.
> Ihr fragt, was ihr vergessen sollt?
> Unsre Vergangenheit: Aber die Vergangenheit kann ja nicht sterben.
> Also … hat sie die finstersten, die wildesten Gottheiten der Vergangenheit verwandelt …
>
> Chor
> Die Furien?
>
> Orest
> Ja, verwandelt in Gottheiten der Träume …«[70]

Träumen erscheint hier als ein lebensumspannendes Motiv, Ausdruck und Kompensation einer tiefen, unerreichbaren und unverfügbaren Schuld.

> »Orest
> Also werden wir unsere unvergeßlichen Väter im Traume lieben.
> Und uns die Träume erzählen.
> Denn die neuen Gottheiten – mit Namen Eumeniden – in die sich die Furien verwandelten, sie können jenen Träumen, die uns nur schreien ließen, mit dem Worte eine Lieblichkeit verleihen.
>
> Chor
> Berichte uns der Reihe nach, damit wir begreifen …
>
> Orest
> Die Furien hetzten mich, um mich zu quälen wie jeden Mörder, der mit uns auf unsere Weise gelebt hatte.
> Oh, ihre Argumente waren schon seit meiner Kindheit in mir!«[71]

Der wirkliche Wahnsinn soll nicht mehr in Psychose versinken, sondern eine antreibende Kraft werden durch Metamorphose der göttlichen Verwerfungen und Sanktionen in ein Träumen, für das keine Unterscheidung mehr gilt zwischen Tag- und Nachtaktivitäten, zwischen Schuldbearbeitung und Aufbruch, zwischen dem Ausgang aus dem Strafverhängnis und einem symbolischen Selbstentwurf in möglicher kosmischer Versöhnung (mit Herkunft, Natur, Opfer, Verzehr) als lebendige Erlösung, die stets existenziell ist, nicht historisch oder evolutionär.

»Da schrien die Göttinnen der Vergangenheit, ein Sakrileg sei solch ungerechte Vergebung, die nur eine Ära, die ihre, beenden wolle.In diesem Augenblick vollbrachte Athene ein zweites, noch größeres Wunder.
Denkt euch:

Wahnsinnig waren diese Göttinnen mit dem Namen Furien, und wahnsinnig sollten sie bleiben mit dem Namen Eumeniden. Doch von Stund an sollte ihr Wahnsinn nicht mehr der Wahnsinn der Angst, aber der Wahn des Träumenden sein: furchtbarer und freudiger Wahn, ein schwärmerischer, inspirierter Bruder der Vernunft. So richtig war dieser Entschluß Athenes, daß er ganz natürlich erschien: und augenblicks von allen gebilligt wurde.«[72]

Im nicht verwirklichten, bis fast zum Ende seines Lebens aufrechterhaltenen Projekt eines Films über den Apostel Paulus sind, wie in allen christlichen Erweckungsgeschichten, die Erlebnisse von Traum und Vision entscheidend. Begründet durch eine geheimnisvolle Krankheit des Paulus, die diesen für religiös einschlägige Grenzwahrnehmungen, begleitet von Krämpfen und Schmerzen disponiert, kommt es zu Halluzinationen. Einmal träumt Paulus sogar einen Traum innerhalb eines Traums, in dem ihm ein irdisches Paradies als ›dritter Himmel‹ erscheint. Den durch die Krankheit gesteigert befähigten Paulus führt erst der Traum zur eigentlichen, erlebten Mystik. Er steigt in der im Drehbuch nur knapp entworfenen, aber zentralen Szene – mittels eines archetypologischen Motiv-Rückbezugs Pasolinis vor allem auf den von ihm zunehmend verehrten C.G. Jung – eine wundersame Leiter in den Himmel empor (was ein kulturell, theoretisch und imaginär tief verankertes Symbol darstellt), erblickt dessen Geheimnis und ermisst berührt die Tiefen des Wunders, worauf Traum und Vision verschmelzen und als Eines und Ganzes empfunden werden.[73]

Edipo Re, die zugleich aktualisierende wie archaisch rekonstruierende Verfilmung des Ödipus-Stoffes im berühmten Film von 1967, für den Pasolini den Originaltext von Sophokles zurate zieht und in wörtlichen Auszügen dessen *Oedipus Rex* und *Oedipus auf Kolonos* kombiniert, ist in einen Traum eingebettet. Der Individualtraum geht über in eine kulturelle, dann mythische Perspektive, verbindet sich mit den Orakeln, Prophezeiungen, historischen Verstrickungen, mit der Schuld der Menschen, mit dem Fluch der Götter. Das Traummotiv und seine Bearbeitung bei Pasolini bezeugen dessen anhaltendes Interesse an einem mythisch radikalisierten Traum von einer Prähistorie, einer vitalen Barbarei oder eben einfach dem ›Traum vom lebensfrohen Volk‹.[74]

Träume spielen auch in weiteren Filmen Pasolinis eine bedeutende Rolle, beispielsweise in *Teorema*, *Große und kleine Vögel* und *Die Erde vom Mond aus gesehen*. Sie werden von Personen in diesen Filmen geträumt, erscheinen aber auch als Visionen für den Zuschauer. Typisch für die Art, wie Pasolini mit dem Traum umgeht, ist der Traum, den der Statist Stracci in *La ricotta* träumt. Stracci hat in einer Drehpause, für wenig Geld, außerhalb des Sets an einer Straße Weichkäse gekauft und zieht sich nach wiederholten Anläufen – ein Hin-und-Her, das Pasolini in Zeitraffer als Slapstick vorführt – zu dessen Verzehr wie ein Urmensch in eine

Höhle zurück. Während des gierigen Verschlingens des Käses treten andere Statisten auf, die vom reich gedeckten Tisch des Filmsets, für den offenkundig die Anspielung auf das letzte Abendmahl leitend ist, Speisen genommen haben und Stracci mit diesen bewerfen, die für ihn vordem verboten waren. Er verschlingt alle diese Speisen in einem unstillbaren, offensichtlich aber vor allem unkontrollierbaren und unbezähmbaren Heißhunger. Es handelt sich weniger um einen Traum oder Tagtraum als vielmehr um eine Halluzination oder Vision, die sich aus der Physiologie des Hungers eines Entrechteten ergibt.

Pasolini entwickelt in seinen Filmen eine spezifische Qualität des ›Onirischen‹ in allen nur denkbaren und imaginierbaren Schattierungen von Tagträumen über Albträume, Visionen, Epiphanien bis hin zu Halluzinationen und charakterisiert sie durch besondere Atmosphären. Es geht dabei um ansonsten schwer erklärbare Verschiebungen oder Sprünge. Diese stellen genuine Traumtechniken dar, die zugleich filmischen Überlegungen, also »figurativen Sprüngen im Geiste des Traumes« folgen, wie der bedeutende französische Filmhistoriker Hervé Joubert-Laurencin in seinem umfassenden Buch über die Filme des Poeten Pasolini ausführt.[75] Den Entwicklungen filmischer Traumbilder kommt natürlich zugute, dass Pasolini seit seinen Studien bei Roberto Longhi nicht nur in Kunstgeschichte beschlagen ist, sondern die Geschichte der Künste als Möglichkeit einer Annäherung an die künstlerische Kraft der Bilderfindungen und Prägungen betreibt. Davon zeugen seine über Jahrzehnte hinweg immer wieder in Schüben realisierten zahlreichen Gemälde und Zeichnungen, die ihn als überaus begabten visuellen Künstler auch im statischen zweidimensionalen Bildfeld ausweisen. Besonders die visuellen Formen der Malerei des Quattrocento beeindrucken ihn. Er nimmt sie als Anregungen für filmische Einstellungen und Ausstattungen, teilweise auch als exakte Vorlagen.[76] Insbesondere Duccio di Buoninsegna, Masolino, Masaccio und Piero della Francesca, die Manieristen, Pontormo, Rosso Fiorentino, dann Caravaggio und Corot – insgesamt die Entwicklung von Physiognomie und figurativen Szenen seit Giotto – haben es ihm angetan. Im Titelbild zum Vorspann des Filmes von 1967 *Che cosa sono le nuvole?* (Was sind die Wolken?) verwendet Pasolini einige Stellwände mit Plakaten. Eines davon zeigt im Ausschnitt eine Reproduktion des berühmten Bildes *Las Meniñas* von Diego Velázquez. Es gibt in anderen Filmen, bis hin zum letzten, *Salò*, aber auch ikonografische Inspirationen und lebendige Bezüge zur so ganz anderen Malerei von Francis Bacon, seinen drastischen Verformungen des menschlichen Leibes, die Verwandlung des Körpers in reinen Stoff, bloße Materie schonungslos vorführend.

Pasolini widmet sich den Verführungen des Träumerischen über seine Filme hinaus natürlich auch im poetischen und theatralischen Werk. Er arbeitet Calderón de la Barcas *La vida es sueño* (Das Leben ist ein Traum) von 1623 zu einem Drama *Calderón* um, das 1966 geschrieben worden ist und 1973 gedruckt erscheint – als einziges seiner Theaterstücke zu Lebzeiten des Autors. Es endet mit einem Traum vom Traum, behandelt aber weniger die Paradoxien des Traums vom Leben wie der Barockdichter, als vielmehr einen in Gestalt der Konzentrationslager, von Vernichtung, Massenmord, Gefangenschaft und Verwerfungen historisch gewordenen Albtraum, wie er das 20. Jahrhundert kennzeichnet.

Beleuchten wir einige weitere Facetten des Themas im Werk Pasolinis. Im Film *Das Evangelium nach Matthäus* von 1964 erscheint einem schlafenden Joseph zwar ein Engel, aber der Engel erscheint wirklich, in Gestalt eines normalen Menschen, ist vorhanden, ganz realistisch, ohne Aureole oder sonstige numinose Attribute. Joseph sieht mit wachen Augen im Wirklichen einen Engel, der zu ihm spricht wie eine Person im alltäglichen Leben. In *Accattone*, dem legendären ersten Film von 1961, ist ein Traum Accattones von zentraler Bedeutung. Accattone träumt sein eigenes Begräbnis, was bedeutet: Er träumt sein eigenes Sterben im Voraus. Accattone wandert durch die Vorstadt und trifft auf einen Leichenzug. Auf seine Frage hin, wer denn hier zum Friedhof getragen werde, erhält er schroff zur Antwort, es handle sich um Accattone. Nur dem aufmerksamen Zuschauer fällt auf, dass in diesem Moment eine kleine Träne über Acccattones Wange läuft. Erst hier, in der zweiten Hälfte des Filmes erschließt sich das auf den Vorspann folgende, der Handlung vorangestellte Motto aus Dantes *Göttlicher Komödie*, Fegefeuer, V. Gesang. Der Fürst der Finsternis klagt dort gegenüber einem Engel, der einen Gestorbenen in den Himmel aufnehmen will, er habe ihm den sterblichen Teil des menschlichen Wesens weggenommen wegen eines ›Tränleins‹, das nun offenbar den ganzen Himmel aufwiege und ihn bestrafe.[77] Es spricht an dieser Stelle der Gestorbene, der eine Rede des Teufels protokolliert, der seinerseits zum Engel spricht: »Mich fasste Gottes Engel und der Höllische rief: Was beraubst Du mich, Du dort vom Himmel. Du trägst mir seinen ewigen Teil von dannen, ob eines Tränleins, das ihn mir genommen.« Im originalen Vorspann des Films sind die Worte »ob eines Tränleins« sogar gesperrt gesetzt.

Das Motiv der Träne erscheint auch im *Evangelium nach Matthäus*. In der einzigen von Pasolini zum Matthäusevangelium dazuerfundenen Episode, in welcher Christus sich, nach der wiederum wörtlich überlieferten Verleugnung seiner Mutter – im Film gespielt von Pasolinis eigener Mutter Susanna Colussi – in der Öffentlichkeit, zu deren Hause umdreht, läuft über die rechte Wange von Christus eine kleine, diskrete, jedoch überaus bedeutsame Träne.[78]

Das schon erwähnte Drama *Calderón* erhellt weitere Aspekte der Traumpoetik Pasolinis. Die drei Akte des Stücks stellen nicht nur – mit deutlichen Verweisen auf *Las Meniñas* von Velázquez, Michel Foucaults ›Heterotopologie‹, den NS-Genozid und, generalisiert, den exterminatorischen Einschluss[79] – eine Abrechnung mit einer irrenden Revolte, besonders in Gestalt des Revoltismus von 1968/69, dar, sondern ermöglichen Pasolini auch eine generellere Erörterung des Verhältnisses von Realität und Traum. Der Ideologe des Bürgertums, der den Traum der Arbeiter als Illusion denunziert, um von der Revolte der ›bürgerlichen Söhne‹ zu profitieren, denunziert den Traum allgemein als Irreführung. Der Traum, der nur ein Traum ist, der Traum, der keine Kraft hat, ins Leben einzuwirken, um dieses von seinen Beschränkungen wie von seinem Phantasma zu erlösen, entpuppt sich, weil er seine historische Aufgabe verfehlt, ohne sie loszuwerden, als eine Tragödie. Hier ist die apokalyptische Verzweiflung des Autors Pasolini bereits zu beobachten – wenn auch, es ist wiederum deutlich festzuhalten, nur in der Sphäre der politischen Diagnosen. Das Reale, das in sich nicht mehr die Kraft der

Hoffnung und die Berechtigung des Traums trägt, lässt das von seiner Geschichte getrennte Subjekt verzweifelt, leer, ohnmächtig zurück.

Die mögliche Verwirklichung des Traums macht die Grenze zwischen dem Träumen und der Empfindung von Realität allgemein durchlässig. Es gibt bei Pasolini aber schon vor der Phase einer vehementen gesellschaftspolitischen und kulturellen (nicht auch schon einer das ganze Leben umfassenden, also existenziellen) Verzweiflung keine starre Entgegensetzung von Traum und Wirklichkeit. Für Pasolini bleibt das Träumen des Traums eine entscheidende Quelle seiner poetischen Kreativität. Der Traum kann sich nur offenbaren, er kann sich nicht verwirklichen noch dient er als Inspiration oder gar Führung im Bewältigen der Realität. Die Inbesitznahme einer ›Sache‹ bedarf deren mythischer Entbergung aus sich selbst – wie in Pasolinis Roman *Der Traum von einer Sache*, für den Pasolini allerdings die für die angespielte Marx-Stelle typische unbegrenzte Kritik alles Bestehenden aus sich selbst heraus zurückweist, weil er im Unterschied zu Marx nicht an die Entwicklung der neuen Welt aus den Prinzipien und Widersprüchen der alten glaubt, die neue Welt bedarf eines existenziell ganz anderen Entwurfs, da der aus einer Revolutionierung der Technologien und Produktivkräfte gebildete Fortschritt in Wahrheit nicht zur Freiheit führe, sondern in eine neue Barbarei umschlage, die nicht mehr die instinktsichere Orientierungskraft der alten Barbarei oder die mythische Energie eines ›vitalen Lebens‹ habe.

So zeigt Pasolinis Gesamtwerk immer wieder den Prozess des Kämpfens, die Leidenschaften, das Aufbegehren und die Erfahrungen, den Prozess, die volle Entfaltung der träumerischen Aktivität, aber niemals deren Auflösung in einer historischen Funktion oder Resultante. Die Dialektik der poetisch radikalisierten Kraft des Traums ist für Pasolini kennzeichnend, auch im Abgesang auf ein apokalyptisch entfesseltes Bürgertum der globalen Nivellierung und Auslöschung aller Differenzen. Dazu hält der Pasolini-Kenner Peter Kammerer fest: »Pasolini hat sein Leben lang vom Traum nur geträumt – hat sich aber immer auf die Seite derer geschlagen, die als Unterdrückte dem großen Traum der Freiheit anhängen.«[80]

Als ein weiteres Beispiel für diese an den Calderón-Stoff anschließende Welt- und Wirklichkeitssicht kann das Titelbild zum Vorspann des Filmes *Che cosa sono le nuvole?* (1967; Was sind die Wolken?) herangezogen werden, in dem Pasolini eine Außensituation mit Stellwänden und Plakaten zeigt. Darunter, wie bereits erwähnt, als Bezug zur Geschichte der europäischen Malerei eine Reproduktion eines Ausschnittes des berühmten Bildes *Las Meniñas* von Diego Velázquez, das Pasolini nicht nur seit seinen Studien zur Kunstgeschichte kannte und das ihn neben anderen Vorbildern in der Licht- und Bildgestaltung leitete, sondern das er auch in der Deutung durch Michel Foucault aufgrund der Lektüre von dessen *Les mots et les choses* kannte.[81] Auf dieses Plakat sind quer verlaufende Schriftstreifen geklebt mit dem Filmtitel, dem Namen des Regisseurs und dem Vermerk »oggi« (heute). Ein weiteres Plakat, ein ebenfalls berühmtes Velázquez-Porträt des spanischen Königs Philip IV. zeigend, kündigt für »domani« (morgen) die Vorstellung eines von Pasolini zu jener Zeit geplanten, dann aber nicht realisierten Filmprojekts mit dem Titel »Le avventure del re maggio randaggio« an. In *Was sind die Wolken?* wird Shakespeares Othello paraphrasiert, unter Einbezug von

Velázquez und Calderón de la Barca. An einer Stelle wird nachdrücklich suggeriert, man befinde sich nicht nur in einem Traum, sondern in einem geschachtelten Traum, also Traum im Traum, genauer: im Traum im Inneren eines Traums. In *La ricotta* (1963) räsoniert Orson Welles in der Rolle des Regisseurs unter wörtlicher Verwendung von Sätzen und Passagen aus dem mit Beigaben als Buch gedruckten Szenario zu Pasolinis *Mamma Roma*, es handle sich hier um den Film eines Traums. Und am Schluss von *Decamerone* (1971) artikuliert ein poetisches Fragment: »Warum ein Werk realisieren, wenn es so schön ist, es nur zu träumen?«[82]

Als Motto zwischen Vorspann und Filmanfang von *Il fiore delle mille e una notte* (Erotische Geschichten aus 1001 Nacht), dem dritten und letzten Teil der *Trilogie des Lebens* von 1973, erscheint auf einer Texttafel der Satz: »La verità non sta in un solo sogno ma in molti sogni« (Die Wahrheit liegt nicht in einem Traum, sondern in vielen). In einem für Ninetto Davoli geschriebenen, während der Arbeit an diesem Film entstandenen Gedicht notiert Pasolini, die Reise des Lebens gestatte nur einem Traum, eine unmögliche, lebensumgreifende wie drohend-vernichtende Liebe zu wagen. Wie im Episodenfilm *Was sind die Wolken?* verstellt und zeigt sich zugleich die Wahrheit im Leben immer als ein ›Traum im Inneren eines Traumes‹. Ausgesprochen werden kann die Wahrheit im Leben nicht. Sie zeigt sich wie in einem Traum, nicht als Traum.

Im Film *1001 Nacht* erscheint der Ursprung der Geschichte wie ein Teppich, der in der Weise eines Traums gewebt ist. Das Bildwerk des Teppichs als Textil erweist sich identisch mit der ›rêverie‹, dem Gelebten des Lebens als Mosaik der Episoden, die nicht nach Logik oder Chronologie, sondern nach Intensität gebildet werden.[83] ›Weben‹ ist eine entscheidende Metapher für die Herstellung der Geschichte. Bedeutsam und für das Abendland mit anhaltender Wirkung formuliert werden Metaphorik wie Analytik des Textilen spätestens in der griechischen Mythologie. Seitdem ergeben sich daraus (›sind darin verwoben‹) systematische Berührungen mit der Theorie des Träumens und der linguistischen Theorie vom Funktionieren der Sprache als einer Generierung von Möglichkeitsbedingungen (Einrichten von Kette und Schuss) in aktualem Sprechen (›Weben‹).

In einem ebenso ausführlichen wie intensiven, in der Wohnung Pasolinis im römischen EUR-Viertel, an der Via Eufrate, täglich von 14 bis 16 Uhr, also zur Siesta-Zeit während zehn Tagen innerhalb von zwei Wochen geführten Interview, das Jon Halliday mit dem damals mit dem Schnitt von *Teorema* beschäftigten Pasolini auf Italienisch führte und dann ins Englische übertrug, geht Pasolini weiter auf das Verhältnis von Traum und Film ein. Als Buch sind die außerordentlich klaren und informativen Gespräche zuerst auf Englisch in der legendären Cinema One Series erschienen unter einem Pseudonym Hallidays: Oswald Stack.

Auf die Frage Hallidays zu den in der Gegenwart spielenden Traumsequenzen am Beginn und am Ende des Films *Edipo Re*, zum Wesen und zu den Möglichkeiten der Kinematografie sowie zur Problematik eines aus individueller Perspektive erzählten kollektiven Mythos merkt Pasolini an: »Ich denke, das hängt damit zusammen, daß der Anfang des Films am genialsten ist, weil er auf recht eigentümliche Weise meine frühe Kindheit beschwört, und zwar nicht emotional, sondern streng funktional und synthetisch, was mich dazu zwang, lyrisch zu sein, wie man das bei Dingen der Erinnerung immer sein muß, und gleichzeitig das Material ganz streng im Griff zu behalten. Ich glaube, daß der Prolog von *Edipo Re* zu den besten Sachen gehört, die ich je gemacht habe. Sicher ist die Beschwörung des Mythos weniger genial, konstruierter. Ich wollte den Mythos als Traum wiedererschaffen. Ich wollte, daß der gesamte mittlere Teil des Films, also fast der ganze Film, eine Art Traum ist, und daraus erklärt sich die Wahl der Kostüme und Schauplätze und der Gesamtrhythmus des Werks. Ich wollte, daß eine Art ästhetisierter Traum herauskommt. Vielleicht ist der mittlere Teil nicht so gut, doch das hat, glaube ich, nichts damit zu tun, daß niemand den gesamten Mythos in sich hat. Ich wollte den Mythos wie einen Traum darstellen, und konnte das nur, indem ich ihn ästhetisierte. Wahrscheinlich ist es das, was stört.«[84]

Halliday bringt im Weiteren die Beschreibung des Filmes als eines ›Traumhaften‹ durch Pasolini in dessen im Rahmen des Filmfestivals in Pesaro 1965 gehaltenen und auch auf Englisch publizierten Vortrag »Il Cinema di poesia« (Das Kino der Poesie) kritisch zur Sprache. Er verweist darauf, dass die enge Beziehung zwischen Film und Traum nicht per se am Status des Bildlichen liege, sondern daran, dass, im Unterschied zur Literatur, der Filmregisseur, zumal wenn er wie Pasolini selbst die Kamera führt, Produzent direkter, dementsprechend inszenierbarer Bilder sein kann. Es gehe doch dem Inszenieren von Traumbildern im Film wegen der Kontrolle durch das Bewusstsein und eine durch und durch intentionale Inszenierung die für das Träumen konstitutive Spontaneität ab.

Auf einen Einwand des Gesprächspartners bezüglich der Behauptung, im Film sei das Träumen wie im Traum und nicht erst durch eine technische Apparatur möglich, also künstlich erzeugt, antwortet Pasolini: »Als ich das Kino als traumhaft bezeichnete, habe ich das nicht besonders ernstgenommen, sondern nur so hingesagt, beiläufig. Ich habe damit nichts anderes gemeint, als daß Bilder traumhafter sind als Worte. Träume sind kinematographisch, nicht literarisch. Sogar das Bild eines Geräusches wie z.B. eines Donnerkrachens in einem bewölkten Himmel ist irgendwie ungemein geheimnisvoller als die poetischste Beschreibung, die sich ein Schriftsteller einfallen lassen mag. Während ein Schriftsteller Traumhaftigkeit nur durch eine sehr komplizierte linguistische Operation herstellen kann, ist der Film in physischer Hinsicht Geräuschen einfach näher, da bedarf es keiner Ausschmückung. Man braucht nur einen bewölkten Himmel und Donnerkrachen, und schon ist man dem Geheimnis und der Vielschichtigkeit der Wirklichkeit nahe.«[85]

Halliday bemerkt daraufhin, dass Traumszenen meistens zu den schwächsten Sequenzen von Filmen gehören. Genau besehen hätten beispielsweise Fellinis Traumszenen nichts mit Träumen zu tun. In der Tat kann man dessen Traumszenen eher mit bestimmten Darstellungskonventionen in der Tradition der Opera buffa oder der Commedia dell'arte in Verbindung bringen als mit den genuinen linguistischen oder poetischen Implikationen der audiovisuellen Apparatur. Pasolini führt den Gedanken weiter aus: »Das hat einfach damit zu tun, daß das Kino bereits ein Traum ist. Fellinis Filme sind ganz besonders traumhaft, und das in voller Absicht: Alles wird als eine Art Traum gesehen, als eine Art surrealistische und traumhafte Deformation. Deshalb ist es natürlich schwierig, in einem Film, der bereits die

Merkmale eines Traumes hat, einen Traum einzubauen. Aber nehmen Sie z.B. Bergman: Seine Filme sind weit weniger traumhaft, vielleicht geheimnisvoller, aber auf den ersten Blick weniger traumhaft – der Traum in ›Wilde Erdbeeren‹ ist bemerkenswert, er kommt dem, wie Träume wirklich sind, ziemlich nahe.«[86]

Seine zentralen Überlegungen zum Verhältnis von Kinematografie, Traum und Film fasst Pasolini wie folgt zusammen: »Meiner Auffassung nach ist das Kino grundsätzlich und seinem Wesen nach poetisch, und zwar aus den angeführten Gründen: weil es traumhaft ist, weil es Träumen nahe ist, weil Film- und Erinnerungs- bzw. Traumsequenzen – und die darin vorkommenden Dinge – zutiefst poetisch sind. Ein photographierter Baum ist poetisch, ein photographiertes Gesicht ist poetisch, weil die physische Qualität für sich poetisch ist, weil es eine Erscheinung ist, weil es voll des Geheimnisses ist, voll der Vielschichtigkeit, der Mehrdeutigkeit, weil sogar ein Baum Zeichen eines sprachlichen Systems ist. Wer spricht aber durch einen Baum? [...] die Wirklichkeit selbst. Daher setzt uns der Baum als Zeichen mit einem geheimnisvollen Sprecher in Verbindung. Daher ist das Kino, indem es Gegenstände unmittelbar materiell reproduziert usw. usw., seinem Wesen nach poetisch. Das ist nur ein Aspekt des Problems, ein sozusagen prähistorischer, fast präkinematographischer Aspekt. In der Folge haben wir ein Kino vor uns, das eine geschichtliche Tatsache geworden ist, ein Mittel der Kommunikation, und als solches beginnt es auch, wie alle Kommunikationsmittel, verschiedene Unterarten zu entfalten. Wie die Literatur hat auch das Kino eine Sprache für die Prosa und eine Sprache für die Dichtung. Um diesen Zusammenhang ging es mir. Und so gesehen, müssen Sie hier vergessen, daß das Kino seinem Wesen nach poetisch ist, weil es eine Art der Dichtung ist, die – ich wiederhole mich – prähistorisch, amorph, unnatürlich ist. Selbst wenn Sie sich einen alten Werbefilm oder eine Stelle aus dem banalsten Western ansehen, der je gedreht wurde, und einen unkonventionellen Standpunkt einnehmen, werden Sie die traumhafte und poetische Qualität wahrnehmen, die das Kino materiell und seinem Wesen nach hat – und dennoch ist das nicht das Kino der Dichtung. Das Kino der Dichtung ist ein Kino, das sich einer bestimmten Technik bedient, wie ein Dichter sich einer bestimmten Technik bedient, wenn er Verse zu Papier bringt. Wenn Sie einen Gedichtband aufmachen, erkennen Sie also sofort Stil, Reim usw. Sie sehen die Sprache als Instrument, zählen die Silben eines Verses. Aufgrund bestimmter Momente der Kamerabewegung und des Schnitts, findet man in einem Film-Text Äquivalente dessen, was man in einem dichterischen Text findet. Filme zu machen ist also Dichter sein.«[87]

Die Arbeit eines Cineasten und Poeten ist immer auch die Arbeit eines mythologisch versierten Traumkundigen. Und dies besonders im Falle Pasolinis, der in seinen letzten Lebensjahren zunehmend überzeugt war, Kinematografie könne den alten alchemistischen Traum von der Befreiung einer mythologischen Materie durch Vereinigung von Technik und Mythos in der genuinen modernen Gesellschaft gegenständlich realisieren.

Man versteht das prototypische Konzept der Kreativität bei Pasolini nun besser, zumal im Hinblick auf seine Ästhetik des In-der-Schwebe-Lassens, der möglichst weitgehenden und möglichst lang andauernden Offenheit in der Nicht-Entscheidung zwischen vitalem Prozess und im Werk erstarrter Lebendigkeit.

In einem – bereits erwähnten – Interview in Rom 1966, Bestandteil eines filmischen Porträts für das französische Fernsehen, das den originalen Lebensorten, Wohnungen, Schauplätzen des Cineasten nachgeht,[88] sagt Pasolini in seinem eigenwilligen Französisch, das trotz aller Reduktionen und gesprochenen Unbeholfenheiten in der Tiefe äußerst genau ist und seine Gedanken ohne jeden Abstrich formulierbar werden lässt, auf die Frage, ob er Schwierigkeiten beim Arbeiten habe, ja, er habe, wie üblich, immense Schwierigkeiten beim Arbeiten. Immer gehe es darum, zu gewinnen oder zu sterben, das sei anstrengend und herausfordernd, er gehe immer an die Grenze der entwickelten Aufgabe und seiner Obsessionen. Wie er sich denn seine ungewöhnliche Kreativität (gerade in der damaligen Zeit) erkläre, so die nachfolgende Frage. Er wisse noch nicht oder habe sich noch nicht entschieden, zu gewinnen oder zu sterben, lautet die Antwort.

Besser kann man in Kürze die Dialektik des kreativen Menschen oder der künstlerisch-literarischen Produktivität nicht beschreiben. Der schöpferische Mensch formuliert sich in allergrößter Entschiedenheit und hält doch, so lange wie irgend möglich, alles in der Schwebe. Nicht als Ambivalenz, sondern als fragiles Gleichgewicht zwischen den radikalen Wegen, Optionen, Werken. Zugleich wird darin eine Tragödie der Poesie umschrieben, die, wie ephemer auch immer, immer nur ein einziges Werk in und zu einem einzigen Moment sein kann, also alles andere je momentan ausschließt. In ihr wird das Leben ein Sterben, das als Leben gelingt. Eben das ist der paradoxe Kern der Kunst und der Schlüssel zum Verständnis für die Arbeitsweise und die schöpferische Potenz Pasolinis. Techniken, Medien, Gattungen wechselt er, um dem Stillstand zu entgehen, um alles noch einmal von vorne neu machen zu können. Etwas neu machen, bedeutet, etwas anders machen zu können, um es als ein Gleiches durch verschiebende Wiederholung zu einem Anderen werden zu lassen. Insofern ist der Film nicht die Fortsetzung der Literatur mit anderen Mitteln, handelt es sich auch nicht um ›Schriftstellerfilme‹, wie kleine und unbegabtere Geister gegen Pasolini monierten, weil sie von säuberlichen, einfachen und reichlich neurotisch motivierten Trennungen ausgingen. Sondern es handelt sich um die Neuerfindung der Literatur durch und als Film, genauso wie die Rückkehr zum Roman *Petrolio* in den letzten Jahren des Lebens die Neuerfindung des Romans aus dem Geiste des Films war, was die komplexe Montagetechnik und die Tatsache belegen, dass das veröffentlichte Fragment des Romans dessen epische Realisierung wie zugleich den poetologischen Kommentar zum Roman realisiert und das Filmische der Montagen und Schichtungen daran überaus deutlich sichtbar werden lässt.

Es ist nun an der Zeit, einen extern deutenden Blick auf eine solche Auffassung des Schöpferischen als einer fatalen Dialektik von Gelingen und Sterben, Poetik und Tod, Mimesis und Destruktion zu werfen. Das geschieht nachfolgend mit Anton Ehrenzweig, der in seinen Ausführungen nirgends Pasolini direkt im Blick hat, was die mögliche Nützlichkeit für und Übertragbarkeit seiner Analyse auf ›unseren Fall‹ umso bedeutender werden zu lassen verspricht.

Pasolinis Selbstdeutung des Oszillierens zwischen Gewinnen und Sterben als Ausdruck der Haltung, alles möglichst lange in der Schwebe zu lassen, markiert eine Denkweise, die Anton Ehrenzweig in seinem bahnbrechenden, jedoch relativ unbekannt gebliebenen Werk von 1967 *The Hidden Order of Art. A Study in the Psychology of Artistic Imagination* analysiert.[89] In dieser auch kunsttheoretisch aufschlussreichen Studie, die im Kontakt mit vielen profilierten Künstlerinnen und Künstlern in den Jahrzehnten des Exils entstand, entwickelt er insbesondere eine tiefgreifende Auffassung von den psychodynamisch ›unterliegenden‹ Subroutinen als schizoide Erfahrungen und Bedingtheiten künstlerischer Intensität an der Grenze zu einer psychotisch gefährdenden Durchlässigkeit. Daran wird unabwendbar deutlich, dass Kreativität und Destruktivität in sich verschlungen sind und eine komplexe, unauflösliche Beziehung eingehen.

Unruhe und Grenzüberschreitung ergeben sich demnach zugleich als genetische Faktoren wie als geltungsregulative Prinzipien des künstlerischen Schaffens. Die daraus abgeleiteten Ziele einer Intensivierung der Wahrnehmung und Stimulierung aller lebendigen Voraussetzungen und Implikationen für den kreativen Prozess wirken normativ und existenziell gleichermaßen – zumindest für außergewöhnliche Veranlagungen. Im Alltag würde ein ›normaler‹ Organismus, der solches im Ernst anstrebte, in kurzer Zeit zugrunde gehen. Eben das ist typisch für die gefährdete Daseinsweise und die Manierismen in der Bildnerei der Geisteskranken[90] wie überhaupt für eine Psychopathologie der kreativen Schöpfung,[91] aber auch für Stil und Mentalität, Konzept und Geisteswelt des Manierismus, ja: der Manierismen generell. Auch hierfür ist bezeichnend, dass Pasolini sich bildnerisch mit Vorliebe, neben Giotto und Masaccio, auf diese Epoche bezieht, in der die neuzeitlich prägenden Bildformen programmatisch und konzeptuell, also ›post-naiv‹ deutlich werden.

Aber als Maxime künstlerischen Experimentierens, als Haltung, erst recht auch als eine konstruierbare Realität des künstlerischen Arbeitens, beschreibt ein solches Vorhaben ein Projekt, das auf die primären Energien zielt und damit in einen analogisierbaren, intimen Bezug zur Traumsphäre und zu den Traumprozessen eintritt. Nichts auszulassen, alles zuzulassen, stets im Zustand überkomplexer Beanspruchung zu leben, jederzeit bereit zu sein für Widerrufe, Rücknahmen, Verschiebungen, Umformungen – das beschreibt die Insistenz auf die nach-konventionale, post-dogmatische, selbstverantwortete moderne Kunst und verweist gleichermaßen auf konstitutive Kategorien des Traumgeschehens. Betrachtungen zum Traum, besonders zur Sphäre der Traumaktivitäten (und nicht nur zum Traum als Resultat) erfolgen nicht selten mit Verweis auf bildende Kunst. In systematisch bedeutsamer Weise geschieht dies bei Ehrenzweig, der in seinem in deutscher Übersetzung mit einem ungenauen, ja irreführenden Titel ausgestatteten Buch *Ordnung im Chaos. Das Unbewußte in der Kunst. Ein grundlegender Beitrag zum Verständnis der modernen Kunst* diese beiden Sphären eng miteinander verklammert.[92]

Den ›künstlerischen Stoffwechsel‹ (Metabolismus) als Moment einer permanenten Metamorphose betrachten, in der jedes Moment ein ephemeres, aber zugleich spezifisches, also ebenso unwiederbringliches wie unhaltbares ist, auf Dauer wenigstens, an der Grenze, stets am Limit des Überfordertseins: Das markiert wesentliche Umschreibungen künstlerischer Prozesse ebenso wie den psychischen Primärprozess, der ja in seiner Dynamik abgedrängt wird wegen der Angstpotenziale, die ihm in großer Intensität innewohnen. Die Bereitschaft zur Vermeidung von Filtern macht den Akt künstlerischer Entscheidung existenziell und beschreibt zugleich eine andauernde Normalität des Primärprozesses. Nach Freuds Klassifikation ist, wie Theodore Lidz erläutert,[93] die ›Denkkategorie‹ im Primärprozess ein Denken, das strikt und gänzlich unbewusst abläuft, wohingegen ›Denken‹ im Sekundärprozess eine Orientierung an der Realität und entsprechende Existenzsicherung beinhaltet – sei sie eher reflexiv, sei sie eher intuitiv. Der Primärprozess bereitet den Sekundärprozess vor. Der Primärprozess sei vorrangig zugänglich über Traumvorgänge, also forschende Darstellung. Diese etabliert Rationalität als Organisation des ebenso diffusen wie gefährlichen Primärprozesses in Übereinstimmung mit den Forderungen des Über-Ichs und der dem Ich zugänglichen Realitätsprüfung. Dennoch können der sekundäre Prozess nicht schlicht als verstümmelte Reorganisation des primären, der primäre nicht als unvollkommene oder ›rohe‹ Latenz des sekundären verstanden werden. Die Träume fallen mit dem Primärprozess nicht zusammen, dieser geht nicht in ihnen auf. Übergangsformen zwischen Primär- und Sekundärprozessen finden sich in Fantasie, Halbwachzuständen, Traum, Spiel etc. Im weitesten Sinne ist dazu wohl auch die Kunst zu rechnen, auch wenn Künstler und ihre Erfahrungen in der Lage sind, eine andere Hierarchie und Gewichtung zwischen Primär- und Sekundärprozess vorzunehmen.

Denn die so stark gesuchte und erwünschte, idealiter unaufhörlich und ein Leben lang expandierende Wahrnehmung des Künstlers, die Reduktion der Filter, zwingen ihn zur stetigen Reformulierung, Durcharbeitung, Artikulation der in Rahmungen gefassten Fragmente des Wahrnehmungsprozesses – genau das versucht das Subjekt im Alltäglichen durch Routinebildung, d.h. Laufenlassen der automatisierten Bearbeitung der Substrukturen zu vermeiden. Künstler intendieren dagegen vorzugsweise, Objekte der Wahrnehmung im Zustand eines Möglichen zu halten, in der Schwebe zu verharren, an der Schwelle der Realisierungen Aufschübe zu erzielen, in einer Vorphase des Ermöglichenden und deshalb Virtuellen alle Handlungsoptionen offenzuhalten. Die stetige Artikulation bewegt sich immer inmitten einer Überfülle des Materials oder der psychischen Organisationsformen. Solche beschreibt Anton Ehrenzweig als eine Insistenz im Primärprozess, der für die künstlerische Bewegung vor aller sekundären Setzung, Gliederung, Organisation oder Ordnung entscheidend ist. Ehrenzweig verdeutlicht immer wieder, an sehr unterschiedlichen Beispielen aus zahlreichen künstlerischen Sparten, aber auch aus dem psychologischen Universum: Die künstlerische Struktur ist ihrem Wesen nach ›polyphon‹, Kreativität erfordert eine ›zerstreute Aufmerksamkeit‹, die der Logifizierung der chaotischen Empirie und der grundlegenden Erfahrungen zuwiderläuft.[94]

Schöpferische Aufmerksamkeit kann sich an den belastenden Grenzen der Intensität durchaus psychotisch auswirken. Künstlerisch geformt werden kann sie nur, wenn differenzierende wie entdifferenzierende Momente des Wahrnehmungsprozesses erhalten bleiben, ohne sich stabil oder restlos in ein Drittes aufzulösen. Deshalb schließt Kreativität Selbstzerstörung mit ein. Das kann man struktural (synchron) und historisch (diachron) verstehen. Im Verlaufe des Lebens werden schöpferische zunehmend auch durch destruktive Prozesse markiert. Und in jedem Akt der kreativen Erzeugung realisiert sich nicht so sehr eine geniale Souveränität, die dem dialektischen System der idealistischen Subjektphilosophie (ästhetische Entäußerungsontologie) Genüge tun könnte, sondern vielmehr eine Umformung des Destruktiven in ein gefährdetes und immer nur partiell gelingendes Schöpferisches. Unbewusste Nicht-Differenzierung und bewusste Differenzierung halten im künstlerischen Prozess die Balance.

Im Unterschied zum Träumen – mindestens in seinen normalen Aspekten und Bezügen –, das sich nicht verbraucht oder verzehrt und das, von Grenzwerten der Auslösung von Traumata, psychotischen Schüben und dergleichen abgesehen, nicht auf Dauer destruktiv oder ressourcenvernichtend vonstattengeht, wurzeln die Substrukturen der Kunst nicht zuletzt in den sie ambivalent nährenden wie gefährdenden, jedenfalls stets gefährlichen Dimensionen der primären Energien. Eben deshalb sind sie auch als (Herausforderung an die) Befähigung des Künstlers markiert, exakt mit diesen Phänomenen der Setzung und Entscheidung bestimmt-bestimmend umzugehen. Das bleibt eine spezifische Fähigkeit des künstlerischen Prozesses und der entsprechenden Befähigung von Individuen. Demgemäß bezeichnen Unruhe, Dynamik und die Bereitschaft zum überlastenden Überflutenlassen aller Wahrnehmungskanäle auch eine Bereitschaft, nichts nicht bewusst wahrnehmen zu wollen, alles aufzunehmen, sich, so weit es irgend geht, stetig auf ein Weiteres im Horizont des Wahrnehmbaren einzulassen, Filter zurückzustellen, Ordnungen aufzuschieben, ›Verstehen‹ nur aktuell/aktualgenetisch, nicht aber als ein ›Verstanden-Haben‹ gelten zu lassen. Diese Bereitschaft stellt die genuine Befähigung zur Kunst dar. Die Ordnungen bleiben bestimmend in ihrer verborgenen Unruhe, in der sie nicht mehr sie selbst sind, sondern das, was nur partiell angemessen aus chaotischen Systemen oder Qualitäten hervorgeht. Kunstwerke realisieren sich als Resonanzräume und Effekte dieser Wirkungen und eben nicht als deren bewältigende Ordnungen, Transfigurationen, Durcharbeitungen und Sublimationen, wie das eine hermeneutisch-diskursiv verselbstständigte (und das bewältigende Verstehen systematisch überzeichnende) Psychoanalyse der exzeptionellen Bewältigungen des Primären durch die Kunst meist dogmatisch als Besonderheit des Ästhetischen in der Psyche des Künstlers herausarbeiten will.

Nicht nur dem normalen, sondern jedem, auch einem künstlerischen Bewusstsein erscheinen die undifferenzierten Sehweisen, die für die primäre Einwirkung der empirischen Zerstreutheit oder Mannigfaltigkeit nötig sind, als chaotisch, bedrängend, nicht selten gar bedrohend. Aber der künstlerische Umgang damit unterscheidet sich darin vom Alltäglichen, dass nicht Ordnung hergestellt und das Drängende am Primären überwältigt, bewältigt, geordnet wird, sondern dass diesem eine maximale Ambivalenz und eine drängende Unruhe als Eigenschaft der wirksamen Substrukturen erhalten bleiben müssen – und auch erhalten bleiben können. Das Werk sublimiert deshalb nicht, sondern markiert Energiezustände im Prozess einer gleichzeitig erfolgenden Differenzierung wie Entdifferenzierung, durch welche die erstarrten Ordnungen wieder ins Fließen geraten können und ein Gefügtes in Unruhe und Unordnung übergeht.

Angefüllt mit polar wirkenden Energien, psychotischem Material, ist es der intuitive Primärprozess, in dem ein evidenter Zugang zur künstlerischen Erfahrung bestimmend bleibt. Von ihm sich Rechenschaft abzulegen bedarf des rekonstruktiven Durcharbeitens der Verstellungen durch den Sekundärprozess, zu dem sinnhaft gegliederte Episteme ebenso zählen wie bereinigte Ordnungen von Dingen und Wahrnehmungsdaten, zu Werken gefasste Prozesse des Schöpferischen. In diesem gibt es weniger Realisierungen als vielmehr Verdichtungen und Verschiebungen. Analog der Traumsphäre ergeben sich Aktivitätsmuster in Subroutinen und Untergliederungen, in denen ein Bedrohliches immer sowohl als Eigenes wie als Fremdes am Werk bleibt. Deshalb muss der Künstler sein Werk betrachten als eines, über das er nicht zu verfügen vermag. Differenzen bleiben erhalten, partiell, als alte verharrend wie als neue sich aufdrängend. Der Künstler realisiert ein Eigenes im Fremdbleiben der Resistenz des Verwirklichten. Das Eigene tritt ihm partiell als Fremdes entgegen. Die Bedrohungen erhalten sich, erledigen sich nicht, Re-Integrationen in das eigene Schaffen erweisen sich immer nur als partiell möglich.

Der schöpferische Prozess wird von Anton Ehrenzweig so formuliert: »In der Kreativität werden äußere und innere Wirklichkeit stets gemeinsam durch ein und denselben unteilbaren Prozeß organisiert. Auch der Künstler sieht sich bei seiner Arbeit einem Chaos gegenüber, bevor unbewußtes Prüfen (unconscious scanning) die Integration sowohl seines Werkes als auch seiner Persönlichkeit herbeiführt. Ich vertrete die Auffassung, daß dieses unbewußte Prüfen sich undifferenzierter Sehweisen bedient, die dem normalen Bewußtsein chaotisch erscheinen würden.«[95]

Relativ ähnlich kann die Sphäre des Traums gekennzeichnet werden. Ehrenzweig, dessen Interessen kunstphilosophische wie psychologische im weitesten Sinne sind, untersucht die unterliegenden Strukturen des psychoanalytisch meist auf Sublimination eingeschworenen Schaffensprozesses. Dessen Logik sieht er in den Akzentuierungen einer Öffnung gegenüber den intuitiven Erschließungen, die lebensgeschichtlich ungefiltert und ohne Zensur stattfinden, deren Überlebenssicherung aber zunehmend den Einsatz von Filtern und Zensuren bedingt. Diese Umwandlung der primären Energien in geordnete, Psychose abwehrende Kräfte sichert die Ordnung des Lebens wie der Kunst. Aber nur, wer auf den ersten ungefilterten Eindrücken z.B. von provokativer moderner Kunst zu bestehen, an diese zu erinnern und sie rettend offenzuhalten vermag, der hat ein Reales dieser Kunst ergriffen und in sich aufbewahrt.

Es ist nicht der sekundäre Sinndeutungs-, sondern der primäre Evidenzprozess, der solche Stofflichkeit der Erfahrung sichert. Es geht hier nicht um Entdifferenzierung oder gar antizivilisatorische Barbarisierung wilden Erlebens. Denn nur wer hinter den Sekundärprozess zumindest partiell zurückgehen kann, vermag dessen Leistungen zu erfahren und einzuschätzen. Wer nur diesen hat, geht in ihm unterschiedslos auf und hat kein Bewusstsein davon – wie der Fisch im Wasser kein Differenzierungsbewusstsein hat, sondern nur eine vitale Evidenz von Wasser empfinden kann. Der Preis der zivilisatorischen Ordnung und der Abstraktion vom Intuitiven allerdings ist die Substitution oder mindestens verdeckende Überlagerung des primären durch einen sekundären Prozess. An die Stelle des polymorphen ›wilden‹ Erlebens tritt die hermeneutische Sinnerzeugung, die Organisation der Erfahrungen nach Bedingungen von Sinn und Bedeutung. Wahrnehmungen wiederum werden flüssiger oder flexibler, »wenn wir in tiefere Bewußtseinsschichten vordringen, zu Träumen, Träumereien, unterschwelligen Vorstellungen oder den traumhaften Visionen des schöpferischen Zustandes«.[96]

Der Sekundärprozess wiederum, wie er für die Bändigung einer entdifferenzierenden ästhetischen Erfahrung und künstlerischen Kreativität typisch ist, kennzeichnet auch die sekundäre Bearbeitung beim Traumgedächtnis. »Der Originaltraum hat augenscheinlich die zusammenhanglose und chaotische Gestalt des Primärprozesses. Wenn wir nach dem Erwachen versuchen, uns an den Traum zu erinnern, versehen wir ihn naturgemäß mit einer besseren Gestalt, wir beseitigen scheinbar überflüssige Einzelheiten, wir überbrücken Sprünge und füllen Lücken aus. [...] Freud konnte etwas von der verlorenen Substanz des Traumes wieder einfangen, indem er seine Patienten zu freien Assoziationen anhielt, aber das allein genügte nicht, um die ursprüngliche unkorrigierte Struktur des Traums wiederherzustellen. Durch den Wechsel der Aufmerksamkeit von einer zerstreuten, traumhaften Stufe auf den engen Blickpunkt des alltäglichen Sehens war die Struktur verlorengegangen. Freud bemerkte auch, daß die sekundäre Bearbeitung des Traumes vom Über-Ich gesteuert wurde, um die unbewußten, höchst bedeutsamen symbolischen Details, die sich als unwichtig und überflüssig maskiert hatten, auszulöschen. Es besteht kaum ein Zweifel, daß die sekundäre Bearbeitung der Kunst in derselben Weise gesteuert wird.«[97]

Der Traum hat keine stoffliche Affinität zur Kunst. Zumindest aus der Sicht Ehrenzweigs geht es nicht um die üblichen Behauptungen einer Ähnlichkeit oder eines formbildenden Gleichklangs zwischen Kunst und Traum, der in Zeichen der Imagination, der Bildkraft oder der Fantasie ausgedrückt würde. Vielmehr sieht er die Ähnlichkeit in der Gleichwertigkeit ihres Schillerns zwischen dem primären und dem sekundären Prozess, genauer: in ihrer Divergenz bezüglich der Bearbeitungen des Umgangs mit einer primären Schicht. Kunst fordert Öffnung, Traum verschließt, Traum formt um, Kunst muss schlechterdings – auch um den Preis gefahrvoll einwirkender Psychosen – auf dem Rekurs auf das Primäre bestehen.

Was im Traum sich absenkt und als Automatismus der Materialformung dargestellt werden kann und was als Ausdruck der Erinnerung an etwas Verschobenes sich ausdrückt (also in komplexen Nachbildungen), das erweist sich dem Künstler als eine Herausforderung. Er möchte die Resistenz des ambivalenten Materials in seiner ihm überlegenen, also potenziell bedrohlichen Komplexität erhalten wissen. Zugleich möchte er diese Ambivalenz nicht dem Automatismus der onirischen Aktivität überlassen, sondern mit gesteigertem Wachbewusstsein verbinden, weil anders ja die primären und intuitiven, entregelten Triebinhalte und Kräfte nicht intentional modelliert werden können. »Es ist das Vorrecht des Künstlers, die Vieldeutigkeit des Träumens mit den Spannungen äußerster Wachheit zu verbinden.«[98] Künstlerisches Schaffen ist Entäußerung, Umformung, Medialisierung von zugrunde liegendem Material und steht am Ende des Prozesses einer Vision oder eines Tagtraums.

Sowohl der Traum als auch die Wachvision beziehen »ihre plastische Qualität aus einer unbewußten Substruktur«.[99] Diese Substruktur ist immer unbewusst, obwohl gerade die moderne Kunst, seit der Epoche der Primitivierung des Ausdrucksvermögens in der Folge von Cézanne über Futurismus, Kubismus, Dadaismus bis zum Surrealismus, mit großen Anstrengungen eine Freilegung der unterliegenden Gehalte angestrebt hat.[100]

»Gewiß, bei einem Großteil der modernen Kunst wurde die rationale Superstruktur abgerissen und die gewöhnlich verborgene Substruktur zur Schau gestellt [...]. Der Rest der Gebrochenheit, den ein modernes Kunstwerk noch enthält, kann als Überbleibsel jener Projektion und Zersplitterung aufgefaßt werden, die die erste schizoide Phase der Kreativität kennzeichnen. Und in dem Maße, wie ein solcher Rest noch vorhanden ist, haftet dem Werk auch etwas von den nachfolgenden (paranoid-schizoiden) Ängsten an. Ich habe dargelegt, wie dieser Rest von Gebrochenheit durch unbewußte Differenzierung auf einer tieferen Stufe ausgeglichen wird.«[101] Der schöpferische oder kreative Prozess gliedert sich nach Ehrenzweig in drei Phasen: Erstens ein schizoides Anfangsstadium, »in dem gebrochene Teile des Ichs auf die Arbeit projiziert werden; unerkannte abgespaltene Elemente erscheinen dann leicht als zufällig, brüchig, unerwünscht und quälend«.[102] Zweitens eine ›manische Phase‹, die einen Prüfungsvorgang einleitet, der jedoch immer noch gänzlich unbewusst abläuft. Damit wird eine Substruktur der Kunst integrativ aufgenommen und organisiert, ohne dass die zerbrochene Oberflächenstruktur (modern: Unmöglichkeit der Verwirklichung eines organischen Werks; Fragmentbewusstsein seit der Romantik) dadurch verdeckt oder verstellt, geleugnet oder bereinigt würde. Ehrenzweig kennzeichnet das dritte Stadium wie folgt: »Im dritten Stadium der Introjektion wird ein Teil der verborgenen Substruktur des Werks auf einer höheren Mentalstufe in das Ich des Künstlers zurückgenommen.«[103] Projektion und Introjektion verlaufen also auf mehreren Stufen jeweils in einem zweiphasigen Rhythmus. Bezogen auf diese Kategorien kann der dreistufige Prozess der schöpferischen Arbeit, für die Kunst ein hochstufiges Modell, aber keineswegs eine Norm darstellt, nochmals anders akzentuiert werden. Ehrenzweig unternimmt dies mit Verweis auf Melanie Kleins These vom depressiven Aspekt der Kreativität.

Die erste Phase der freien Projektion und Spaltung ist »mit schizoid-paranoiden Ängsten angefüllt«.[104] In einer zweiten Phase entwickelt der Künstler ein Modell, das ihm mittels eines Werks ermöglicht, die Vorstellung eines ›Wohlwollens‹ (Klein und Ehrenzweig sprechen auch von einer ›Mutterfigur‹) zu entwickeln, mittels dessen es möglich ist, »das gespaltene Material aufzunehmen und zu integrieren«.[105] Und, nochmals mit anderen Worten, zur für die mögliche Stabilisierung des kreativen Prozesses, also auch die Ästhetik eines In-der-Schwebe-

Lassens entscheidenden dritten Phase: »In der dritten Phase der Kreativität findet eine partielle Reintrojektion der ozeanischen Vorstellungen in das Bewußtsein statt. Weil die aber nur partiell ist, bleibt der Rest verdrängt und bildet die unbewußte Substruktur der Kunst. Ferner schließt [...] der Wiedereintritt in das bewußte Ich eine sekundäre Bearbeitung ein. Scharf konzentrierte bewußte Wahrnehmung kann den Schwung undifferenzierter Vorstellungen nicht erfassen. Daraus erklärt sich, warum als Endergebnis der schöpferischen Arbeit nie die volle Integration erreicht werden kann, die in der zweiten, ozeanisch-manischen Phase der Kreativität möglich ist. Depressive Angst ist die unausbleibliche Folge. Der schöpferische Geist muß fähig sein, Unvollkommenheit zu ertragen.«[106]

In der dritten Phase der Reintrojektion werde dementsprechend die unabhängige Existenz des Kunstwerks am stärksten spürbar. Es werde zu einem Gegenüber, entziehe sich, erweise sich als Fremdes, Eigenständiges, präsentiere sich niemals als organisch und symbiotisch Eigenes. Kennzeichen unbewusster Wahrnehmung ist ihre strukturelle Kraft im Hinblick auf Entdifferenzierung, also Zurückweisung und partielle, vorlaufende Aufhebung der Differenzierung, deren stetige Kontrolle Kennzeichen des sekundären Prozesses (Sinn, Hermeneutik, Zivilisation etc.) ist.

In dem Maße, wie die Entdifferenzierung als solches Strukturprinzip anerkannt wird, kann »der Primärprozess vom Beigeschmack des Chaotischen, der ihm viel zu lange angehaftet hat«,[107] befreit werden. Wahrnehmung gehört zur Ich-Sphäre und bildet eine Funktion der Ich-Sicherung aus. Die unbewusste Substruktur verwirft die auf Sinn orientierte Ordnung der Wahrnehmung. Sie ist oft als Chaos und Bedrohung encodiert worden. Aber das gilt nur, solange die notwendige Kraft der Entdifferenzierung für die stetige Bearbeitung der primären Schichten an den Grenzen des eingreifenden und sich allzu souverän wähnenden Sekundärprozesses neutralisiert statt in der rettenden Funktion der Unordnung eigenständig bewertet wird. Wie immer die Logifizierung der Imagination und die diskursive Organisation der Erkenntnisvermögen verstanden werden, immer muss auf die lebendige, vitale, deregulativ funktionierende Substruktur als Notwendigkeit des gesamten Prozesses verwiesen werden. Eben deshalb werden Entdifferenzierung und Destruktivität nicht nur als Voraussetzung, sondern immer auch inmitten des kreativen Prozesses als dessen Ferment und Notwendigkeit geltend gemacht und stetig in diesem und durch diesen ausgebildet. »Die Lebhaftigkeit des abstrakten Denkens beruht auf einer reichen Substruktur aus unbewußter Phantasie. Wenn es zutrifft, daß in gewissen Lebensabschnitten eines Individuums oder Entwicklungsabschnitten einer ganzen Kultur die Neigung zu Abstraktion stark zunimmt, so könnte man daraus schließen, daß in diesen kritischen Perioden die tiefsten Schichten der Phantasie aufgewühlt werden, was möglicherweise auf biologische Faktoren zurückgeht, die wir noch nicht kennen.«[108]

Nochmals, anders akzentuiert und zusammengefasst, können die drei Phasen knapp charakterisiert werden als: 1. gebrochene Projektion mit schizoidem Charakter; 2. manische Phase des unbewussten Prüfens und Integration; 3. Reintrojektion des Werkes in das Oberflächen-Ich als letzter ›depressiv‹ oder melancholisch wirkender Phase des Feedbacks.[109]

Am Ende jedes Werkprozesses stellt sich unvermeidlich immer Melancholie ein, denn das Werk ist stets ein Abbruch des es erzeugenden Prozesses, also eine Stillstellung der generativen Vorgänge. Es kann über das Werk durch ein dieses erzeugendes Subjekt nicht identitätsphilosophisch verfügt werden. Der Bezug bleibt gebrochen, verzerrt, mindestens unterbrochen. Die Melancholie setzt sich durch und erzwingt gewissermaßen eine Erschöpfung an der Schöpfung. Und dies noch bei deren vermeintlichem, illusionär erlebtem, zunächst euphorisch gefasstem Gelingen. Deshalb muss an den Anfang der Werkgenese zurückgekehrt werden. Das Training der Öffnung für die bedrängenden Vorgänge eines noch nicht kontrollierten primären Prozesses muss an diesem Anfang unvermeidlicherweise und jederzeit zugestanden, der dafür notwendige Spielraum eingeräumt werden. Darauf besteht der Künstler, der diese mühselige Arbeit einer Rückkehr auf sich nimmt – und natürlich daran verzweifelt, dass das schlechterdings nicht gelingen kann.

Depressive Ängste sind unverfügbarer wie unabdingbarer Teil des kreativen Prozesses. Ebenfalls bildet Destruktivität nicht einfach eine zu überwindende Voraussetzung oder ein Widerstandsmoment gegen den schöpferischen Prozess aus, sondern geht in diesen stets auch als produktiver Faktor ein, befördert ihn mindestens partiell, transformiert und verschiebt ihn. Kurzum: Destruktivität ist Implikation, Folge wie auch Bedingung von Kreativität.[110] Ja, mehr noch, sie stellt als Verbindung zwischen selbstzerstörerischen Aktivitäten oder Aggressionen des Ich und den Leistungen der Abstraktion eine Konstante menschlicher Entwicklungen dar. Laut Melanie Klein[111] bildet sich im Kontext der Sprachentwicklung des Kleinkindes im Alter von achtzehn Monaten ein reiches Fantasieleben aus, das für die Sprachentwicklung notwendig ist. Zugleich sei diese Phase von einem hohen Maß an Sadismus und Selbstzerstörungstendenzen gekennzeichnet.

Es ist aber auch die Undifferenziertheit als plastisch sich im kreativen Prozess erhaltende Bedingung aller Kunst, die sich als Intensivierung im Traumgeschehen ebenfalls geltend macht. Die Untersuchungen anhand von tachistoskopischen Bildern (in minimalisierten Zeiteinheiten unterhalb der bewussten Wahrnehmungsmöglichkeit verlaufenden visuellen Reizen mitsamt entsprechenden Versuchsanordnungen zur Überprüfung des Sachverhalts) legen einen graduellen und prozessualen, wechselseitig ineinander geschichteten Übergang zwischen den bewussten, vor- und unbewussten Vorgängen besonders der Wahrnehmungen nahe. Strukturelle Undifferenziertheit ist Bedingung. Vorbewusste Vorstellungsbilder sind in der Regel auf Automatismen des Denkens abgestimmt und werden eben deshalb nicht bewusst auf- oder wahrgenommen. »Vorbewußtes Material wartet in einem Vorraum des Bewußtseins, bereit einzutreten, sobald eine Möglichkeit sich bietet [...]. Es gibt keine scharfe Trennung zwischen dem bewußten, vorbewußten und unbewußten System, sondern nur einen weichen Übergang mit zwei oder drei kritischen Schwellen.«[112] Diese ›Weichheit‹ ist kennzeichnend nicht nur für den Übergang von der tachistoskopischen zur unterschwelligen Wahrnehmung, sondern auch für die »verschiedenen Phänomene des Traumschleiers und möglicherweise auch beim Übergang von mystischen Reden zu einer völlig ozeanischen ›leeren‹ Betrachtungsweise«.[113]

In erhellender Weise notiert Ehrenzweig zum Zusammenhang von Imagination, Symbolisierungsfähigkeit, Kunst und Traumaktivitäten Folgendes: »Märchen, Folklore und auch Werke der bildenden Kunst quellen über von traumähnlichen Erscheinungen, von Ungeheuern, die aus tierischer und menschlicher Gestalt zusammengesetzt sind. Aber dieses gelegentliche Eindringen von Traumtechniken summiert sich nicht zu einem erschöpfenden Katalog aller denkbaren künstlerischen Formen, selbst wenn man die überlegt gebildeten Formen der (bewußten) künstlerischen Superstrukturen nicht berücksichtigt. Bis jetzt ist es noch keinem gelungen, alle denkbaren künstlerischen Formen, auch alle zukünftigen, zusammenzustellen. Es ist nicht möglich, spontan entstandene künstlerische Komponenten wie z.B. Texturen als Traumtechniken zu beschreiben. Ihnen fehlt oft jegliche analysierbare Struktur. Diese spontanen (unbewußt kontrollierten) Elemente – etwa künstlerische Handschrift und Texturen in der bildenden Kunst oder der Musik – haben nichts von der Strenge und der guten Gestalt, die für die bewußte künstlerische Superstruktur charakteristisch sind. Aufgrund ihres offensichtlichen Mangels an Organisation können sie nicht als Verdichtungen, Verschiebungen usw. identifiziert werden.«[114]

Damit räumt Ehrenzweig mit dem Missverständnis auf, dass beliebige, meist aleatorisch gesetzte sogenannte ›offene Kunstwerke‹ schon deshalb die strukturell bestehende Affinität von Kunst und Traum im Kunstwerk organisch verkörpern, weil ihre Referenz nicht fassbar ist.

Kunst ist eine spezifische Art von Handeln, das zwar geplant werden muss, aber nicht von der Intention des Subjekts abhängt. Das Spiel des Schönen ist eines, das sich auf tiefer liegenden Ebenen ergibt.[115] Es handelt sich um gänzlich andere Zusammenhänge. Entscheidend ist das Problem einer dynamischen Durchdringung der sekundären Strukturen mit den kreativen Potenzialen der Primärschicht, die immer auch Potenziale der Zerstörung, Gefährdung, Desorganisation und einer sich im Nichts verlierenden Entdifferenzierung sind.

Der Verweis auf ethnologisches und mythologisches Material im Kontext der Psychoanalyse ist nicht, wie landläufig angenommen, bei Freud in hochstehender Weise entwickelt, dem es am Interesse an autonomer Kunst und erst recht an den Aufbruchstendenzen der Künste nach 1900 vollkommen gebricht. Eine intime Kenntnis genau dieser Entwicklungen verhilft dagegen dem getreu den Prinzipien der Zunft verfahrenden Freudianer Karl Abraham[116] zu einer frühen, einem breiten Publikum heute kaum mehr bekannten Verbindung von ethnopsychologischem, mythologischem und künstlerischem Material, wie sie auch die Überlegungen von Ehrenzweig zur dekonstruktiven Selbstbezüglichkeit des modernen Künstlers, der ›ozeanischen Grundierung‹ der kreativen Energien und dem für ein wirkliches Verstehen der radikal modernen Kunst unerlässlichen Konzept des Primärprozess auszeichnet. In einer von Nahem betrachteten Entwicklung der zeitgenössischen Kunst gelingen Abraham für die damalige Zeit unvergleichlich gute Analysen der Texturen, Stoffe, Formen und Materialien der zeitgenössischen Kunst, die nicht zufällig im Zeichen einer Dekonstruktion des Auges steht.[117] Abraham beschreibt den Bezug zum Onirischen in der zeitgenössischen Kunst – unter anderem anhand von Giovanni Segantini – bezüglich der neuen Farb- und Lichtvorstellungen der Künste um 1900. Zwischen 1909 und 1914 verfasst Abraham vier wichtige Abhandlungen zum Verhältnis von Traum und Mythos, zur Malerei Giovanni Segantinis, zum ägyptischen Sonnenkult, zu besonderen Manifestationen von Neurosen. 1914 veröffentlicht er außerdem die Abhandlung »Über Einschränkungen und Umwandlungen der Schaulust bei den Psychoneurotikern nebst Bemerkungen über analoge Erscheinungen in der Völkerpsychologie«, in welche die frühere Schrift »Über neurotische Lichtscheu« eingeht und in der die Beziehungen zwischen Kunstpsychologie und Psychoanalyse weit über die offenkundig von der einen Seite her diktierten, projektiv gehaltenen Auffassungen Freuds zur Parallelisierung des »Seelenlebens der Neurotiker und der Wilden« im Zeichen von Totem und Tabu hinausgehen. Die formale Struktur des künstlerischen oder genereller des ästhetischen Prozesses teilt gewisse Eigenheiten mit der Formanalyse des Traums, nicht nur mit Blick auf Freud, sondern vor allem auf andere Theorien: C.G. Jung, Gestaltpsychologie,[118] Otto Rank.[119]

Zurück zu Ehrenzweig. Das onirische Geschehen realisiert sich eben nicht in der Traumdeutung. Genauso wenig erschöpft sich Kunst in ihrem primären Prozess der Disponierung von Ausdrucksreichtum. Eben deshalb gelingt es der Psychoanalyse nicht, die unbewussten Substrukturen der Kunst aufzufinden, weil sie diese durch ihre Referenzbemühungen und Signifikanzfilter zum Verschwinden bringt. Es bedarf zu einer angemessenen Einsicht in die wahren Grundierungskräfte einer »undifferenzierten Matrix der Wahrnehmung«,[120] nicht eines Signifikanten, der dicht und hoch codiert erscheint. Deshalb gehört der im Hintergrund der Traumaktivität aufgespannte Schleier zum deutlicheren Traumgeschehen dazu.

»Hinter den deutlicheren (Gestalt-)Bildern des Traumes ist ein undeutlicher wolkenähnlicher Schleier ausgespannt, der räumlich nicht genau fixiert werden kann. In manchen Träumen (die offenbar zu einer tieferen Differenzierungsstufe gehören) lösen die Figuren im Vordergrund sich auf und geben den Blick frei auf den Traumschleier. Verliert dieser an Substanz, dann nähert er sich einem völlig inhaltlosen ›Leer-‹Traum, der jedoch trotz seiner scheinbaren Leere die Erinnerung an eine intensive Gefühlserfahrung hinterläßt. Der Traumschleier ist schwer faßbar.«[121]

Es ist nicht die onirische Aktivität schlechthin, die der Kunst prozessual vergleichbar ist, sondern, mehr noch und in ausgezeichneter Weise, die tagträumerische Aktivität. In der besonderen Zwischensphäre des Tagträumens verliert sich oft das Unbehagen an einem ›schlecht Gesehenen‹ und führt zu verwandelten, nicht mehr chaotischen, sondern neu als bedeutsam empfundenen Bildern. Sie wirken nicht mehr zufällig oder zusammenhanglos. Allerdings bedingt auch dies ein Unterlaufen der abstrakten Differenzierungen. »Die bewußte Oberflächenkohärenz muß zerbrochen werden, um den unbewußten Formregeln zu ihrem Recht zu verhelfen.«[122] Die Substrukturen sind nicht direkt zugänglich oder ›greifbar‹, aber doch an ihren Wirkungen zu ermessen und zu erleben. Jede Erweiterung der unbewussten künstlerischen Substruktur ruft »als äußeres Zeichen auf der bewußten Stufe eine gesteigerte plastische Wirkung hervor«[123] und zwar ganz ähnlich, wie lebhafte Traumteile auf eine vielschichtige unbewusste Substruktur hinzudeuten pflegen. Die Anteilnahme am Reichtum der Kunst ist eine Art unbewusster Prägungs- und Prüfungsvorgang, der die Komplexität der Kunst auf unbewusster Ebene belässt. Ähnlich kann man sich den Reichtum des Traumerlebens vorstellen als einen, der, wie immer man ihn sekundär deutet, seine Organisationskraft auf der primären Ebene hat und sie dort bewährt.

Pasolinis Gesamtwerk ist in bemerkenswerter Weise gekennzeichnet durch ein ganzes Bündel von Strategien, jede sich automatisch einstellende formale Vollkommenheit zu durchkreuzen, alles immer wieder in die Schwebe zu bringen, im Fluss zu halten, roher, ungeschmeidiger, resistenter zu machen. Pasolinis Werk eignet sich in herausragender Weise für eine Untersuchung, wie weit Ehrenzweigs Theorie, insbesondere seine dynamische Auffassung von der die künstlerische Physiognomik prägenden Subroutinen, auf dieses Werk zutrifft. Dazu wäre vieles im Einzelnen zu erörtern, Schritt für Schritt an einzelnen Werkgenealogien und ästhetischen Entscheidungen die Gestaltwerdung eines beispielhaften dialektischen Konfliktes zwischen Primär- und Sekundärprozess zu analysieren. Eine solche Arbeit, die im Umfang die vorliegende Abhandlung bei Weitem übersteigen würde, bleibt ein Forschungsdesiderat, das an dieser Stelle nicht stellvertretend durch einige knappe, summarische Bemerkungen ersetzt werden kann. Da eine solche Untersuchung auch angesichts des immensen Umfangs des Gesamtwerks und der Diversität wie Multiplizität der Gattungen und Positionen überaus schwierig ist, kann dieser Untersuchung hier nicht pars pro toto vorgegriffen werden. Sie ist noch zu leisten und gehört in einen anderen Zusammenhang.

69 Vgl. Roberto Chiesi: Das träumende Ich. Das Motiv der Vision im Werk Pasolinis, in: Bernhart Schwenk und Michael Semff (Hg.): *P.P.P. – Pier Paolo Pasolini. Pier Paolo Pasolini und der Tod*, Kat. Pinakothek der Moderne München, 2005/06, Ostfildern-Ruit 2005, S. 83–106.
70 Pier Paolo Pasolini: *Affabulazione oder Der Königsmord/Pylades*, Frankfurt am Main 1984, S. 108.
71 Ebd., S. 109.
72 Ebd., S. 110.
73 Vgl. Pier Paolo Pasolini: *Der heilige Paulus*. Mit einem Geleitwort von Dacia Maraini, hg. von Reinhold Zwick und Dagmar Reichardt, Marburg 2007, S. 47 und 171f.
74 Vgl. kritisch dazu Peter Kammerer: Der Traum vom Volk. Pasolinis mythischer Marxismus, in: Jansen (Hg.), *Pier Paolo Pasolini*, S. 13–34.
75 Vgl. Joubert-Laurencin, *Pasolini*, S. 178f.
76 Vgl. z.B. ebd., S. 60f., 66, 77, 86, 89, 121, 138, 143, 148f., 169; Werner Jehle: Pier Paolo Pasolini und die christliche Ikonographie, in: Reiter (Hg.): *Pier Paolo Pasolini: Zeichnungen und Gemälde*, S. 41–49.
77 Vgl. Joubert-Laurencin, *Pasolini*, S. 65f.
78 Vgl. ebd., S. 105f.
79 Vgl. ebd., S. 287f.
80 Kammerer, Der Traum vom Volk, S. 15.
81 Vgl. die Beschreibung und Abbildung in Joubert-Laurencin, *Pasolini*, S. 122f. und Abb. IX nach S. 160.
82 Vgl. ebd., S. 130f.
83 Vgl. ebd., S. 261f.
84 Pasolini, *Pasolini über Pasolini*, S. 121.
85 Ebd., S. 152.
86 Ebd., S. 153.
87 Ebd., S. 156f.
88 Pasolini l'enragé, Porträt in der Reihe ›Cinéastes de notre temps‹, Regie und Realisierung: Jean-André Fieschi; Dokumentationsreihe von INA/institut national de l'audiovisuel; konzipiert und redigiert von Jeanine Bazin und André S. Labarthe; Ortf 2ème chaîne, gedreht in Rom 1966; Dauer: 98'. Das Interview führte der Regisseur Jean-André Fieschi, der übrigens in Jean-Luc Godards Episode *Il mondo Nuovo* zum Episodenfilm *RoGoPaG o laviamoci il cervello*, zu dem Pasolini *La ricotta* beisteuerte, eine kleine Rolle spielte. Fieschi führte Pasolini an verschiedene Originalschauplätze seiner Filme und seines Lebens. Der Beitrag wurde in der Zeit gedreht, als Pasolini, nach dem Matthäusfilm, wirklich berühmt zu werden begann.
89 Anton Ehrenzweig: *The Hidden Order of*

Art. A Study in the Psychology of Artistic Imagination, Berkeley, Los Angeles 1967; dt.: *Ordnung im Chaos. Das Unbewußte in der Kunst. Ein grundlegender Beitrag zum Verständnis der modernen Kunst*, München 1974; im Weiteren: Ernst Kris: *Psychoanalytic Explorations in Art*, New York 1967; Wilhelm Salber: *Der psychische Gegenstand*, Bonn 1959; ders.: *Psychästhetik*, Köln 2000.

90 Vgl. Hans Prinzhorn: *Bildnerei der Geisteskranken. Ein Beitrag zur Psychologie und Psychopathologie der Gestaltung*, Berlin 1922.

91 vgl. Ludwig Binswanger: *Grundformen und Erkenntnis menschlichen Daseins*, Zürich 1942; ders.: *Drei Formen mißglückten Daseins. Verstiegenheit — Verschrobenheit — Manieriertheit*, Tübingen 1956; ders.: *Melancholie und Manie. Phänomenologische Studien*, Pfullingen 1960; Gustav René Hocke: *Die Welt als Labyrinth. Manierismus in der europäischen Kunst und Literatur*, durchg. und erw. Ausg., hg. von Curt Grützmacher, Reinbek 1987; Leo Navratil: *Schizophrenie und Kunst*, München 1965; ders.: *Schizophrenie und Sprache. Schizophrenie und Kunst. Zur Psychologie der Dichtung und des Gestaltens*, München 1976.

92 Vgl. Ehrenzweig, *Ordnung im Chaos*.

93 Vgl. Theodore Lidz: *Das menschliche Leben. Die Entwicklung der Persönlichkeit im Lebenszyklus*, Frankfurt am Main 1968, S. 356ff.

94 Vgl. Hans Ulrich Reck: *Singularität und Sittlichkeit. Die Kunst Aldo Walkers in bildrhetorischer und medienphilosophischer Perspektive*, Würzburg 2004.

95 Ehrenzweig, *Ordnung im Chaos*, S. 17.

96 Ebd., S. 96f.

97 Ebd., S. 88f.

98 Ebd., S. 23.

99 Ebd., S. 26.

100 Vgl. William Rubin (Hg.): *Primitivismus in der Kunst des 20. Jahrhunderts*, München 1984.

101 Ehrenzweig, *Ordnung im Chaos*, S. 181.

102 Ebd., S. 113.

103 Ebd., S. 113f.; zu weiteren Erläuterungen vgl. S. 129f., 205ff., 297f.

104 Ebd., S. 200.

105 Ebd.

106 Ebd., S. 201.

107 Ebd., S. 268.

108 Ebd., S. 284.

109 Vgl. ebd., S. 89.

110 Vgl. ebd., S. 187ff., 200f., 205, 230, 265f., 267.

111 Vgl. ebd., S. 286ff.

112 Ebd., S. 274.

113 Ebd., S. 275.

114 Ebd., S. 272.

115 Vgl. Alain: *Spielregeln der Kunst*, Frankfurt am Main 1985, S. 252ff.; Hans Ulrich Reck (1999): Aleatorik in der bildenden Kunst, in: Peter Gendolla und Thomas Kamphusmann (Hg.): *Die Künste des Zufalls*, Frankfurt am Main 1999, S. 159 — 195; ders.: Vom regulären Spiel der Einbildungskräfte zur Suggestivität des offenen Kunstwerks — Aspekte zu einer Kunstgeschichte des Improvisierens, in: Walter Fähndrich (Hg.): *Improvisation V*, Winterthur 2003, S. 61 — 98; ders.: *Spiel Form Künste. Zu einer Kunstgeschichte des Improvisierens,* Hamburg 2010.

116 Vgl. Karl Abraham und Sigmund Freud: *Briefe 1907 — 1926*, hg. von Hilda C. Abraham und Ernst L. Freud, 2. Aufl. Frankfurt am Main 1980.

117 Vgl. Karl Abraham: *Psychoanalytische Studien*, Gießen 1999.

118 Vgl. Wolfgang Köhler: *Die Aufgabe der Gestaltpsychologie*, Berlin und New York 1971.

119 Vgl. Friedrich Wolfram Heubach: *Die Ästhetisierung. Eine psychologische Untersuchung ihrer Struktur und Funktion*, Diss. Universität Köln. 1974, S. 26ff.

120 Ehrenzweig, *Ordnung im Chaos*, S. 273.

121 Ebd., S. 130.

122 Ebd., S. 85.

123 Ebd., S. 70.

Kapitel VII

Der Literat

Die üblichen, säuberlich an Gattungsbegriffen, Formen oder Code-Konzepten entlang gezogenen Grenzen gelten und greifen bei Pasolini nicht. Es ist ein einziger poetischer Ausdruckswille, der die sonst getrennten Sparten verbindet, in welchen Pasolini überaus Bedeutsames und intensiv Beobachtetes auch im Einzelnen geschaffen hat. Innere Monologe werden zu Theaterstücken, hingeworfene Landschaftsporträts zu Erzählungen. Beobachtungen in den Städten werden zu Drehbüchern, Drehbücher zu Romanen, Romane zu Novellen, Novellen wiederum zu Filmstoffen. Reisen und Filmen, Notieren, Filme über Filme: All dies bezeugt eine poetische Kraft, die sich in der friulanischen Abgeschiedenheit bis 1949, dann am Stadtrand Roms als existenzieller Entwurf ausgeprägt hat, um sich zu einem reichverzweigten, überaus leicht wirkenden, subtil entwerfenden, über reichstes Repertoire an Zeichen und Sprachen verfügenden Werk auszufalten.

1949 – es ist hier nochmals daran zu erinnern – wurde Pasolini in Casarsa aus dem Schuldienst entlassen und gleichzeitig aus der Kommunistischen Partei (PCI) ausgeschlossen. Seine Homosexualität hatte er vor Gericht – gegen den Rat seiner Anwälte – nie bestritten. Die Flucht nach Rom wurde trotz des Verlustes der Natur und der Gewohnheiten, trotz der Distanz zu den Freunden und der ökonomischen Probleme des Neubeginns zunehmend als eine eigentliche Befreiung empfunden. Pasolini reagierte gegen die ihm früh aufgezwungene Dissidenz mit einem ausgreifenden Gestus: Künftig sollte alles als Zeichen des ›Mysteriums Leben‹ in einen das Heterogene, Auseinanderstrebende nicht glättenden Lebenszusammenhang einbezogen werden. So verbanden sich im Einfachen eine Wahl und Lebenspraxis, ohne weitere argumentative Zusammenführungen, die tägliche Konzentration in Arbeit und die nächtlichen Eskapaden eines fröhlichen und gierigen Eros zu akzeptierter Erfahrung. Anpassung allerdings war Pasolini unmöglich.

Die Verfolgung – wegen Blasphemie, Obszönität, Verletzung des Schamempfindens, der religiösen Gefühle, Unsittlichkeit, Vaterlandsfeindschaft –, die später in über dreißig Prozessen gegen seine Werke, aber auch in Verleumdungen seiner Mentalität, Ideen und Person ihren Niederschlag fand, ermöglichte Pasolini die Befreiung von der Instanz des Vaters, der Inbegriff war aller auf Gehorsam und Unterwerfung beruhenden Autoritäten. Es geht nicht nur um den eigenen, sondern um den Vater als ein Prinzip, das Pasolini als Uniformität und unbewältigte Unfähigkeit zur Freiheit gerade in Italien – verfestigt in anderen drei Ps: Patria, Potere, Padre – bekämpfte.

Die Erlebnisse in Friaul trug Pasolini in sich als poetisch reflektierten Bezug zu archaischen Lebensweisen und einer natürlichen Aura. Sie gehörten wesentlich einer vorindustriellen Lebensweise an, waren geschichtlich aber zum Scheitern verurteilt. Am Rand der Metropole versuchte er, eine durch Poesie lebendig gemachte Reflexion in die neuen Erfahrungen mit Urbanität und politischen Dezentrierungsprozessen zu übersetzen. Mittels Notieren und Schreiben eignete er sich eine Wirklichkeit an, die er durch die eigene Wahrnehmung modellierte und radikalisierte. Später wich Pasolini an Ränder (im Inneren wie im Äußeren) aus, suchte in der Ferne neuer Kontinente die archaische Lebendigkeit der lebenstragenden Mythen und Motive. Wohl immer schon hatte er gewusst, nun wurde es ihm besonders deutlich: Das Glück ist nicht direkt erreichbar, erzwingbar schon gar nicht. Die Zeichen der Lebendigkeit müssen immer wieder neu gedeutet werden. Man landet bei Konventionen und Verstellungen, durch die man sich hindurcharbeiten muss.

Pasolini antwortete gerade auf politische Herausforderungen mit intensivem, exzessivem, zuweilen manischem Arbeiten. Seine Produktivität entfaltete sich anhaltend im Angesicht von Bedrohung und Scheitern. Die Anzeichen, erst recht die Versprechungen einer besseren Welt seien, so sein Credo, nicht zu sehen ohne das Eingeständnis und die stetige Erfahrung ihres Scheiterns in dieser bestehenden Welt.

Dialektik und Mischungen: Zur Linguistik des Marginalen

Pasolini blieb seinem poetischen Projekt treu, seinen Analysen, den Gedichten, Erzählungen, Romanen, Kritiken. Er erschloss sich die medialen Erweiterungen, welche die Kinematografie bietet. Malen und Zeichnen, Skizzieren und Notieren wurden kontinuierlich weiter gepflegt. Die veränderte Welt, der Wandel der Lebensformen ermöglichte eine Intensivierung der Wahrnehmung, die dem Dichter entgegenkam. Die Dialekte und Prägungen der an den Stadtrand Roms Zugewanderten begeisterten den Linguisten und Sprachforscher. Man kann das, was sich seit dem Ende des Zweiten Weltkriegs am Stadtrand Roms, besonders in den von den Faschisten dafür vorgesehenen Borgate abspielte, mit den großen Wanderbewegungen vergleichen, die im 19. Jahrhundert den europäischen Metropolen ein explosionsartig steigendes Wachstum auferlegt haben. Vergleichbar ist es auch mit den Wanderbewegungen des 20. und noch des 21. Jahrhunderts von den agrarischen Regionen in die jeweiligen Megapolen der sogenannten Dritten Welt. In den frühen Filmen Pasolinis sind nicht nur die am Rande der Metropole Rom seriell vorgefertigten Wohnbauten zu sehen, sondern auch – Ostia, Fiumicino, die Wucherungen außerhalb der Borgate – Slums im eigentlichen und bekannten Sinne. Man sollte darüber aber nicht vergessen, dass beispielsweise die Favelas in Rio de Janeiro sich nicht in der Kategorie der Blechhütten erschöpfen, sondern es darüber hinaus viele Zwischenformen einer staatlich bereitgestellten, rudimentären, stets inoffiziell und unbetreut bleibenden Infrastruktur gibt – bis hin zur Bereitstellung von Baumaterialien, Kanalisationsleitungen, Anschlüssen für Wasser und Elektrizität.

Was sich damals in Rom vollzog, war also eine prototypische Migration und Umwandlung, wie sie im durch Verarmung erzwungenen Übergang vom agrarischen Leben zur industriellen Produktion überall vorkommt und mit allem Elend bestens bekannt ist. Dass sich viele Zuwanderer aus dem Süden, aus Kalabrien, der Basilicata, Sizilien, Neapel, am Stadtrand Roms sammelten, beruhte nicht auf dessen Arbeitsmöglichkeiten – Rom ist eine Stadt der Administration und Kultur, nicht der Produktion –, sondern auf der spezifisch italienischen Situation. Das Land ist zerrissen seit je und niemals geeint worden, der Prozess Garibaldis steckengeblieben. Die Regionen driften auseinander. Bis heute steht der

›Mezzogiorno‹, ein armer, archaischer Süden, dem reichen, entfaltet industrialisierten Norden entgegen. Das geht einher mit politischen Verwerfungen, wie wir sie heute noch täglich vorgeführt bekommen, mit Ausdehnung nach Lampedusa und Afrika. Die Menschen gehen nach Rom in der Hoffnung, bessere Sozialhilfe und Unterstützung für allerlei zu bekommen. Und auch, weil sie am Herkunftsort nicht mehr überleben können und nichts Besseres oder anderes zu tun haben. Damit sind wir in der Motivwelt der Romane und der frühen Filme Pasolinis angelangt, die diese Bewegungen und Verwerfungen auf das genaueste aufnehmen, ohne einem Dokumentarischen zu verfallen. Vielmehr sieht Pasolini darin eine spezifische Poesie am Werk. Um diese geht es ihm. Es ist die Poesie der staubigen Vorstädte, ihrer Lichter und Schatten, Bewegungen und Trägheiten, ihrer Armut und ihres exzessiven Lebenshungers.

Nicht selten drängen die Schilderungen Pasolinis auf eine Steigerung der ohnehin schon stark wirkenden aktuellen Ereignisse und überlagern diese kraftvoll mit den eigenen neuen Darstellungen. In Erzählungen und Filmen gibt es immer wieder überraschende Zärtlichkeiten in einem grausamen Leben, das im Brachland spielt, zwischen Müll, Schutt, Steinen. Es ist die staubige Noch-Natur, die nicht mehr sie selbst, aber auch nicht mehr das Gelände des bauenden, konstruierenden, entwerfenden und realisierenden Menschen ist, welches die Szenerie poetisch verklärt. Eine entropische Nicht-Mehr-Natur entfaltet ihren ganzen Zauber an Orten, die nicht modern sein können, weil die Moderne darin beispielgebend gescheitert ist. Und mit ihr jede Fixierung von Identität, sei es der politischen, sei es einer sexuellen. Noch im letzten Werk, dem auch formal außerordentlich interessanten und vielschichtigen, Fragment gebliebenen Roman *Petrolio* finden sich umwerfende Schilderungen dieses typisch pasolinischen oder ›pasolinesken‹ Zwischenreichs, draußen vor der Stadt, im Dunkel einer nicht mehr machbaren Geschichte, also in einem sowohl archaischen wie abgenutzten, postmodernen Gelände, das eine ruinöse wie ruinierte Landschaft der nach-historischen Zeit ist.

Kinegrafische Erzählungen um 1950

Wenn man die Entwicklung der Motive, die Organisation der Stoffe, das Entwickeln literarischer Formen für den Ausdruck dieser neu erschlossenen Welt und ihrer Wahrnehmung bei Pasolini an einer Gelenkstelle seines Werks und Lebens studieren will, trifft man früher oder später immer auf die Erzählungen *Geschichten aus der Stadt Gottes* (*Storie della città di Dio*).[124] Als Buch sind die Texte zu Lebzeiten Pasolinis nicht erschienen, wohl aber, wenigstens teilweise, in verschiedenen Zeitschriften zu Beginn der 1950er Jahre, in *Il mattino d'Italia*, *Il quotidiano di Roma*, *La libertà d'Italia* und *Il popolo di Roma*. In einer Aufstellung notierte Pasolini Mitte der 1950er Jahre den Plan, einige der Erzählungen zu einem Buch zusammenzustellen. Diesem gab er den Titel, den die Bündelung der Texte dann auch erhalten hat.

Der Zauber einer poetischen Sprache für poetische Situationen des Alltäglichen entfaltet sich also in entschiedener, kräftiger Weise auch an den Rändern Roms. Aber die stoffliche Realität ist eine andere, urbane, spannungsreichere, widersprüchlichere. Von den Borgate bis zur Innenstadt entfalten sich, hinter-, teilweise auch ineinander greifend, zahlreiche widersprüchliche Lebensformen. Das erfordert nicht nur eine modifizierte dichterische Fantasie, sondern gespannte, allseits interessierte Wachsamkeit. Und auf einem technischen Niveau entfaltete, also avancierte urbane Montagen. Da diese sich in der Literatur in einer Weise äußern, die seit dem 19. Jahrhundert viele Poeten als spezifische Leistungen moderner Metropolen – Gleichzeitigkeit des Ungleichzeitigen, Unüberschaubarkeit, Komplexität der Zeitrhythmen, Diversität der seelischen Spannungen und Stimmungen – angesprochen haben, erfuhr Pasolinis bisherige, archaisch orientierte, in langsamem Rhythmus sich äußernde Schreibweise einen kraftvollen Schub. Die *Geschichten aus der Stadt Gottes* markieren nicht nur eine Phase entscheidender lebensgeschichtlicher Veränderungen und typisch urban modellierter Wahrnehmungsformen. Sondern sie sind auch frühe Zeugnisse für eine intermediale Ausweitung der literarischen Techniken Pasolinis. Diese werden in sich kinematografisch. Schnelle Wechsel, gewandelte Einstellungen, veränderte Optik, Standpunkte, Sichtweisen – das Repertoire einer apparativ vermittelten Realität, wie sie der Film als ganz eigene Darstellungsleistung ermöglichen wird, kennzeichnet schon diese Literatur in einer Umbruchphase Pasolinis.

Die urbanen Schichtungen und Wechsel, Trennungen und Verbindungen, Reibungen und Verunreinigungen zwischen Trastevere und Borgate eröffnen ihren poetischen Reichtum und Zauber auf ebenso vielfältige Weise wie die Gegenstände, das Erlebte in der ›Stadt Gottes‹. Es sind immer ganz alltägliche, banale Situationen, die sich dem Gespür des Dichters für das Wundersame als wahrhafte Epiphanien eines Außergewöhnlichen erweisen. Ein kurzer Blitz, der in Farbfunken am Himmel sprüht, wenn zwei Oberleitungsbusse sich kreuzen und von den Stromabnehmern zwei kalte Blitze abschießen: »Granatapfel und Minze auf Eis«.[125] Der Blick eines langsam, aber unaufhaltsam in die Obdachlosigkeit Driftenden auf eine gestreifte Strickjacke im Schaufenster eines Ladens, der sich in einer auf den Campo de fiori mündenden, vom Largo torre argentino herkommenden Straße befindet, in der Erzählung »Die Leidenschaft des Bohnenkernverkäufers«, der Blick des herumstreifenden Dichters auf einen kastanienröstenden Jungen auf der Garibaldi-Brücke am Rande von Trastevere – das sind einige der poetischen Glanzstücke in den reichhaltigen Erzählungen. Im Verlauf der nur vier Seiten umfassenden, zuletzt erwähnten Erzählung »Der Junge und Trastevere« wird der Schriftsteller Pasolini, der hier als urbaner Reporter in der Tradition der großen stadtsoziologischen Journalisten auftritt, mit dem Geschehen etliche Male den Standort, aber auch den Blickwinkel ändern. Er geht mit dem Geschehen mit. Auch das wird in der Art wiederkehren, mit welcher Pasolini die Kamera handhabt. Den Bewegungen der Menschen, ob mit dem Stift, der Kamera, dem Auge, einem anderen Organ oder Apparat ist immer assimilierend und mimetisch zu folgen. Das wird den inneren dynamischen Prinzipien des Geschehens gerecht. Dessen Antriebslogik ist in sich durch und durch eine Poesie des Lebens und die einzig gerechtfertigte poetologische Auffassung demnach die, die sich dem inneren Kraftzentrum, dem Kern, der Seele des antreibenden Geschehens möglichst stark annähert, im Idealfall mit ihm verschmilzt.

Besonders interessant für die intermediale Ausweitung und beginnende Verlagerung des Schreibens, das ja immer schon bildhaft gewesen ist, ist das Stück, aus dem dann der Filmstoff *La ricotta* wurde. Die gleichnamige Erzählung hat – außer der Lust an böser Satire – kaum etwas mit dem späteren Film gemein. Als Erzählung erschien »Der Weichkäse, aufgekocht« erst Jahre nach der Entstehung in der Zeitung des PCI *l'Unità* in Rom, und zwar am 6. Dezember 1964. Die editorische Notiz, die der deutschen Erstausgabe der *Geschichten aus der Stadt Gottes* beigegeben ist, bemerkt zu dieser höchst eigenwilligen und eigenständigen Vorform des Films *La ricotta* zu Recht: »solche Skripte behandelte Pasolini öfter als eigene erzählerische Gattung«.[126] Man kann ergänzen: Das filmische Denken ist bei Pasolini ein genuin literarisches, und umgekehrt entfaltet sich die literarische Poesie in Konzepten, die dem Kino nahe und seinen Eigenheiten vergleichbar sind: Einstellungen, Fahrten, Montagen.

Das ist in dieser Erzählung natürlich nicht verwunderlich, da die Organisation des Stoffes im Unterschied zu den anderen, auch den schon erwähnten Texten des Bandes aus einer etwas späteren Zeit stammt, in der Pasolini schon an Drehbüchern gearbeitet hat. In der Erzählung selbst weist er auf die intermediale Gültigkeit der Begriffe hin: Eine Novelle sei wie eine literarisch ausgestaltete ausführliche Regieanweisung für die Inszenierung eines dereinst für Zuschauer Sichtbar-Werdenden zu behandeln. Also wird dem Leser gleich im ersten Satz in direkter Ansprache mitgeteilt: »Ihr werdet einen Jugendstil-Salon sehen.«[127] Der nächste Abschnitt beginnt mit einer Erwähnung von 506 Nahaufnahmen des Fürsten de Curtis. Im Weiteren sind Vor- und Rückblenden bestimmend, aber auch Regieanweisungen, die an ein Theaterstück denken lassen. Dann wieder erfolgen genaue Angaben von Schauplätzen, wie sie für die Einrichtung von Drehorten üblich sind. Eine Buchhandlung wird gezeigt, zunächst in ›Innenaufnahme bei Tag‹, dann in ›Außenaufnahme‹, ebenfalls bei Tag. Später wird man wieder ein Vorstadtviertel sehen, nicht weit vom Petersdom entfernt.

Die visuellen Effekte entsprechen dem Flanieren, einem Panorama, aber auch der engagierten Rede eines Reiseführers oder eben den Anweisungen des Filmers. Der Cicerone und der Cineast liegen gerade bei Pasolini nicht weit voneinander entfernt. Als bilderschreibender Poet wird er Indien und Afrika bereisen und über die apparativ vermittelten Wahrnehmungen und ihre Aufzeichnung, die Eigenheiten des Mediums Bild oder Sprache ebenso reflektieren, wie er als Reiseführer oder eben Cicerone – z.B. in der Reise um den Stiefel für die Zeitschrift *Il successo* 1959[128] – das sichtbar werdende Geschehen kommentiert, gliedert, auswertet, um immer wieder auf das ihm besonders Wichtige ausdrücklich hinzuweisen. Dieses Skript vom »Weichkäse, aufgekocht«, das eine ganz andere Geschichte erzählt als die des Films, dessen spezifische Eigenheiten die Erzählung noch nicht aufweist, insbesondere nicht diejenigen, die dann zum Vorwurf der Gotteslästerung geführt haben, ist ein experimentelles Stück Literatur. Und aufschlussreich gerade für die visuelle Montagetechnik der versprachlichten Imagination und der poetischen Formulierung der Metaphern in der damaligen Phase von Pasolini. Die literarische Technik Pasolinis ist in solchen Erzählformen immer eine filmische. Früh entwickeln sich Formen und Techniken, in der poetischen

Prosa Übergänge zum Filmischen zu bilden und an den Sprachbildern das Kinematografische zu verdeutlichen. Das herausragende Werk zur Filmkunst Pasolinis von Hervé Joubert-Laurencin, das bisher leider nicht ins Deutsche übersetzt worden ist, hat den für Pasolini insgesamt bezeichnenden Titel gewählt: Porträt des Poeten als Cineast.

Bewegungen im ›Dazwischen‹ — Oszillationen der Gattungen und Medien

Es gibt zahlreiche weitere Bewegungen von Stoffen, Ideen, Geschriebenem zwischen den Formen, ›Genres‹ und Medien. Es handelt sich um Oszillationen, ein Pendeln und Driften. Das Intermediale ist für Pasolini in einer singulären Weise kennzeichnend. Nicht als Verwendung oder Kombination mehrerer, verschiedener Medien oder nur als eine Summierung der Möglichkeiten, Entwicklungen, Praktiken. Sondern als eine Bewegung innerhalb jeder einzelnen Gattung. Das Intermediale ist Textbewegung, bildliche Imagination, tritt gleicherweise in Filmen, beim Malen und Zeichnen, in Gedicht, Roman, Epos, den Notaten, der Kritik, der Gesellschaftstheorie, den apokalyptischen Verwerfungen, den utopischen und dystopischen ›Gemälden‹ eines verworfenen oder besseren Lebens auf. Besonders kennzeichnend für die Bemühungen einer poetischen, analytischen, zugleich literarischen wie kinematografischen Entwicklung der Stoffe ist der nicht realisierte, viele Formen integrierende Gesamtkomplex *Bestemmia. Poema in forma di sceneggiatura o di sceneggiatura in forma di poema* (1962–1967).

Pasolini berichtet 1964 vom Zwischenstand in dieser Sache. Es handle sich um eine Erzählung in Versen, die an einem mittelalterlichen Italien ansetze und während der Invasion der Normannen in Salerno und Puglia spiele. Erzählt werde die Geschichte eines Typs, der Accattone sehr ähnlich sei, Zuhälter, an den Rändern der Zivilisation und Städte lebend, also ein Accattone des 12. Jahrhunderts. Dieser Mann erlebt ein Wunder, eine Erleuchtung, wird ein Heiliger. Zugleich verwandelt er sich in einen Revolutionär und gründet einen Ketzerorden, was ihn in Kämpfe mit Kirche und Papst verwickelt. Nach den Predigten im Geiste des Franziskus wird Bestemmia schließlich ermordet. Man erkennt darin neuralgische Themen Pasolinis wieder, insbesondere die auch im Paulus-Filmvorhaben entwickelte Antagonistik des Ordensgründers und Revolutionärs, des Heiligen und des Ketzers, des Mystikers einerseits, des Propagandisten andererseits, aus dem leicht ein Eiferer und Funktionär wird. Diese Erzählung sei entstanden als Idee zu einem Film, aber es sei nicht gelungen, ihn als Film zu schreiben und so habe er ihn in Versen geschrieben und sei weiter an der Arbeit, Verse zu finden und zu formen: »Diese Erzählung entstand aus der Idee, es könnte ein Film daraus werden, aber ich habe mich dann nicht daran gemacht, in gewohnter Weise den Text zu schreiben – ich habe ihn in Versen geschrieben, ja ich bin sogar noch dabei, ihn so zu schreiben.«[129]

Immer wieder, gerade in den frühen Erzählungen um 1950, die eigentlich intermediale Umstiegs-Experimente darstellen, findet ein ausdrücklicher Bezug und Rückgriff auf das reichhaltige ikonografische, vor allem aber malerisch-künstlerische Repertoire der großen europäischen Kunsterfahrungen statt. Insbesondere begeistert Pasolini anhaltend die Periode von der frühen Renaissance bis zum entfalteten Barock.

Pasolinis Kenntnisse der bildenden Kunst sind bedeutend und ausgreifend. Sein ganzes bildliches Schaffen steht in ausdrücklicher praktisch-poetischer wie theoretisch-bildlicher Bezugnahme auf die Form-Möglichkeiten aus der Geschichte der europäischen Malkunst. In der schon erwähnten Erzählung »Blendendes Rom«[130] benutzt Pasolini für die dichten Sprachwendungen und vermittelnden Bilder, die sich einer alltäglichen Situation Roms widmen, ausdrücklich Beispiele aus der Malerei. Er spricht von Phänomenen eines ›sfumato‹, von Barock. Immer wieder werden in seinem Werk Andrea Mantegna, Jacopo Pontormo, Rosso Fiorentino, Francesco Primaticcio erwähnt. Die bezugnehmenden Nuancierungen dienen stets der Charakterisierung der gegenwärtigen Stadt, was diese in eine Vedute von Urbanität, also Darstellung des Städtischen schlechthin, verwandelt und zugleich das hochkulturelle Vokabular zur Beschreibung des Alltäglichen nutzt – auch dies ein intermedialer Transport.

Vorprägungen aus der bildenden Kunst des klassischen Italien

Unter dem Obertitel »Einer, der von der Kritik herkommt«, schreibt Pasolini über Pasolini in Beantwortung einer Umfrage der Zeitschrift *L'Illustrazione italiana* (erschienen am 1. Januar 1962) von den »unvergesslichen Vorlesungen Roberto Longhis über Masaccio«.[131] Im Jahre 1974 erscheint in der Zeitschrift *Il tempo* im Rahmen der wöchentlichen Kolumne Pasolinis über Literatur eine ausführliche Besprechung einer der wesentlichen Publikationen Longhis: *Da Cimabue a Morandi*.[132] Es handelt sich um eine sehr umfangreiche Sammlung ausgewählter Abhandlungen des Gelehrten zur Geschichte der italienischen Malerei vom 13. bis ins 20. Jahrhundert. Als Eckpfeiler können die auch von Pasolini bevorzugten Namen gelten: Cimabue, Masolino, Masaccio, Morandi. Und dann die vitalen Bewegungs- und Dynamisierungsepochen von Barock und Futurismus. In seiner bisher auf Deutsch nicht veröffentlichten Besprechung streicht Pasolini den charismatischen Vortragsstil Longhis heraus. Damit meint er nicht nur dessen Rede, sondern auch die visuelle Demonstration. Longhis Diaprojektion und seine Bildvergleiche beschreibt Pasolini explizit als kinematografische Schnitte. Er projiziert damit aber nicht das Bildbewusstsein des Cineasten auf den Kunsthistoriker, sondern erläutert umgekehrt die filmische Wendung und Qualität der Geschichte der bildenden Kunst aus der Sicht des Kunsthistorikers, des Künstlers wie des Kunststudenten Pasolini in Bologna.[133]

Immer wieder hat Pasolini seine filmischen Bildvorstellungen auf die künstlerischen Innovationen im Übergang der in andere, vor allem religiöse Symbolsysteme eingebundenen mittelalterlichen Bilderverfertigung zur ästhetisch eigensinnigen Renaissancemalerei – mit dem anhaltenden Fokus von Masaccio – beschrieben. Und damit eine bestimmte Einbindung in Traditionen beansprucht. Am deutlichsten in folgender Passage aus einem Interview:[134] »Mein Film-Geschmack kommt nicht ursprünglich vom Film, sondern von der Malerei. Das was ich als Vision, als Bild im Kopf habe, sind die Fresken von Masaccio und

Giotto«.[135] Über die kunstgeschichtlichen und ikonografischen Bezüge von *Accattone* sagte er: »Als ich den Film machte, war der einzige Autor, an den ich dachte, Masaccio.«[136] Der Filmkritiker und Kunsthistoriker Werner Jehle hat als einer der Ersten im deutschsprachigen Raum einige damit verbundene ikonografische und bildsprachliche Bezüge des Cineasten zur Malerei wie folgt beschrieben: »Der Regisseur Pasolini hat stets in Bildern gedacht. Er machte Filme und war sich bewußt, daß jeder Gegenstand, den er filmte, ›genügend Ausdruckskraft‹ besitzt, ›um zu einem Symbol zu werden‹. In manchen seiner Filme stehen Bilder lange, sehr lange, ohne etwas beizutragen zum äußeren Ablauf. Es sind Bilder, die über sich hinausweisen, die zum visuellen Vokabular eines jeden Europäers, eines jeden vom abendländischen Kulturkreis Berührten gehören, Bilder aus der Kunstgeschichte, die – einmal für eine konkrete Situation geschaffen – heute für ganze Vorstellungswelten, kollektive Anschauungen stehen. [...] Wenn Accattone (Franco Citti) zu Beginn des Films auf dem Bett liegt, wenn er am Ende im Straßengraben stirbt, so mag das als formaler Rahmen gesehen werden. Allein die Art, in der das rahmende Liegen dargestellt ist, gibt mehr her, geht auf eine in Italien noch heute allgegenwärtige christliche Bildtradition zurück, auf zahllose, seit dem Trecento übliche Darstellungen der Beweinung Christi. Pasolinis Accattone hat nie eine Chance, sein Leben zu ändern. Jedesmal, wenn er es versucht, wird er zurückgestoßen. Er ist das Opfer, schon tot als der Film einsetzt. Pasolini sagt, er hätte nur an Masaccio gedacht, als er diesen Film machte. Doch niemand glaubt, wenn er das hört, Pasolini hätte etwa Masaccios Fresken der Brancaccikapelle von Sta. Maria del Carmine zitieren wollen, die Vita des Apostelfürsten Petrus, wie sie dort 1426/27 gemalt worden ist. Pasolini ging es wohl darum, das Leiden Accattones in der lapidaren und monumentalen Art des Masaccio zu zeichnen, in vielen Plansequenzen, klar in Bezug auf die Gebärden der Dargestellten, auf die sie begleitende Architektur und Landschaft. In der Struktur sind die Streifzüge Accattones durch die Bidonvilles von Rom verwandt mit der Schattenheilung aus der Brancaccikapelle. Es gibt da und dort die festen Volumen, bildparallel aufgereiht, und darum herum klar überschaubarer Existenzraum, knapp bemessener Bühnenraum für den Protagonisten.«[137]

Generelles Kennzeichen der Werke Pasolinis ist vor diesem Hintergrund eine intermediale Bewegung, die Verbindung der Gattungen, Rhetoriken, Zeichensysteme. Es ist nicht die Vielfalt der Begabungen, nicht die Meisterschaft der Beherrschung einzelner Techniken oder Formen. Und erst recht nicht, wie oft strapaziert, die Debatte darum, ob der Filmer Pasolini Literatur mit anderen Mitteln betreibe, eine Frage, die an sich schon eine nicht unbedeutende Verunglimpfung darstellt.

Verbindungen, Vielfalt — Sprechen in Bildern

Kennzeichnend ist stets diese auf Steigerung der Komplexität und Ausdrucksvielfalt bedachte Bewegung ›dazwischen‹. Filme Pasolinis sind immer auch als Erörterung der Arbeit des Filmens, das Filmen über Filme wiederum als Filme eingerichtet: Abhandlungen über, Beschreibungen und Verbildlichungen von Orten, Bewegungen, Linien, Markierungen, Spuren. ›Sopraluoghi‹ und ›Appunti‹ sind die neuen, typischen Konzepte – stoffliche und kinematografisch-semiotische, poetische und linguistische Erörterungen in unauflöslicher Einheit von Poesie und theoretischer Zeichenkunde – fiktionalisierend und dokumentierend zugleich. Filme dienen nicht einfach der Erzählung, sondern sind immer Filme über Denken, über Texte, realisiert meist als ein visueller Text, der natürlich keiner mehr ist. Filme sind also immer auch Filme über Filme. Filme zeigen, was sie sind, als Reales, das sie sind, und erörtern in praktischer Weise immer auch die Prinzipien der Bildmontagen, die Formen einer sich aneignenden Bewegung über das Filmen und seine Orte, das Wirkliche und seine Darstellung / Erschließung, die nach Pasolini beide gleich wirklich sind.

Stets streicht er heraus, dass Film und Kino ein Zeichensystem benutzen, das zwar konventional und historisch vermittelt, aber dennoch nicht artifiziell oder arbiträr ist. Vielmehr besteht das Zeichensystem in ›einer Sprache des Natürlichen‹, des Konkreten und Vorliegenden. Sie ist nicht sekundär und schon gar nicht referentiell. Das ist gemeint mit der – jeden Nominalisten erschreckenden – Grundthese der Filmsemiotik Pasolinis, dass Film erste Sprache und Natur ist, Zeichensystem im Vermögen des Ausdrucks von Natur und deshalb auch ›wie diese selbst‹. Die intermediale Bewegung im ›Dazwischen‹ und die mediale Mimesis des Realen sind zwei Prinzipien, die auch für die literarischen Einstellungssequenzen und narrativen, visualisierenden Prinzipien im Schreiben gelten. Mit Verweis auf die Romane formuliert: Was Pasolini für *Ragazzi di vita* (1955) und *Una vita violenta* (1959) erarbeitet, enthält ethnologisches, kulturgeschichtliches, historisches Material von größter Bedeutung, das sich ebenso ›zeigen‹ lässt, wie der Film ›redet‹.

Übergreifende Gattungsverbindungen, Verfransungen und hybride Synthesen sind kennzeichnend für ein weiteres Projekt, das Pasolini, wie *Bestemmia*, über lange Jahre mit sich herumgetragen hat: eine Version aus, zugleich als ein völliges Neuschreiben von Dantes *Göttlicher Komödie*, die weder Remake noch Pastiche noch Adaptation ist, sondern eher als eine zeitgenössische Nacherfindung der Antriebe verstanden werden kann, die in Dantes literarischer Poetik wirksam sind. *La Divina Mimesis* (Barbarische Erinnerungen) ist erst im Todesjahr erschienen[138] – als Poesie, Essay, Poesie in Prosa, Erzählung, Reflexionsfigur, philosophischer Essay sowie als Studie der Bezüge zwischen Wort- und Bildsprache, Schnitt- und Montagetechniken, Denk- und Artikulationsform anhand der 25 Fotos des Teils II, der unter den Titel gestellt ist »Vergilbte Ikonographie (für ein ›photographisches Gedicht‹)«. Dieser Teil ist insofern besonders bemerkenswert, als hier die verbale Darlegung ganz hinter die Auswahl und Montage der Bilder zurücktritt. Die Bilder illustrieren nicht, sondern ›sprechen‹. Die ontologische Differenz zwischen Wortsprache und Bildern erscheint hier nur noch als aspektuale Differenzierung. Sie wird entsprechend relativiert und auch ›entdramatisiert‹. Es sind keine Wesensfremdheiten bestimmend, sondern je besondere Ausdrucksweisen, die sich auf eine gemeinsame darunterliegende Substanz in jeweils aspektualer und momentaner Weise beziehen.

Ein weiteres Beispiel für die intermediale Bewegung ›dazwischen‹ und die aspektuale Bildlichkeit in Wort und Bild ist das aus dem Romanstoff *Ragazzi di vita* entwickelte Drehbuch *La notte brava* (Regie: Mauro Bolognini). Das Drehbuch, das gemeinsam mit Laurence Bost geschrieben worden ist, der allerdings kaum je angemessen als Koautor in den Publikationen des Skripts erwähnt wird, ist eine Mischung von Theaterstück, fotografisch-filmischer Dokumentation (Sprache als Gestus) und Erzählung (Schauplätze, Bewegungen, Verklammerungen). Das mag für jedes Drehbuch gelten, aber für dieses doch besonders. Es ist viel sorgfältiger ausgearbeitet als übliche Treatments oder Drehbücher anderer Autoren, da es weder technisch noch formal Rücksicht nimmt auf die kinematografisch längst standardisierte und industrialisierte Prägung des Drehbuchs als einer sofort produzierbaren Vorlage. Vor allem aber nimmt es die immanenten Gegebenheiten des Mediums oder der Form als poetisch verbindliche Möglichkeiten rhetorisch ernst. Es entwickelt daraus eine genuine Form der Selbstgenügsamkeit als Text, als beschriebene Vorstellung. Pasolinis wiederholte Bemerkungen zur Notwendigkeit des Ernstnehmens des Adressaten und der Artikulationslogik des Drehbuchschreibens geben – damit übereinstimmend – prinzipielle Auskunft über die schwierige Balance des freien Schriftstellers mit dem normalerweise im Auftrag Dritter tätigen Gebrauchstextverfasser von Drehbüchern.[139] *La notte brava* liegt nicht nur inhaltlich, sondern auch dramaturgisch und textuell, imaginativ und narrativ nahe am Roman und belegt, wie hier (und anderswo) Erzählung, Dialoge, Theater-Interaktion pasolini-typisch ineinander übergehen.

Dieses Typische kann so gekennzeichnet werden: Der Film ist Bild gewordene Poesie, die Poesie verdichtet räumliche Imagination, das Theater ist ein nach außen verlegter Polylog, artikulierte innere Charakterisierung von Personen im sozialen Geflecht, der Dialog eine Charakterisierung durch die gestische Linguistik eines kulturellen Charakters, einer Zugehörigkeit, der Roman wiederum ist ein geschriebener Film. Solche Konstellationen nähren die Vermutung, dass sich Pasolini immer wieder, nachdenklich, auf den ›Paragone‹-Diskurs seit Horaz bezieht. Horaz gab in der Antike bereits den Ratschlag ›ut pictura poesis‹: Man male, wie ein Poet schreibt, und schreibe als Poet so, dass sich ein räumliches Tableau ergibt wie in der Malerei. ›Paragone‹ ist ein Begriff – und übrigens auch der Titel einer von Roberto Longhi herausgegebenen wichtigen Zeitschrift, in welcher Pasolini mehrfach publizierte –, der die Argumente in einem – manchmal ästhetisch freien, manchmal sozialstrategisch angestrengten – ›Wettstreit‹ der Künste beschreibt, der entfaltet worden ist zum Zwecke des optimalen inneren Verständnisse jeder einzelnen Kunst im gesamten System der Künste. Pasolini nutzt die Paragone-Tradition für seine Zwecke kenntnisreich. Er assimiliert und, wenn nötig, transformiert die Themen. Als linguistisch und sprachtheoretisch geschulter Poet ist das ein ihm vertrautes Gebiet. Er findet darin ein theoretisches Gegenstück zu derjenigen dynamischen Kraft, die zwischen den poetischen Gattungen oder Sparten der Künste und den Theorien / Metatheorien ihr Spiel treibt, sich über Zusammenhänge und Differenzen hinweg erstreckt.

124 Die Texte des mit dem ursprünglich vorgesehenen Titel 1995 erschienenen schmalen Bandes lagen zum größten Teil in zwei Mappen in dem Nachlass, der sich im Pasolini-Archiv im Gabinetto Vieusseux in Florenz befindet, einem der bedeutendsten, seit Anfang des 19. Jahrhundert existierenden historischen Archive, das sich später auch der zeitgenössischen Literatur öffnete.

125 Pier Paolo Pasolini: *Geschichten aus der Stadt Gottes*, Berlin 1996, S. 27, dort in der Erzählung »Blendendes Rom«.

126 Ebd., S. 74.

127 Ebd., S. 60.

128 S. dazu in diesem Buch das Kapitel »Der Journalist«.

129 »Questo racconto era nato con l'idea di essere un film, ma non mi andava di scriverlo così, normalmente, e l'ho scritto in versi, anzi lo sto scrivendo.« Notiz Pasolinis vom 5. Februar 1964 (referiert und zit. n. Betti / Gulinucci, *Le regole di un' illusione*, S. 351; Übersetzung: Hans Ulrich Reck).

130 Vgl. Pasolini, *Geschichten aus der Stadt Gottes*, bes. S. 28–30.

131 Pasolini, *Literatur und Leidenschaft*, S. 9.

132 In deutscher Übersetzung gibt es bisher nur: Roberto Longhi, *Masolino und Masaccio. Zwei Maler zwischen Spätgotik und Renaissance*, Berlin 1992.

133 Pier Paolo Pasolini: Da Cimabue a Morandi, in: *Descrizioni di descrizioni, a cura di Graziella Chiarcossi*, Torino 1979, S. 251–255, bes. S. 252.; vgl. auch Marc Weis: Erleuchtung beim Lichtbildvortrag. Von der Wirkung der Kunstinterpretation Roberto Longhis auf Pasolini, in: Schwenk / Semff (Hg.), *P.P.P. – Pier Paolo Pasolini*, S. 53–64.

134 Ursprünglich in: *Il Giorno*, Milano, 20. Mai 1962.

135 Zit. n. Murri, Pasolini und der naive Blick, S. 18.

136 Pasolini, *Pasolini über Pasolini*, S. 53.

137 Jehle, Pier Paolo Pasolini, S. 41.

138 Vgl. Pier Paolo Pasolini: *La Divina Mimesis*, Torino 1975.

139 Entwickelt anhand einer kritischen Erörterung zu Gabriel García Marquez in: Pasolini, *Literatur und Leidenschaft*, S. 130–142.

Kapitel VIII

Der Journalist

Als formbewusster Schriftsteller hat Pasolini Texte, Romane, Erzählungen geschrieben, die ihren Realismus mit größter stilistischer Artifizialität und komponiertem Ausdruckswillen verbinden. Aber es gibt auch den anderen Pasolini, den operativen Schriftsteller, den schnellen Kommentator, den öffentlichen Briefeschreiber, Polemiker, den Hersteller von Gebrauchsliteratur. Es handelt sich hier dennoch nicht um widersprüchliche Pole, sondern einander ergänzende Möglichkeiten. Beides ist Literatur, nicht nur das eine, ›hohe‹, das sich wertvoll von einem ›niedrigen‹ abhebt. Es sind Codierungen von Extremwerten im Umgang mit Sprache. Nicht selten werden wichtige politische Aussagen in Gedichtform vorgetragen, in Versen, die Pasolini zwar regelmäßig als ›schlecht geschrieben‹ zu bezeichnen pflegte, die aber doch auf der Notwendigkeit eines So-und-nicht-anders-Sagen-Könnens beruhen. Die politischen Kampfschriften, Botschaften, die zunehmend, spätestens ab 1973, also seit dem dystopischen Widerruf der heiteren *Trilogie des Lebens*, als Hinterlassenschaften, letzte Schriften, Flaschenpost, postapokalyptische Predigten konzipiert sind und auch als solche wahrgenommen werden, haben das Bild Pasolinis über Gebühr bestimmt, in eine einseitige Richtung gelenkt. Eine mystifizierende Rezeption schließt sich nur allzu gerne daran an, die eigentlich mit nur zwei trivialen Figuren und Bildern auskommt: dem bekennenden, mutigen Homosexuellen und dem radikalen, kompromisslos den Untergang einer grausamen Welt kommentierenden und einen neuen Faschismus des konsumistischen Totalitarismus geißelnden Mahners und Rufers.[140] Im Grunde handelt es sich sogar um nur eine einzige Figur. Und das ist dann ausgerechnet diejenige, unter der Pasolini selbst am meisten gelitten hat, wie er öfter schreibt: die des Verfemten, des Anderen, des Devianten, des Marginalen, des Singulären, der unweigerlich im Märtyrer als dem Inbegriff eines schuldhaften Opfers seine Erfüllung zu finden hat.

Debatten und Diskurse

Pasolini ist zu Beginn der 1960er Jahre den Mitgliedern der Kommunistischen Partei durch seine Kommentare und Debatten, Kommunikationen mit Lesern in der Wochen-Zeitschrift *Vie nuove* aufgefallen. Er hat sich ihnen in besonderer Weise durch seine Frische, die Offenheit und das an alle gleich sich richtende Interesse eingeprägt. Er, der damals schon ein preisgekrönter Literat war, ist dadurch in neuer Weise und einer anderen Facette seiner Person und Arbeit nachhaltig bekannt geworden. Die wirklich berühmten Kampfschriften und Tageskommentare hat er allerdings erst einige Jahre später, ab etwa 1968 verfasst. Sie sind legendär geworden als global angelegte Kritiken, Auseinandersetzungen und Verwerfungen. Publiziert wurden sie in den auflagestärksten und meistgelesenen italienischen Zeitungen und Zeitschriften, in *Tempo*, *Tempo illustrato*, *Corriere della sera*, *Il mondo*, *Paese sera*. Sie sind später in Buchform versammelt erschienen: *Caos* (Chaos, wöchentliche Beiträge für *Tempo* vom 6. August 1968 bis 24. Januar 1970),[141] *Scritti corsari* (Freibeuterschriften, vorwiegend für *Corriere della Sera* 1973/74),[142] *Lettere luterane* (Lutherbriefe, geschrieben zwischen Januar und Ende Oktober

1975, vorwiegend für *Corriere della sera* und *Il mondo*; als Buchpublikation mit dem bezeichnenden Slogan lanciert: ›Der Fortschritt als falscher Fortschritt‹).[143]

Bei diesen letzten ›Sendschreiben‹ handelt es sich um einen bemerkenswerten Versuch der Rückkehr oder Rückbesinnung, also um nochmalige Umwendungen und Inversionen, ein erneutes Ansetzen. Die ›Lutherbriefe‹ stellen die spätesten Schriften Pasolinis überhaupt dar – neben dem aus dem Nachlass publizierten unvollendeten Roman *Petrolio*. Sie gipfeln sachlich im sogenannten Erziehungstraktat »Gennariello«, in dem die bekannten Themen nochmals gebündelt, der Kult des Archaischen und die zuletzt vielleicht doch unerschöpfliche Hoffnung auf die Jugend bekräftigt werden – diesseits aller Verzweiflung, eine neue Utopie der Freiheit entwerfend. Retro-Aktivierung der Zukunft kraft Ungleichzeitigkeiten und zeitlichen Brüchen im Vergangenen – das nimmt den Platz der üblicherweise linear oder gar ›wissenschaftlich‹ gedachten historistischen Positionen, die eine Planbarkeit und Machbarkeit der Geschichte durch Antizipation des Utopischen im Wissen um eine Zukunft beansprucht, die angeblich ausreichend genau vorbegriffen werden könne. Zeitlich enden die Briefe (und die spätere Buchpublikation) mit dem »Redebeitrag zum Kongress der radikalen Partei«, den Pasolini wohl am letzten Tag seines Lebens fertiggestellt hat und der am 4. November 1975, zwei Tage nach seiner Ermordung, am Kongress verlesen wurde. Mit diesem Text enden die ›Lutherbriefe‹.

Diese politischen Streitschriften wird man nicht als journalistische im eigentlichen Sinne verstehen wollen, auch wenn sie nicht selten Tagesereignisse zum Anlass haben. Einige Jahre lang allerdings, in den 1950er Jahren, versuchte Pasolini, auch journalistische Aufträge im engeren Sinne zu erhalten. Und einmal – mit gewichtigen Folgen, weil er offenkundig die damalige Konzeption für den Film *Comizi d'amore*, die Gespräche über Sexualität und Liebe in ganz Italien, übernommen hat – arbeitete Pasolini als Journalist an einem größeren Auftrag. Er reiste für die damals populäre Monatszeitschrift *Il successo* die Küsten Italiens entlang. Die ausführliche Reportage, die allerdings für die Zwecke des Periodikums erheblich gekürzt wurde, erschien in drei umfangreichen Teilen unter dem Titel »La lunga strada di sabbia« (deutsch etwa: Die lange Straße aus Sand oder Die lange Sandstraße) mit vielen Bildern des Fotografen Paolo di Paolo am 4. Juli, 4. August und 5. September 1959. Offenkundig waren sie als Beiträge zur Ferienzeit gedacht, dem Müßiggang im berühmten ›ferragosto‹ entsprechend. Da das Erscheinen von *Il successo* 1986 eingestellt wurde, ist es nicht mehr möglich zu eruieren, aus welchen Gründen genau die Reportage gekürzt erschien. Der Text wurde mittlerweile integral in Italienisch[144] und Französisch,[145] jüngst auch auf Deutsch[146] publiziert, einschließlich der für die Zeitschriftenpublikation gestrichenen etwa zwölf Typoskriptseiten.

Eine lange Reise entlang den italienischen Stränden

Die Reise beginnt an der französisch-italienischen Grenze im Juni 1959 und endet im August desselben Jahres in Triest. Sie führt also, gemäß der dann treu ausgeführten und eingehaltenen Ausgangsidee, von Ventimiglia die gesamte Küste des

›Stiefels‹ entlang bis an die jugoslawische Grenze und durch die friulanische Heimat – was eine kulturgeschichtliche und ethnografische Versammlung interessanten Materials ermöglicht, natürlich ganz besonders, wenn ein Autor von der Güte, schriftstellerischen Leichtigkeit und der schwingenden, problemlosen Eleganz Pasolinis solches unternimmt. Im Unterschied zu den späten Berichten ist die Sprechweise gelassen, der Stil leicht. Sichtlich nimmt Pasolini Rücksicht auf die Poesie des Sommers, des Urlaubs, der Strände, auf das Träumen. Aus dem der französischen Ausgabe teilweise in Reproduktionen beigegebenen Originaltyposkript geht hervor, mit welcher Sicherheit er seine Beobachtungen direkt notiert und ohne Umschweife in einen epischen Ablauf zu stellen weiß. Kurz vor Genua notiert er, dass er überall das Begehren des Seins antreffe, den Wunsch von jedermann, nach besten Möglichkeiten den Sommer zu genießen, Kräfte zu entfalten, glücklich zu sein, einem eigentlichen Liebesfest als Feier des Lebens sich hinzugeben.[147] Das Porträt der Hafenstadt Genua in einer lastenden Sommerhitze und der staubigen Farbe des Trägen ist beeindruckend. Livorno schildert er als eine Stadt der Wollust. Es gebe keine sexuellen Probleme, nur die Lust, Liebe zu machen, in dieser Stadt harter Menschen, die über einen feinen hebräischen Geist und gute toskanische Manieren verfügten.[148] In solchen – auf Gegenpole setzenden – Zusammenstellungen sieht man eine frische, fröhliche Fabulierlust am Werk. Originalität, stilistische und metaphorische Sicherheit des Schriftstellers, der hier die Reportage als literarische Gattung entwirft, prägen die Schilderungen. Pasolini kommt im Juni bei Fregene vorbei, vor den Toren Roms. Er, der mit den Brüdern Citti in Ostia herumstreift und dort bald Teile von *Accattone* drehen wird, demnächst, schildert einen Besuch bei Federico Fellini in Fregene, dem Ort der Noblen und Berühmten, in dem dieser eine Villa besitzt.

Fellini dreht mit Louise Reiner gerade eine Szene für *La dolce vita* Pasolini, der damals schon ein gespaltenes Verhältnis zu Fellini hat (was offenbar auf Gegenseitigkeit beruht), gibt seiner Empfindung von Ort, Leuten, Szenen und Lage Ausdruck. Pasolini hat Fellini bei der Szene geholfen und Dialoge verfasst für die Schauspielerin, die eine Schriftstellerin zu spielen hatte. Bald aber desertiert er vom Set und geht am Strand des Tyrrhenischen Meers spazieren. Und fährt in einer überaus kennzeichnenden Abschweifung fort: »Eines Tages, ich weiß nicht mehr von welchem Ort der Welt, hat mir Fellini eine Postkarte geschickt, in der er mich ›meinen treuen kleinen Paolo‹ nannte (die pascolische Natur Fellinis treibt ihn zum leichthändigen und angestrengten Gebrauch von Diminutiven): nun aber, im Moment, weiß ich nicht, welche Haltung ich einnehmen soll gegenüber dieser wilden Truppe, diesen grausamen Besuchern, den vor Snobismus völlig Erblindeten – dort, vor ihm, der mit eingefallenen Wangen und müden Augen aufrecht bleibt, um seine Diminutiva herauszuschreien, im Angesicht dieser monströsen Muschel, Ort einer vortrefflichen Eleganz, die er als Sitz seiner Spinnen-Heldin gewählt hat, geht mir auf: Künftig bin ich wirklich in Rom.«[149] Es sind erstaunliche, klarsichtige, aber auch bittere Worte. Dass Fellini dann *Accattone* nicht produzieren und sein Versprechen, ohne dies allerdings klar oder gar selbst zu sagen, brechen wird, passt zur Idiosynkrasie der allzu lauten und jovialen Miniaturisierungen und Verharmlosungen, die für ihn so typisch sind und die

Pasolini als entlarvenden Subtext genau erspürt. Die bittere Wahrnehmung und Bemerkung lässt erahnen, was wenig später zu einer veritablen Enttäuschung führen wird, als Pasolini für die Realisierung seines ersten Filmes, *Accattone*, glaubt, auf Fellini zählen zu können.

An der Entstehungsgeschichte, aber auch an Ästhetik und den erfahrenen Konfliktpotenzialen bereits des ersten Werks, *Accattone*, wird deutlich, was trotz der klaren Aussagen und Konfliktlagen – Fellini brach, wie erwähnt, sein Versprechen, den Film zu produzieren nach Sichtung der ersten Proben – oft nicht angemessen gesehen worden ist: Pasolinis Auffassung vom Filmen ist Fellinis Begeisterung am heiteren, in Wahrheit – je nach Gemütscharakter – deprimierenden Kabinett der Monstrositäten und Entstellungen in allem entgegengesetzt. Pasolinis unbedingte Liebe zur Idee des Menschlichen verwehrte ihm den Genuss an der für Fellini typischen rohen Kapriole der Freakshows, in denen Menschen visuell ausgebeutet und noch einmal verstellt, verzeichnet, verformt werden. Pasolini hielt angesichts von Fellinis Ausflucht (wahrlich eine Schlüssel-Bewährungs-Probe gleich am Beginn der neuen Laufbahn) unbeirrt an seiner Ästhetik fest. Und zwar gerade, weil es dafür keine anderen Vorbilder gab. Nicht der avantgardistische Effekt interessierte ihn, der sich einfach im Nebenbei ergab, sondern die ›realistische‹ Stimmigkeit der bewegten Bilder, die dem Empfinden seiner römischen Romane entsprachen. Er würde, so äußerte er sich, die Probeszenen mit den langen Einstellungen und der von ihm bevorzugten Halbtotalen nochmals genau gleich machen, »schnell, hingeworfen, hektisch, schlampig, ohne Stimmung und Atmosphäre, den Schauspielern auf den Leib gerückt«.[150] Produziert hat den Film auf Vermittlung des Regisseurs Mauro Bolognini dann der ebenfalls aus dem Friaul stammende Alfredo Bini, der, als Geldgeber wie als Freund, nicht weniger als achtzehn Filme Pasolinis produzieren wird und der – später, in einem Rückblick – über das Anfangsmaterial von *Accattone* sagte, es sei wirklich hässlich, eigentlich unbrauchbar gewesen, Frucht eines Amateurs, der allerdings, was man sofort merkte, wirklich etwas zu sagen gehabt habe.

Neapel, Sizilien — mit Boccaccio

Weiter geht es: Der Golf von Neapel erscheint als ein Lichterregen, auf einer Girlande aufgereiht.[151] Auf Ischia wartet er endlos auf einen Bus, der nicht kommt. Ischia ist, so lautet seine Beobachtung, was es vor zweitausend Jahren gewesen ist. Er verzeichnet Ausdrücke im neapolitanischen Dialekt, der Sprachforscher bricht lustvoll aus dem Journalisten heraus. Von Ischia aus denkt er zurück an Ostia, blickt zurück auf ein Rom, das ihm als blaues Gewitter erscheint ›wie der Tod‹. Auf Ischia notiert er, er sei glücklich. Alleine unter so vielen Menschen fühle er sich wohl. Überaus genau sind die Ortsbeschreibungen und die der Stimmungen des Tages, der Stunden, des wechselnden Lichts. Neapel verlässt er wie im Rausch. Es zeigt sich ihm als eine Zivilisation, die für uns verschwunden sei, aber außerordentlich gegenwärtig für die, die in ihr leben.[152] Er bezieht sich auf Boccaccio, den er als Zeitgenossen antrifft und dessen Bemerkungen zur Gegend, Topografie und Charakteristik er für vollkommen gegenwärtig hält, obwohl sieben Jahrhunderte vergangen sind. Er beeilt sich, will vor Einbruch der Nacht Ravello und ein Hotel erreichen, in dem Greta Garbo abgestiegen ist. Er verfährt sich, wie er notiert, ganz gegen seine Gewohnheit und normale Sicherheit. Schließlich lässt er den Wagen stehen, geht zu Fuß, um sich in einer ihm unbekannten Kleinstadt umzusehen. An deren Ende fragt er in der Abenddämmerung alte, auf einer Treppe sitzende Frauen, wo sich denn die Hotels befänden. Es gebe keine, lautet die Antwort. Er steigt in die Ebene zurück und findet auf dem gegenüberliegenden Hügel das eigentliche Ortszentrum. Er notiert – im Hotel, wie so oft auf dieser Reise –, hier habe er zwei der schönsten Stunden seiner Reise, ja seines Lebens verbracht.[153] In Ravello besucht er die Krypta des Doms und betrachtet lange ein Flachrelief der berühmten Künstlerfamilie della Robbia aus dem 15. Jahrhundert.

Weiter nach Salerno, Paestum, Agropoli. Er hält fest, die Nacht im Süden sei gleich geblieben seit Jahrhunderten. Weiter fährt er, sich wiederum auf die Spuren Boccaccios begebend, in Richtung Süden, nach Kalabrien, nach Sizilien, dann zurück auf den Stiefel. Er habe immer gedacht, er wolle in Rom oder Ferrara, vielleicht noch in Livorno leben. Aber jetzt müsse er das korrigieren: Reggio di Calabria, Catania, Syracus laute nun die Reihenfolge.[154] Hier wolle er sich aufhalten, nicht nur leben, sondern auch sterben, jedoch nicht, wie Lawrence in Ravello, wegen des sich versprechenden Friedens, sondern aus Freude. Gegen allerlei Verführungen zu literarischen Attitüden sei es heilsam, immer wieder Menschen zu treffen, die nur eines im Sinn hätten: zu plaudern und zu palavern. Zwischen Lentini, südlich des Ätna gelegen, und Syracus trifft er auf vierzig Kilometern Straße keinen anderen Wagen an, kein Tier, keine Seele, kein Lebewesen. Er sei völlig alleine. Der warme Wind sei wie der in und aus Afrika. Vom Süden kommend, notiert er in Cutro, Provinz Catanzaro, was ihm wenig später gewaltigen Ärger eintragen wird, es handle sich hier in Kalabrien wirklich um das Land der Banditen, wie man es aus Filmen kenne. Und er setzt hinzu: Von der ganzen Reise sei das der Ort, der ihn am meisten beeindruckt habe.[155]

Nach Erscheinen des Porträts in *Il successo* gab es eine vehemente verunglimpfende Pressekampagne gegen den angeblich vaterlandsfeindlichen, das Volk verachtenden Pasolini in den Provinzblättern. Pasolini antwortete mit Briefen an die Herausgeber der entsprechenden Zeitungen. Die Polemik nahm noch zu, als Pasolini im November 1959 im nur vierzig Kilometer von Cutro entfernten Crotone einen Preis für seinen zweiten Roman *Una vita violenta* entgegennahm.[156]

Von Taranto nach Triest — Wiedersehen im Friaul

An der Küste, die er als die am wenigsten bekannte Italiens anspricht, fallen ihm arabisch-normannische Elemente auf. Von Taranto fährt er möglichst den gewundenen Ufern entlang nach Brindisi, von dort nach Bari, Modell jeder Stadt am Meer, wie er schreibt. Pescara erscheint ihm als vollkommene Verkörperung einer durch die Meeresvergnügen bestimmten Stadt, ein prototypischer Badeort. Ancona lässt er rechts liegen, ebenso Pesaro, wo er wenige Jahre später an den Experimentalfilm-Treffen seine entscheidenden filmsemiotischen Vorträge halten und Roland Barthes kennenlernen wird. In Rimini fallen ihm die überaus intelligenten, stolzen, charmanten Frauen und die Tatsache auf, dass die Männer immer in Begleitung solcher Frauen auftreten. Er notiert, mit Ausrufezeichen: »Arme Männertruppen aus dem Süden!«[157] Ravenna erscheint ihm gewalttätig und voller seltsamer Menschen mit kleinen Schädeln, starkem Kiefer, artikulierter Nase – Goten, Byzantiner? Die Adria zwischen Venedig und Triest sieht er als Heimatland, überaus bekannt, verinnerlicht. So meint er. Doch es kommt anders: Dies habe sich ganz im Gegenteil als der überraschendste Abschnitt herausgestellt. Zehn Jahre sind es nun seit der Flucht aus Casarsa nach Rom. Pasolini ist erstaunt: Die offizielle Sprache sei Deutsch, die Strände deutsch-österreichisch, annektiert und besetzt.

Das Bedauern ist unüberhörbar, und doch mischen sich darein auch Gleichgültigkeit und leichte Belustigung. Portogruaro, San Vito al Tagliamento, Casarsa, das sei künftig der Strand von Wien, München und Ulm.[158] Richtig verärgert ist er nur ob der braunen, fatal das Fäkale betonenden Farbe, mit der viele Häuser dort jetzt angestrichen seien. Auf der Straße nach Grado trifft er seinen alten Freund Giuseppe Zigaina und geht mit ihm essen. Nicht in einem Restaurant, sondern einer ›table d'hôte‹, einer privaten Osteria, einem Mittagstisch. Dieser gefällt ihm außerordentlich. Hier findet er die Gerüche und Geschmäcker des friedlichen, des so geliebten Friaul wieder, kultivierte Sitten und Gewohnheiten. Sie essen Fisch, Truthahn, Polenta und trinken hervorragenden, einfachen Landwein. Alles sei köstlich. Dann kommt der Hafen von Muggia in Sicht und schließlich Lazzaretto, der letzte Strand Italiens. Es ist August, und in Triest ist die Reise zu Ende. Die letzten Sätze der Reportage und Notate lauten: »Auf die armen Stimmen, auf den armen kleinen Strand wirft das Gewitter einen leichten, weißlichen Schatten. Hier endet Italien, vorbei ist der Sommer.«[159]

»La lunga strada di sabbia« ist eine veritable Reportage, die zuweilen mit einem Augenzwinkern das Genre des Pikaresken, also das heldenhafte Abenteuer streift und mit der filmischen Figur des einsamen Reiters / Fahrers auf der endlosen Landstraße spielt. Aber auch ein ethnografisch-analytischer und historisch-deskriptiv angelegter Reisebericht. In ihm entfaltet Pasolini in den alltäglichsten Beobachtungen wunderbare poetische, traurige und fröhliche, empirisch-soziologische und ästhetisch-literarische Zusammenhänge, Porträts von Landschaften und Menschen, gezeichnet voller Liebe, aber auch in unbestechlicher Genauigkeit die Widersprüche, das Unerlöste festhaltend. Niemals vorrechnend oder anklagend, immer erinnernd. Man fühlt noch im Fröhlichsten den Schmerz als tragende Kraft, aus welcher, nach Nietzsche, dereinst alles Erinnern hervorgehen wird. Und man fühlt noch im Trauervollen ein alles begeistertes Jubeln über das Leben pulsieren.

140 Diese Verflachung und Verengung habe ich 1984, also noch vor der ersten großen Revival-Welle in Sachen Pasolini kritisiert. Sie musste damals schon nicht Pasolini, sondern bestimmten Adepten und Mystifikatoren angelastet werden (Hans-Ulrich Reck: Mythische Verweigerung und totale Person. Zu Werk, Leben und Rezeption Pier Paolo Pasolinis, in: *Merkur. Deutsche Zeitschrift für europäisches Denken*, Nr. 424, 1984, S. 165–171).

141 Pier Paolo Pasolini: *Il Caos*, Roma 1979.

142 Pier Paolo Pasolini: *Scritti corsari. Saggi*, Milano 1975.

143 Pier Paolo Pasolini: *Lettere luterane. Il progresso come falso progresso*, Torino 1976.

144 Pier Paolo Pasolini: *La lunga strada di sabbia*, fotografie Philippe Seclier, Roma

2005; zudem schon in: Pier Paolo Pasolini, *Romanzi e racconti*, a cura di Walter Siti ... [et al.] ; con due saggi di Walter Siti, cronologia a cura di Nico Naldini, 2 Bde., Milano 1998.

145 Pier Paolo Pasolini: *La longue route de sable*, Paris 1999; dann wieder Paris 2005; es handelt sich hierbei um die französische Übersetzung des Wortlauts der Zeitschriftenpublikation von 1959 mit Zusätzen nach dem ungekürzten originalen Archiv-Manuskript und mit Faksimiles des originalen Typoskripts Pasolinis, das allerdings nur für die Teile 2 und 3 erhalten ist, weiteren handschriftlichen Notizen sowie—im Mini-Format—einer Reproduktion der Publikation der dreiteiligen Reportage in den drei Nummern der diese Unternehmung beauftragenden italienischen Monatszeitschrift *Il successo* vom Juli, August und September 1959 mit dem publizierten Text von Pasolini und Fotos von Paolo di Paolo.

146 Pier Paolo Pasolini: *Die lange Straße aus Sand*, Hamburg 2009.

147 Ich beziehe mich hier und im Folgenden auf Passagen aus der ausführlichsten französischen Ausgabe: Pasolini, *La longue route de sable* (2005), S. 19.

148 Ebd., S. 35.

149 Ebd., S. 39. Aus dem Französischen übersetzt von Hans Ulrich Reck.

150 Zit. n. Otto Schweitzer: *Pier Paolo Pasolini mit Selbstzeugnissen und Bilddokumenten*, Reinbek 1986, S. 69.

151 Pasolini, *La longue route de sable* (2005), S. 49.

152 Vgl. ebd., S. 97.

153 Vgl. ebd., S. 99.

154 Vgl. ebd., S. 125.

155 Vgl. ebd., S. 152.

156 Vgl. ebd., Anhang.

157 Vgl. ebd., S. 179.

158 Vgl. ebd., S. 217.

159 Ebd., S. 227. Aus dem Französischen übersetzt von Hans Ulrich Reck.

Kapitel IX

Politik der Verausgabung: Summe und Ende

In der Reihe »Meridiani« bei Mondadori sind zwischen 1998 und 2003 die gesammelten Schriften Pasolinis in zehn meist zwei dicke Volumina umfassenden Bänden mit einem Gesamtumfang von etwa 25.000 Seiten erschienen. Veröffentlicht wurden 1998 die Romane und Erzählungen, *Romanzi e racconti 1946–1975*, im Jahre 1999 die Abhandlungen und Essays zu Literatur und bildender Kunst, *Saggi sulla letteratura e sull'arte*, ebenfalls 1999 die Essays, Polemiken, öffentlichen Briefe, Stellungnahmen zu Politik und Gesellschaft, *Saggi sulla società e sulla politica*, im Jahre 2001 alle Theaterstücke, *Teatro*, im selben Jahr die Drehbücher, Entwürfe, Dramaturgien für eigene Filme und Arbeiten anderer unter dem Titel *Per Il Cinema* sowie schließlich im Jahre 2003 die gesammelten Gedichte, *Tutte le Poesie*.

Walter Siti, der großartige, mittlerweile von den diversen, untereinander zerstrittenen Pasolini-Clans distanzierte Herausgeber dieser gesammelten Schriften (die eben nicht das ›Gesamtwerk‹ sind oder heißen, weil zahlreiche Einzeleditionen dazugekommen sind und weiter dazukommen, revidierte Gesamtausgaben der Gedichte, der nachgelassene Roman *Petrolio* und vielleicht auch in Zukunft das eine oder andere Unerwartete oder noch Unentdeckte), charakterisiert Pasolini in einer erfreulich direkten, schonungslosen und doch subtil argumentierenden Weise, die Pasolini angemessen ist und dennoch vergleichsweise ungewöhnlich erscheint. Siti, neben seiner Arbeit als Literaturwissenschaftler selbst Schriftsteller, Autor, geboren 1947 und damit 25 Jahre jünger als Pasolini und unbetroffen zumindest von den prägenden unter den Verstrickungen im Pasolini-Kult schreibt 2003 einen Rückblick auf den Dichter in Anbetracht der Editionsprobleme und angesichts der Unmöglichkeit einer kritisch-historischen Gesamtausgabe. Den Bericht, zugleich eine Art Abschied von Pasolini, stellt er unter den Titel »Das verlassene Werk«.[160] Da Siti in den diversen Archiven, vor allem im Gabinetto Vieusseux in Florenz (Abteilung mit Nachlässen zur zeitgenössischen italienischen Literatur), in dem die Manuskripte Pasolinis liegen, sämtliche Fassungen, Stufen, Varianten von Werken, aber auch Fragment gebliebene Anstrengungen, aufgegebene Pläne, Torsi, zuweilen gar Ruinen, Notate, Korrespondenzen und Listen studiert hat, verwundert es nicht, dass selbst die so umfangreiche endgültige Gesamtedition nur einen Teil der Pasolini-Texte wiedergibt, zumindest, was die literarischen und poetischen Arbeiten betrifft.

Siti beginnt seinen Bericht mit der Schilderung eines Ärgernisses, das andauert und die Arbeitsweise Pasolinis betrifft. Sie sei, gemessen an philologischen Maßstäben, schludrig, ja oberflächlich, gar verantwortungslos. Pasolini sei unduldsam und von Hass gegen die akademische Welt erfüllt gewesen, weshalb er sich bis zum Plagiat aneignete, was und wie es ihm passte, ohne Verweise und Referenzen. Er machte Fehler selbst bei Namen und in Bezug auf Quellen, die ihm in Reichweite zur Verfügung gestanden hätten. Siti spricht gar von ›intellektueller Bulimie‹: Pasolini fresse alles, was er kriegen könne, und kotze es dann wieder aus, verändert, transformiert. Im Grunde ist das die bleibende Geste: immer in Bewegung, immer inmitten von Aneignungen, immer in sich entwickelnder Transformation das Eigene mit dem Rezipierten amalgamierend.

Diese Worte Sitis klingen nicht nur hart, sie sind es auch, selbst wenn man die frühen Briefzeugnisse, zumal aus der so aufschlussreichen Korrespondenz mit Silvana Mauri aus den ersten Monaten und Jahren in Rom, in der Zeit von 1949 an, in Betracht zieht, in denen viel von der Gleichzeitigkeit von Hunger und Übervölle die Rede ist, im wörtlichen wie im metaphorischen Sinne, also Aspektuales, nicht zeitlich Sukzessives meinend. Es gibt aber, bei identischer Beschreibung, eine andere Schlussfolgerung oder Wertung der Diagnose Sitis. Pasolinis Verfahrensweise, die gewiss mit einer gespreizten und nicht uneitlen Attitüde eines eiligen, immer hastigen, immer nervösen, nie Zeit habenden Pasolini zu tun hat, der sich eben um alles kümmern müsse und dies dann halt nicht sorgfältig genug leisten könne, erscheint, anders gewichtet, als eine überaus avancierte und aktuelle, modernitätskritische Position eines Autors, der sich nicht als autoritäres Subjekt, sondern als modellierender Praktiker, Stratege, Künstler im Prozess eines Verfahrens versteht. Stetige Aneignung verbindet das Eigene mit dem Anderen. Es gibt keine Scheidung zwischen Rezeption und Produktion, Lesen und Schreiben. Aneignen und Erzeugen, Verändern und Verwandeln, Finden und Erfinden. Auch wenn in einzelnen Fällen, wie Siti belegt, die Grenze zum Plagiat überschritten wird, stehen die zahlreichen Verweise, Adaptionen und auch die Motti doch nicht einfach nur als Deckgeschichten für eine ihm ›fehlende‹ Bildung in den Bereichen Linguistik, Anthropologie und Soziologie, sondern bezeugen die poetische Originalität einer humanistischen Bildung, die sich philosophisch in Medientheorien bereichert, die sich fundamental mit der Ästhetik des Technikwechsels von der Literatur zum Film, der Analyse zur Polemik, der Poesie zum Theater und den Übersetzungen, vom Roman zum Drehbuch verbindet.

Anhand der wenigen überlieferten Bücher aus der Bibliothek Pasolinis, einen wichtigen Modus des Arbeitens belegend, charakterisiert Siti den Umgang Pasolinis mit Lektüren so: »Nimmt man die wenigen Bücher zur Hand, die von Pasolinis Bibliothek übriggeblieben sind, erstaunt besonders ein Detail, das den Eindruck von Leichtfertigkeit (besser von Dreistigkeit) im Umgang mit der Kultur bestätigt. Viele Bücher, aus denen er zitiert oder die er häufig benutzt, sind auf den ersten Seiten mit zahllosen Anmerkungen und Unterstreichungen versehen, dann gibt es auf einer Seite ein Eselsohr an der rechten oberen Ecke, und danach sind alle Seiten des Buches unbeschnitten. In Claude Lévi-Strauss' ›Das wilde Denken‹, z.B., enden die Unterstreichungen auf Seite 47, in ›L'écriture et l'expérience des limites‹ von Philippe Sollers auf Seite 18, in Ballys ›Linguistique générale‹ gibt es nur im Vorwort von Cesare Segre Unterstreichungen, in den ›Aufsätzen zur ›Linguistik und Poetik‹ von Roman Jakobson unterstreicht er nur die Einführung von Heilmann und sehr eifrig [...] den letzten Aufsatz mit dem Titel ›Linguistik und Poetik‹.«[161]

Siti zieht daraus folgende Schlüsse: »Jeder Autor nimmt sich das, was ihm nützt, wo er es findet, mag man sagen. Doch nicht bei allen gibt es eine derartige Lust an der allesverschlingenden und dem Zufallsprinzip anheimgegebenen Lektüre, ein derart ausgeprägtes Bedürfnis, das Verstandene umgehend und so effizient wie möglich zu verwerten, als fühlte er sich verpflichtet, es mit jeder Neuigkeit aufzunehmen. Er kann sich keine ›Studienfreizeit‹ leisten, er kann nicht innehalten, um zu verdauen.«[162] Das sind vorbehaltlos und schroff formulierte Sätze. Genau betrachtet, enthüllen sie etwas Wesentliches, das man meist übersehen hat: Nicht die oft mystifizierte althumanistische Sprachbildung Pasolinis ist das Entscheidende, sondern eine postmoderne Prägung des Autors, der ›im Medium‹ denkt, dessen Autorschaft sich der Semiotik des Films als Sprache der Wirklichkeit verdankt und der Sprache nicht auktorial nutzt, sondern in sich modellieren lässt. All das sind wesentliche Kennzeichen postmodern reflektierter, nach-romantisch wie nach-avantgardistisch radikalisierter Autorschaft.[163] Das Experimentieren mit Sprache und Film, mit Zeichenmaterialien aller Art – eigenen wie fremden, selbst erfundenen wie entliehenen oder vorgefundenen –, all dies spricht für ein überaus zeitgenössisch relevantes postmodernes Autorenkonzept, das auf permanenter Vermittlung, nicht auf Subjektivität beruht. Nicht die wissenschaftliche philologische Kontrolle, Referenz und Ordnung der Sprachen, sondern die Entdeckungen, das Reale und, immer wieder, der Enthusiasmus gegenüber dem sich wirklich Ereignenden machen die Prägungen aus, beschreiben das Interesse und bestimmen Kraft wie Grenze des Autors Pasolini.

Deshalb will Pasolini nicht gelungene Poesie und Literatur schreiben, nicht auf formvollendete Schönheit zielen, sondern die Bewegung des Realen in die Texte, Bilder, Sprachen, Filme aufnehmen, sie in diese eindringen lassen. Zu diesem Zweck verändert er nicht nur seine Anlagen, Ideen und Fassungen, sondern entstellt diese recht eigentlich. Es erweist sich die ästhetische Form als dialektisch: Sie kann nur im Scheitern gelingen. Sie bedarf der Zerstörung. Genauso die Figur der Autorität: Pasolini beansprucht Autorität in seinen Argumenten, um die Autorität gleichzeitig und gleicherweise zu untergraben oder, wenn möglich, gar zu zerstören. Er verwandelt sein Leben in die Werke und versucht zugleich, diesen die Last der Autobiografie, der Bewährung, des permanenten Selbstbezugs zu nehmen. So arbeitet er die umfangreichen, gelungenen Fassungen seiner Werke immer wieder um, lässt über lange Jahre Projekte liegen, setzt sich nach Jahrzehnten an neue Fassungen oder ›Versionen‹, verwandelt sie in Fragmente, zuweilen erzwingt er gar deren Ruinierung.

Im Konflikt zwischen Form und Wirklichkeit entscheidet sich Pasolini in letzter Instanz immer für die größtmögliche Kraft, Vitalität und Plastizität des Realen. Siti weist, nach Abschluss der Arbeit am Nachlass und der Auswahl für die Gesammelten Schriften, zu Recht darauf hin, »daß die Anordnung von Pasolinis Werken nach Gattungen rein praktischen Erfordernissen der Verkäuflichkeit und Lesbarkeit geschuldet ist, während nur die Querschnitte wirklich zählen, wo die Dichtung sich in den Aufsätzen und Dramentexten spiegelt, die Erzählprosa im Kino, das Kino in der Dichtung usw.«[164]

In seinem letzten Lebensjahr habe Pasolini sich damit beschäftigt, seine Vergangenheit als Autor neu zu ordnen. Er widmete sich im erneuten Durchgang einer Aneignung und Transformation des Eigenen, das er genauso willkürlich und frei bearbeitete wie andere Materialien, Vorgefundenes, mit den friulanischen Gedichten der 1940er Jahre, dem Romanstoff *Petrolio* als verwandelndem Rückgriff auf die Romane der 1950er Jahre. Er korrigierte das alte Vorhaben einer Entwicklung des Paulus-Stoffes, gab den *Bestemmia*-Plan auf, veröffentlichte die

Fragmente der Dante-Paraphrasen als *Barbarische Erinnerungen*. Ein Ausdrucksbedürfnis trieb er über die Vollendung der Form oder das Talent des Autors hinaus, wollte zurückkehren zum Antrieb eines ungehemmten Ausdrucks, »so unermeßlich und unbegreiflich zu schreiben wie das Leben«.[165] Aber das Leben schreibt nicht einfach so, das Schreiben geht zwar zum Leben, ist aber nicht mit diesem identisch. Bleibt die Weigerung, sich auf etwas zu spezialisieren, auf irgendetwas zu verzichten.

Pasolini, der unfähig gewesen sei, sich von der Welt zu lösen, sei bis zuletzt oder gerade zuletzt dazu verurteilt gewesen, der Welt hinterherzulaufen. So wird die Kritik am Konsumismus und am Terror der Gleichschaltung in einer globalisiert nivellierten Welt die letzte Realität, der er sich entgegenstemmt. Und sei es um den Preis, als schlechter, schwarzer, negativ dilettierender, vulgärromantisch entfesselter Prophet verunglimpft zu werden.

Dementsprechend beschließt Walter Siti seine eindrücklichen, nachklingenden Betrachtungen zu Pasolini und der von ihm betreuten Werkausgabe mit einer Reflexion zur Aktualität des Autors Pasolini, die man, über den Einzelfall hinaus, auch als programmatische Auseinandersetzung mit der Rolle, den Bedingungen und Grenzen einer zeitgenössischen Autorschaft lesen kann: »Wenn es zutrifft, daß der privilegierte Zustand, in dem wir leben, die ästhetischen Formen unerträglich gemacht hat, wenn zutrifft, daß alles selbstzufriedene Schreiben dazu dient, den Lärm zu rechtfertigen, indem es ihn mit einer ›Illusion von Qualität‹ ausstattet, wenn zutrifft, daß die Literatur inzwischen nicht mehr ist als eine Gattung unter anderen innerhalb eines Systems komplizierter Ausdruckswege – wenn all dies zutrifft, dann bergen diese zehn Bände die Stimme des Autors, der in Italien als erster den Wandel erkannt, und, statt ihn passiv zu erdulden, auf sich zu nehmen versuchte, bis zur Selbstzerstörung.«[166]

Was bleibt nach dieser Diagnose noch offen, was stört anhaltend, wie können Linien noch ausgezogen werden auf ein Ganzes hin? Gibt es dieses noch? Es sei hier, an der Stelle des verlassenen Werkes, ein versuchsweises Fazit anhand von kontrovers bleibenden Fragen oder / und Aspekt-Nennungen entwickelt.

»Keiner hinter mir …« Öffentliches Schreiben

Neben seinen Filmen, zeitlich zu deren Ende hin, ist Pasolini international vor allem mit den in drei Bänden gesammelten Kommentaren, Stellungnahmen, Aufsätzen und Polemiken bekannt geworden: *Freibeuterschriften*, *Chaos. Gegen den Terror* und *Lutherbriefe*. Besonders die Auswahl aus *Scritti corsari* unter dem Titel *Freibeuterschriften* hat das Bild nachhaltig geprägt und damit, bezogen auf das Ganze, nicht nur Deutlichkeit vermittelt, sondern auch Verzerrungen festgeschrieben. Wenn man in diesen Bänden liest, hat man jedoch nach wie vor für die Jahre 1968 bis 1975 eine einzigartige und wertvolle Geschichte einer inzwischen nahezu restlos untergegangen italienischen Publizistik in Händen, aber auch einen angemessenen Querschnitt durch Pasolinis Denken, soweit es politische Moral und Ideologie betrifft. In Italien waren Pasolinis Beiträge damals Tages- und Wochengespräch, artikuliert in Kommentaren, emphatischen Zustimmungen oder

Verwerfungen. Heftige Ablehnungen, ja auch Schmähungen und zuweilen gar Verfluchungen finden sich darunter. Diese sind immer gegen Pasolini gerichtet, nie von diesem artikuliert worden, der die polemisch zuträgliche Grenze argumentativer Kritik zwar gereizt, aber nie überschritten hat. Auf der Seite mit dem sogenannten Schmutztitel des Buches *Chaos. Gegen den Terror*, geschrieben für ein Massenblatt der italienischen Bourgeoisie, enthaltend dezidierte Kampfschriften gegen und Absage an alle Form von Autorität, im Wochenrhythmus verfasst selbst während der Reisen und Dreharbeiten zu aufwendigen Film-Inszenierungen, setzt Pasolini folgendes Motto geradezu emblematisch fest: »Ich weiß sehr wohl, wie widersprüchlich man sein muss, um wirklich konsequent zu sein.«

Mit solcher, jede situative Zuspitzung bis zum Unerträglichen radikalisierenden Polemik hat Pasolini angetragene und unterstellte Gefolgschaften bekämpft, lieb und selbstverständlich gewordene Überzeugungen des politischen Widerstands ausgehebelt, sich insgesamt gegen jede Folklore einer Dissidenz, auch die der eigenen Disposition zuträglichen gewendet. Pasolini betreibt die Schärfe des Denkens ohne Rücksicht auf Opfer und exekutiert diese nicht zuletzt an und gegen sich selbst. Dass er neben Widerspruch auch Hass erntete als angeblicher Verräter, liegt in der Dynamik der von ihm bekämpften bequemen Konformismen. So stritt er gegen die feministische Forderung des abtreibungsrechtlich zu sanktionierenden Eigentums am eigenen Körper und die hybride, seltsam ›mütterlich‹ und naturrechtlich sich legitimierende Planungshoheit über ein kommendes Leben. Für Pasolini aber war das Leben, so seltsam dieser Ausdruck anmutet, der jedoch durchaus in Übereinstimmung mit seiner zuweilen schwärmerischen Semantik steht, ein ›Mysterium‹, das beschmutzt würde durch jede Art von Verrechtlichung, sei diese katholisch oder antikatholisch. Trocken empfahl er als wirksamen Schutz gegen unerwünschte Fortpflanzung, ja gegen diese überhaupt, die Praxis der Homosexualität.

Überhaupt haben es einige der in den *Freibeuterschriften* gesammelten, noch zu Lebzeiten Pasolinis als Buch erschienenen Streitschriften der *Scritti corsari* in sich. Anhand der Haarmode Jugendlicher beschreibt er einen kulturellen Wandel, nicht zum Guten, wie man sich leicht denken kann. Er streitet über Kulturpolitik von links und rechts, Revolutionismen und Vereinnahmungen von soziotechnischen Wandlungsansprüchen ebenfalls gegen links wie gegen rechts. Insgesamt geht es, wie der erste Teil der in vier Teile gegliederten Sammlungen besagt, gegen eine veritable ›anthropologische Mutation‹. Es folgen die Analysen zum ›hedonistischen Faschismus‹ – eine der wenigen Innovationen in der nach den großen Entwürfen von Adorno/Horkheimer, Arendt, Sternberg, Hilferding, Canetti und anderer in der Nachkriegszeit so stereotyp gewordenen Analyse von Faschismus und Totalitarismus. Dann als zwei letzte Gliederungsüberschriften: ›Der Selbstmord der katholischen Kirche‹ und ›Kritiken‹. Breiten Raum nimmt in diesem Buch die Auseinandersetzung mit den Homosexuellen, also den Ideologen und Kämpfenden ein. Pasolini hat weniger seine eigene Homosexualität im Blick. Er empfindet diese nicht als etwas Eigenes, nicht als ›sich selbst‹. Wie er öfter betont, erfährt er sie nicht als etwas Persönliches, auch nicht als moralisches Problem oder als existenziellen Entwurf, sondern vielmehr als Natur, Trieb, Rohstoff.

Dieses Schicksal zeichnet ihn allerdings tief, gelassen kann er diesen eigentlich einfachen Tatbestand in seinem Lebensumfeld zu seiner Zeit nicht hinnehmen. Er verstand die Homosexualität nicht symbolisch und wollte deshalb diese nach den über Jahrzehnte andauernden Schmähungen und Verfolgungen durch links und rechts von keinem Kollektiv, keiner Ideologie mehr vereinnahmt sehen, schon gar nicht durch eine sich konformistisch um Mehrheitszustimmungen sentimentalisch bemühende, zunehmend kleinbürgerliche Schwulenbewegung. Sprechend sind viele der Beitragstitel, die als solche schon deutlich die Richtung angeben: »Studie über die anthropologische Revolution in Italien«, »Der Koitus, die Abtreibung, die Schein-Toleranz der Herrschenden, der Konformismus der Progressiven«, »Neue historische Perspektiven: die Kirche wird von den Herrschenden nicht mehr gebraucht« oder auch: »Die Kirche, der Penis und die Vagina«.

In den 68er-Geschehnissen hat Pasolini, lange vor den die harsche – aus Ekel vor Konformismus gespeiste – Kritik fortführenden Polemiken der *Scritti corsari* mit einem langen Gedicht »Die KPI an die Jugend« Partei genommen für die Seite der Polizei, selbstverständlich ohne dies systemisch oder ideologisch oder gar mit Blick auf eine ›sittliche Ordnung‹ zu begründen. Er schlug sich versuchsweise auf die Seite der aus dem Süden eingewanderten Proletarier, die sich aus Not beim Staat verdingten. Aus dieser Perspektive erschien ihm die Revolte als Generationenkonflikt innerhalb einer hedonistischen Bourgeoisie, deren Jugend luxurierende Revoltismen pflegt und doch nur ›Selbsterregung‹ oder ›Fest‹ meint. Damals bestenfalls eine irritierende Zumutung, von heute aus gesehen eine überaus hellsichtige Diagnose. Berühmt geblieben ist auch seine Analyse vom Verschwinden der Glühwürmchen aus den *Freibeuterschriften*, einem Phänomen, mit dem er den Technikfortschritt als genozidale Ausmerzung kultureller Differenz in eine enge, synkretistisch oder ›wild‹ wirkende Verbindung bringt. Es finden sich aber auch andere Formen und Beispiele, Briefe an Freunde, besonders einprägsam erscheint ein offener Brief an Silvana Mangano.

Am lebendigsten wirken die offenen Briefwechsel mit Leserinnen und Lesern, einfachen Menschen, deren Sorgen und Lebenskraft Pasolini kannte und stets schätzte. Pasolini druckt einmal den Brief einer Hausfrau ab, beantwortet ihn sorgfältig. Auch ein offener Brief an den Ministerpräsidenten Leone mitsamt einer Antwort auf dessen Antwort, ebenfalls aus dem Jahre 1968, gehört zu den Glanzlichtern des öffentlichen Schreibens. Es geht darin unter anderem um die Filmbiennale in Venedig, bei der Pasolinis *Teorema* alle Chancen auf einen der ersten Preise hatte. Pasolini forderte aber – außer dass keine Polizei anwesend sein dürfe und ein neues Statut ausschließlich durch die beteiligten Künstler auszuarbeiten sei – die Abschaffung der Preise. Weitere Themen der Kolumne in *Tempo* waren neuralgisch zeitgeschichtliche: Rassenhass, Diffamierungen, der Krieg in Vietnam, die Lügen der Politik, Drogen und Kultur. Aus aktuellen Anlässen ging er wiederholt auf *Teorema* ein. Ein bewunderndes Porträt der Stadt Lyon findet sich, ein Tag in Bologna wird geschildert. Ein Brief aus Kappadokien gemahnt an die Aufnahme der Dreharbeiten zu *Medea*. Es folgen berührend genaue und differenzierte Landschaftsschilderungen, in denen Pasolini einmal mehr seine genaue Aneignung der bildkünstlerischen Tonalitäten und Abstufungen aus der

Geschichte der europäischen Malerei, besonders aus der Übergangszeit von der Renaissance zum Barock, unter Beweis stellt. In solche, aus der Ferne besonders plastisch auf Europas Wahrnehmungskunst verweisende Porträts von Landschaften schließt sich die Schilderung des Auftritts der Callas als einer imposanten ›verhüllten Königin‹ an.

Die Frage der Feiertage findet angesichts der entleerten Feste in Pasolini einen heftigen Kritiker. Einen ethnografischen Blick beweist er auch in Fragen des Sports. Mit Verweis auf den Anthropologen Marcel Mauss kritisiert er den Kult um und das Auftreten des Radrennfahrers Eddy Merckx. Der Körper des Athleten ist hier noch nicht nur Thema medialer Vereinnahmung, sondern philosophischer Erörterungen zum Schönheitsbegriff, zu Physis und Meta-Physis menschlicher Leiblichkeit. Pasolini druckt eine schäbige, beleidigende Anklage gegen ihn von beleidigten linken Studenten ab und antwortet darauf, klar, knapp, unmissverständlich. Während der Dreharbeiten eines Teils von *Medea*, den er in der Lagune von Grado dreht, findet die Mondlandung statt, die er unter dem Titel »Ein großes historisches Ereignis« kritisch würdigt.

Die Formen sind also vielfältig und keineswegs nur diskursiv-analytisch. Es gibt auch theatralisch-szenische Gesprächsbeiträge. Einer ist betitelt »Kleine Dialoge über Kino und Theater« (in *Tempo* Nr. 48 vom 23. November 1968) und lässt drei seiner Schauspieler für *Porcile*, den er gerade dreht, in ein von ihm moderiertes Gespräch über Film, Kino, Godard als ›einfachen Mann wie du und ich‹, Theater, das Bekannte und Unbekannte in der kinematografischen Wirklichkeitssuche sprechen: Ninetto Davoli, Franco Citti, Pierre Clementi.

Oft antworten oder äußern sich – neben angesprochenen Kollegen wie Umberto Eco, Italo Calvino, Giorgio Manganelli, Alberto Moravia und anderen – Beschuldigte, Beklagte, aber auch aus freien Stücken Beobachtende, bis hin zu Exponenten der Macht, Vertretern aus Politik und Bourgeoisie. Pasolini hatte keine Vorurteile. Das belegt auch die Widmung des Matthäusfilmes an Papst Johannes XXIII., wofür er von der europäischen Linken, mit wenigen Ausnahmen wie der, wie erwähnt, von Jean-Paul Sartre, geschmäht worden ist. Mit Aldo Moro war Pasolini – weit über irgendwelche Lagerbildungen hinaus im Geiste des Respekts vor den Künsten – befreundet. Von den gebildeten Liberalen auch in konservativen Parteien hielt er viel, wenn sie Würde und Größe, Mut und Engagement zeigten. Auch über die gesellschaftlich erzwungenen Divergenzen hinweg. Den linken Terror hat Pasolini verurteilt, bevor er die Höhepunkte von Verblendung und Grausamkeit erreichte, die mit den ›bleiernen Jahren‹ ab 1976 und der Ermordung Aldo Moros erreicht waren, an der eine fatale Allianz von reaktionärem politischem Establishment und linksradikal verblendetem Weltgerichtswahn entscheidend mitgewirkt hat. Eine postume Stellungnahme des dubiosen und umstrittenen, auf seine Weise fatal herausragenden Machttechnikers Giulio Andreotti gehört ebenfalls in diesen Kontext einer Debatte nicht nur um, sondern auch mit der Macht. Pasolini habe als großer Dichter eben gegen alles aufbegehrt, was seine poetische Vision verunreinigt hätte. Und da er ein großer Künstler gewesen sei, schöpferisch herausragend aus dem Mittelmaß seiner Zeit, habe dies eben unvermeidlicherweise große Verwerfungsgesten mit sich gebracht.

Pasolini wendet sich gegen jede politische Ideologie, die Terror in Kauf nimmt oder diesen gar für einen heilsgeschichtlich erzwungenen, reinigenden Weg hält. Terror beginne, so Pasolini programmatisch für die Eröffnung der Beiträge *Chaos. Gegen den Terror*, mit dem Ausspielen der Figur der Autorität, egal in welchen Fragen. Die Pluralität seiner Analysen richtet sich gegen die Nivellierung der Welt und insbesondere den existenziell gefährdenden Terrorismus nicht nur der katholisch-faschistischen und der stalinistischen Ausprägung, sondern auch den Terrorismus der neuen Linken, den er als Spielart radikalisierten Snobismus und als ›hedonistischen Faschismus‹, als Faschismus der Antifaschisten, entlarvt und denunziert. Der Ort, von dem aus er schreibe, sei keine ›Jedermann-Ideologie‹ und keine luxurierende Unabhängigkeit, sondern existenzielle Einsamkeit. Im Eröffnungsbeitrag zur regelmäßig in der – in Massenauflagen gedruckten – Wochenzeitschrift *Il tempo* erscheinenden, hier eben gewürdigten Kolumne schreibt Pasolini am 6. August 1968 unter dem Titel »Warum diese Kolumne«: »Im übrigen garantiert mir vielleicht gerade diese Einsamkeit eine verrückte und widersprüchliche Objektivität, denn ich habe keinen hinter mir, der mich unterstützen würde und mit dem ich gemeinsame Interessen zu vertreten hätte.«[167] Die Frage, die Pasolini wie alle italienischen Intellektuellen bedrängt und beschäftigt, lautet: Wo steht der Intellektuelle, warum und wie lebt er? Aber nicht: Was sagt er warum und mit welcher Autorität?

Pasolinis Engagement als Kommunist für eine Revolution des Lebens, die in seinem Falle auf den Erhalt des Archaischen, der Differenz und des Marginalisierten aus war, entfaltete sich nicht wie sonst üblich nach dem Muster des Klassenverrats. Er schlug sich nicht auf die Seite eines organisierten Proletariats, weil er eine geschichtsphilosophische Hoffnung hatte. Seine Vision war eine romantisch-religiöse, keine strategische. Seine Utopie leitet sich nicht ab aus einer Zukunftskonstruktion, vollzog sich nicht im Namen der Geschichte, sondern als eine existenzielle Entscheidung, sein Leben immer wieder auch an die Ränder des Lumpenproletariates zu führen, was heißt: zu erfahren und gleicherweise aufs Spiel zu setzen. Sprechend dafür ein Text aus den *Freibeuterschriften* mit dem Titel »Enge der Geschichte und Weite der bäuerlichen Welt«. Das steht bereits im Titel konträr zur marxistischen Auffassung vom technisch bewaffneten Fortschritt durch Mechanisierung und gewaltsame Vergesellschaftung eines Subjekts an einer dialektisch entfremdenden, also auch zur Überwindung sich anbietenden ›großen Maschinerie‹. Konträr auch zu Gramscis Orthodoxie der kulturellen Vorherrschaft progredierender, auf der Achse homogener Fortschrittszeit organisierter Konzepte. Konträr aber erst recht zur kapitalistischen Zerstörung des Zeitgetriebes durch einseitige Radikalisierung der irreversiblen historischen Zeit der revolutionären Umbrüche gegen eine depravierte Kreiszeit archaisch gleichbleibender mythosfähiger Lebensformen. Die Wahrheit ist nach Pasolini genau entgegengesetzt: Durch die kreisende Ewigkeit des Gleichen in der Natur erst wird die Welt weit, wohingegen die geschichtsphilosophischen Selbstbeschwörungen des Fortschritts eng und leer bleiben.

Pasolinis kommunistisches, zugleich fundamental-christliches, anarchisch-esoterisches Engagement verdankte sich keinem Kalkül der Macht, folgte nicht der Logik einer Formierung von Kräften, sondern einer Feier des Lebens, deren Maß immer die bäuerliche Welt, ein Leben mitten in der Natur geblieben ist. Seine Utopie war erotisch-sensuell, nicht rechnerisch-politisch. Die Politik des Lebendigen als Subversion seiner Nivellierung, also die Option einer die Machtlogik unterlaufenden Indifferenz – eher denn eine Gegenmacht – war es, die ihn antrieb. Der Ort des Intellektuellen und seine Lebensform sind deshalb entscheidender als die Frage nach den Inhalten seines Engagements und den moralischen Fluchtlinien seiner historisch instrumentalisierten Letztbegründung als Parteigänger eines ›Sinns‹ oder einer ›Aufgabe‹ der (durch ihn hindurch objektiv reifenden) Geschichte.

Das Zentrum der Analysen bildet dementsprechend die Beschreibung der gesellschaftlichen Entwicklungslogik als einer Entfaltung von Vernichtung durch Nivellierung, Standardisierung, Gleichschaltung, Globalisierung – all dies geschieht im Zeichen eines Konsumkapitalismus, potenziell ›faschistischer als der Faschismus‹, der nun – in historisch neuer und überaus effizienter Weise – auf plebiszitärem, demokratischem, wenn auch demagogisch manipuliertem, nur scheinbar friedlichem Wege die große Gleichschaltung durchsetzt, für welche in den Faschismen und Totalitarismen im 20. Jahrhundert von links und rechts noch die Mobilisierung allergrößter Vernichtungs-Energien und Einschluss-Szenarien mittels unbegrenzter direkter physischer Gewalt eingesetzt wurde. Pasolinis Herz schlägt auf der Seite des anarchischen Lumpenproletariats, der Außenseiter, der Marginalisierten, Entrechteten, der noch immer stolz auf einem Eigenen bestehen könnenden Klassen und Individuen. Es sind die archaischen Bauern und die systematisch kriminalisierten Subproletarier der römischen Ghettos, der ›borgate‹, in denen sich stellvertretend für die Differenz in der Welt eine kulturelle Besonderheit ausprägt, die nun zunehmend und in rasantem Tempo liquidiert wird. Es ist die ›Primitivität‹, der Pasolinis Zuneigung gilt, das Versprechen des Lebendigen, das gegen und quer zu Hegemonie der Zivilisationstechniken steht.

Ähnlich wie Claude Lévi-Strauss, aber vehementer, emphatischer, exaltierter und ohne dessen kühlen, jedoch keineswegs emotionslosen Blick, hielt Pasolini die sogenannten ›primitiven‹ Kulturen nicht nur für gleichberechtigt, sondern wegen ihrer Komplexität und Vitalität den immer barbarisch verseuchten, markierten und entstellten westlichen Zivilisationen im Grunde und in vielen Belangen für überlegen. Das allerdings war kein ethnologisch-wissenschaftliches Postulat, sondern eine Lebenserfahrung und, mehr noch, eine Suggestion der Lebensintensivierung, eine Suggestion, die sich auf den vermeintlich unerschöpflichen Reichtum spezifischer, devianter Bilder bezog, die solchen Kulturen gerade dadurch eignen, dass sie nicht der dominanten Zivilisationsgeschichte oder dem Standpunkt der Herrschaft eingegliedert und unterworfen werden können.

Vor Drehbeginn zu *Salò*, dem Vermächtnis einer negativen Anthropologie und Programm einer Destruktion bisheriger kinematografischer Praktiken, aber auch der hier geschilderten utopischen Hoffnungen und Energien, hat Pasolini seine *Trilogie des Lebens* widerrufen. Genauer: Er hat seiner bisherigen gierigen Liebe zum Leben und gleicherweise auch den Filmen ›abgeschworen‹, wobei im italienischen ›abiura‹ neben dem ›Abschwören‹ auch ein ›Verdammen‹ steckt.[168]

Das bezieht sich nicht auf die Qualität der Filme, auch nicht auf die Tatsache, mit ihnen endgültig weltweit populär geworden zu sein und, nebenbei, auch sehr viel Geld verdient zu haben. Die Verdammung artikuliert eine neue Unerträglichkeit: Pasolini ekelt sich nun vor den Geschlechtsorganen, die dort so fröhlich ihr anarchisches Spiel treiben. Und er ekelt sich davor, seinem Verlauten nach, ultimativ und in quälender Überdeutlichkeit. Alles sei konsumistisch geworden, gleichgeschaltet. Der Konsumkapitalismus habe einen Genozid realisiert, den die traditionellen Faschismen zwar angestrebt, aber nicht erreicht haben. Nun erst sei wirklich die so lange gefürchtete, von Pasolini als Mord vom Ausmaß eines ›anthropologischen Genozids‹ bezeichnete Ausmerzung von allem Besonderen, Singulären, Marginalen und Differenten eingetreten, weshalb die Geschlechtsregungen nur mehr für den konsumistischen Todestrieb, nicht mehr für die erotisch-subversive Lebensenergie stünden.

Hinter solch deprimierender Setzung steht nicht allein die Erschöpfung eines allzu Umtriebigen, zunehmend Gehetzten, der nun in Apokalypse ummünzt, was vor Kurzem noch weit ausgespannte utopische Hoffnungen gewesen sind. Der Prozess verläuft langsam und stetig. Schon Jahre zuvor hat Pasolini den Anspruch auf Wahrheit aufgegeben, es gehe ihm ab jetzt nur noch um wechselnde Teilwahrheiten. Die Resignation ist also nicht eine in Panik umschlagende Furcht eines Dogmatikers, dem die Utopien zu Dystopien zerfallen, sondern Folge eines gewandelten Denkkonzepts. Zu sanft und klarsichtig sind seine Beobachtungen. Und doch werden sie zunehmend in einem globalen Rahmen universaler Denunziation ohne alle Hoffnung eingespannt. Pasolinis Erfahrung ist weiträumiger geworden, ›mundan‹ und ›global‹. Die Resistenz archaischer Kulturen und besonderer Lebensweisen erscheint ihm zu Beginn der 1970er Jahre, nach vielen Reisen und Dreharbeiten auf diversen Kontinenten, insbesondere im Nahen und Mittleren Osten sowie in Afrika, hinfällig und zerstört.

Insgesamt werden die Wahrnehmung wie die Beschreibung an einer uni-direktorialen Wendung ausgerichtet: Niedergang und nichts sonst. Der Niedergang der traditionalen archaischen Kulturen Italiens im entfesselten Schub der Mechanisierung und Kapitalisierung seit Anfang der 1960er Jahre war hier also nur ein Vorspiel, wenn auch ein besonders wegweisendes und intensives. Gerade diese Kulturen waren für Pasolini ein bisher unerschöpfliches Residuum an Bildern, Gesten, Handlungen, die er poetisch wie kinematografisch, journalistisch-essayistisch wie poetisch beschrieb und aus denen er schöpfen konnte. Man muss Pasolinis Apokalyptismus nicht teilen – zuweilen kann man dies auch gar nicht, denn die Vehemenz Pasolinis kann über alle Irritation hinaus auch abstoßen –, aber ohne Zweifel bricht das Zeitgefüge der Gesellschaftsentwicklung wirklich fatal und folgenreich auseinander. Die mythische Kreiszeit wird liquidiert, das bisher Archaische dynamisiert, das in sich Ruhende zerstört. Man sieht das heute deutlich. Paradox wäre zu formulieren: Pasolini hat zwar kategorial und prinzipiell unrecht. Dies deshalb, weil eine so weitgehende Zuspitzung und Verzerrung nie kritisch begründet werden kann. Empirisch aber treffen seine Analysen gerade dort zu, wo sie in den 1970er Jahren, also in Zeitgenossenschaft zum Autor, als maßlos und ›wild‹ empfunden worden sind. Damals schien er empirisch unrecht zu haben, aber, umgekehrt, einer Kritik an den kategorialen Universalismen hinter seiner Position wenigstens prinzipiell standhalten zu können. Heute muss sich die Einschätzung ändern. Der Prozess der aktuellen Globalisierung als ein Modernisierungs- und Kapitalisierungsprozess ist verheerend destruktiv genau innerhalb der von Pasolini aufgespannten Matrix einer Eliminierung der Differenzen und der Archaismen, also all dessen, was nicht ›fortschrittstauglich‹ ist oder sein will.

Der Konsumismus zerstört mit aller politischen Ethik und künstlerischen Semiotik auch die ursprüngliche authentische ›Schrift des Lebens‹. Kein Wunder also, dass Pasolini, der bereits das Fernsehen vehement verdammt hat, sich nun auch vom Film abwendet. Als hätte er das Ende des Autorenkinos geahnt, das in den Jahrzehnten nach seinem Tod gerade in Italien mit der Wucht einer Totalkatastrophe ausgemerzt worden ist. Vereinheitlichung, kulturelle Hegemonialität, Kontrolle der Distribution, Durchsetzung einiger weniger Mainstreamprodukte – wir alle haben die Aushungerung und Auszehrung der kulturellen kinematografischen Landschaft erfahren. Immer gemessen an der Epoche der Pasolini, Visconti, de Sica etc. – und das ist hier der Gesichtspunkt, nicht die Klage um ein Nichts. Es gibt zwar heute gewiss eine neue Vielfalt und Kraft der Nischen, von Sub- und Gegenkulturen, die sogar stärker ist als früher. Der Apokalyptismus kann nicht totale Tilgung beanspruchen. Die Nischen überleben als Schonzonen innerhalb einer zerstörten globalen Matrix. Am existenziellen Widerstand, an einer vitalen Energie besonderer Art erreicht der Apokalyptismus seine Grenze. Wäre er total, bliebe er religiös und in jedem Fall in einer Weise überzogen, die ihn unglaubwürdig und unbrauchbar machte. Nur durch die Zersetzung mittels Anarchie erhält er eine diagnostisch scharfe Kraft. Auch apokalyptische Denunzierung bedarf der Relativierung. Damit entwirft Pasolini für seine letzte Phase – nach dem Mythischen und dem archaischen Kommunismus – seine apokalyptische Anarchie als ein Programm nicht der Beschwörung der Diversität, sondern der Fragmentierung und Dynamisierung der paradoxal durchlaufenen Positionen, die alle nur Teilwahrheiten sein können. Um 1970 hat Pasolini öffentlich mehrfach einer Beschreibung als ›apokalyptischer Anarchist‹ zugestimmt.[169]

Pasolini hatte zu Beginn seiner Zeit in Rom noch das Problem des Südens, von ›mezzogiorno‹ und den ›borgate‹ mit der Versorgung des Lumpenproletariates im Blick. Aus diesem kommen seine starken Figuren, die mit jenem verschwinden werden. Die konsumistische Bewältigung einer existenziellen Dissidenz, die keiner politisch formierten Macht gelingen würde, spielt sich vor den Augen Pasolinis ab und wird ihm zum später auch andernorts beobachteten Muster eines universellen Weltkapitalismus, der Afrika aushungert und ganze Kontinente unterwirft nicht durch brachiale Ausbeutung, sondern durch Einbindung in globalisierte Produktionseffizienz, Konsumtionskreisläufe, abgestimmte Sphären von systemisch nicht mehr zu bewältigenden ›Sachzwängen‹.

Diese politischen Einlassungen Pasolinis, in den Jahren von 1968 bis zu seinem Tod, haben – neben dem medial geliebten wohlfeilen ›Skandalon‹ gewisser seiner ›großen‹ Filme – ihm wohl ein definitives Gepräge gegeben. Nicht seine Berühmtheit jedoch, sondern sein notorischer Existenzialismus bleibt hierfür bemerkenswert. Und die Tatsache, dass damals noch – unvorstellbar in den despotischen und mediokren Zeiten seit einem Berlusconi – etliche, politisch anders gelagerte Zeitungen und Zeitschriften mit teilweise Massenauflage ihm Raum für die Darlegung seiner kompromisslosen Überzeugungen gewährten. Besonders anhaltend und vehement stritt Pasolini gegen Schulpflicht und Fernsehen. Sie erscheinen ihm als wichtigste, noch nicht einmal im Ansatz reflektierte Sphären von symbolischer und struktureller Gewalt. Television und Video galten Pasolini als autoritative Bühnen einer von oben nach unten durchgereichten, stereotypisierenden Rede, wenn auch in demokratischer Verkleidung. Die Maskerade der Tele- und Videokratie erschien Pasolini in den 1970er Jahren ebenso unerträglich wie gefährlich. Sein letzter, unvollendet gebliebener Traktat – bemerkenswerter Weise, wie selten gewürdigt, wieder ein ›positiver‹ Entwurf unter dem Titel »Il genariello« – sah eine Art Erziehungs- und Bildungslehre für Jugendliche im gegenwärtigen Italien zum Schutz vor solcher Gewalt vor. Diese letzte Reaktivierung einer positiven Anthropologie diente als Kontrastfolie für die konditionierende Verdummung durch den televisuellen Massenapparat.

Diese und weitere solche Themen erweisen heute ihre kritische Offensichtlichkeit. Dennoch hielt Pasolini immer wieder auch an den theoretischen Möglichkeiten einer fortschrittlichen Ausrichtung des Fernsehens fest. Es sei nämlich durchaus möglich, den kulturellen Fortschritt durch solche Technologie zu stärken, in Wahrheit aber geschehe das Gegenteil: organisierte Regression. Faktisch sei das Massenmedium politisch instrumentalisiert, auf die Zerstörung jeglicher kulturellen Authentizität eingeschworen worden. Prinzipiell sei dieser Apparat aber auch anders nutzbar. Es fehle an gesellschaftlichem Bewusstsein, an Kooperation in der Nutzung der Apparate. Nicht die Technologie, sondern die politische Nivellierung durch globalisierten Konsumismus, eliminierte Freiheit und gleichgeschaltete Medienapparate machen das apokalyptische Moment aus.

Es gibt in Pasolinis Kritik und Theorie kein aus den Sektoren der Politik, Kultur, Gesellschaft strikt ausgesondertes Medium ›Technik‹. Immer sind die Faktoren auch mit kultureller, modellierter Subjektivität vermittelt. Eben diese erfährt Pasolini als Ohnmacht, Scheitern, Verhinderung. Aber es gibt sie, man kann sie nicht leugnen. Heute sind weite Teile des Fernsehens so schwachsinnig geworden, wie Pasolini es damals prophezeit hat. Sie dienen einer letzten, obszönen und apparativ ausgebeuteten Selbstversicherung depravierter Subjekte, oft in Gestalt einer Art organisierten Häme einerseits, eines ideologischen Hedonismus billigster Art andererseits.

Pasolini betreibt nicht, sondern lebt ein Denken in Widersprüchen, auch gegen sich selbst. Der gelebte Widerstreit, die stetige Bereitschaft zur Dissidenz gegen alles bisher Erreichte, war ein singuläres Charakteristikum, eines dazu, durch das sich alle Erschöpfung am und im Leben leicht erklären lässt. Die Physiognomie Pasolinis war früh, entschieden nach den erwähnten Ereignissen des Jahres 1949 – der Entlassung aus Schuldienst und PCI wegen Homosexualität –, auf eine radikale Veröffentlichung all seiner Gedanken angelegt. Er unterlief jede intrapsychische Zensur. Gehasst hat er am meisten – egal von welcher Seite und im Dienste welcher Sache oder welchen Arguments dieser sich geriert – den Konformismus, der ja so wendig die ideologischen Seiten zu wechseln versteht. Sich selbst hat er

Nonkonformität durchgehend abverlangt. Das ist eine harte und schwere Entscheidung, denn gegenüber sich selbst ist die Zurückweisung des Konformismus eine paradoxe Angelegenheit, weil es ja auch eine Konformität des Nonkonformismus gibt. Wahrscheinlich ist das Einzige, gleichsam homöopathische Rezept, das dagegen helfen könnte, es sich mit allen jederzeit auf das Gründlichste zu verderben, niemanden zum Parteigänger zu haben, einsam zu sein, vom Ort der Einsamkeit aus zu schreiben und diese in jedem Moment und Akt durch das ganze Leben zu besiegeln. Das hat natürlich immer auch eine narzisstische Komponente. Ohne deren Gratifizierung ließe sich die Paradoxie wohl nicht durchhalten.

Pasolini hat die Erfahrung der Fragmentierung und Zerrissenheit im Gefolge der Paradoxie durchgehalten, wohl auch im klaren Wissen, dass Paradoxien nicht aufgelöst, sondern nur gelebt werden können, indem die widerstreitenden Seiten, Momente, Pole und Teile nach und nach in ihrer Eigenheit durchlaufen und adaptiert werden, ohne dass je ein Ganzes oder eine die Widersprüche aufhebende Synthese daraus entstehen könnte. Pasolinis Denken war und blieb bis zuletzt mythisch, nicht dialektisch. Neben der narzisstischen prägt solche intellektuelle Physiognomie aber auch eine konzeptuelle Seite. Da Pasolini ohnehin ständig juristischen Diffamierungen, Schmähungen und, im besseren Falle, nur sogenannten ›Missverständnissen‹ ausgesetzt war, beanspruchte er eine Kommentierung derselben als eine Art politische Philosophie, der er den Status eines eigentlichen Werkes verlieh. Im Verhalten zivilisiert und höflich, in der Sache rücksichtslos und ohne Rest, ohne Vorbehalt, radikalisierte er seine Auffassung von der Gesellschaft bis zu einer vollkommenen Verwerfung und ließ mehr und mehr nur noch die schlimmstmögliche Wendung aller Wahrnehmungstatbestände zu. Und so scheint – an einer letzten Grenze aller Denkmöglichkeiten – doch wieder auf, dass hier ein in seinen Omnipotenzfantasien und Wunschträumen entfesselter Romantiker der Welt das letzte vernichtende Urteil spricht. Aber das ist nur eine Weise des Empfindens.

Die Artikulationen liegen alle in der Fluchtlinie des als lebenswert erlebten Lebens an den Rändern der Zivilisation, im Friaul, in den Borgate Roms, in den Subkulturen hier und dort. Bedeutend wären, hätten sie realisiert werden können, seine Filme in und über Afrika geworden. Überhaupt fehlt im Kino-Werk der ganze Zyklus der ›Poesie für die Dritte Welt‹. Geholfen hätte auf lange Sicht und zuletzt auch diese Annäherung wohl nicht. Die Intensität des Lebens als Leiden ist in genau den von Pasolini bevorzugten Regionen verhasst. Der Fortschritt dagegen, der für diese einer wäre, wäre keiner für Pasolini. Bleiben die Verzweiflung, die Verwerfung, die Diagnose des Untergangs. Bleibt der Turm von Chia, bleiben Düsternis und Absage. Spätestens 1974 war für Pasolini alles untergegangen, was das Leben in Italien lebenswert machte. *Salò* ist deshalb fatal, weil der Film den eigenen poetischen Prinzipien den Bankrott erklärt. Er erläutert nicht, sondern verordnet ein Ende und eine Absage, ein Fazit. Es ist beklemmend, in welcher Konsequenz Pasolini auch dieses Werk gegen sich und die bisherigen Annahmen richtiggehend exekutiert hat. Wäre es nur dieses – aber ›dieses‹ ist ein Appendix von großem Gewicht –, Pasolini bliebe ein bedeutender Denker und Poet durch seine Künste, den Film, die Bilder, aber auch die Texte.

Eine kämpferische, streitbare Gebrauchsliteratur steht neben vollendeten Erzählungen, großartigen Romanen, wohlkomponierten Poemen und ganzen Gedichtzyklen. Auch hier bewies Pasolini an sich selbst die Notwendigkeit, auf dem Schmutzigen und Unreinen, Unfertigen und Fragmentarischen, Nichtgelungenen und Devianten zu bestehen. Alles gehört dazu, in der Tat, auch die von ihm als verfehlt und befleckt empfundenen Texte und Werke, Handlungen und Postulate, Überzeugungen und Revokationen.

Viele der Analysen – erst recht Gepräge, Gestus, Methode und Form der hier erörterten Polemiken und Kommentare – Pasolinis bleiben nicht nur aktuell, sondern sind dies recht eigentlich erst in den letzten Jahren geworden, weshalb sich ein neuer Zugang und eine neue Brisanz gegenüber seinen Einlassungen ergeben.

Einige offene Fragen zum ›unerschöpflichen Kosmos Pasolini‹ und ein tentatives Fazit

Der hier präsentierte Katalog offener, unbeantworteter Fragen ist keine rhetorische Figur eines nur vorgetäuscht Unfertigen, sondern benennt einige noch nicht geklärte, vielleicht auch gar nicht zu klärende Problemzusammenhänge, die in eine letzte, resümierende Charakterisierung, ein Fazit übergehen. In Übereinstimmung mit der im Teil »Traum und Kreativität« erörterten Theorie Ehrenzweigs einer nur partiell und partikular möglichen Wiederaneignung der entdifferenzierten Strukturen / Subroutinen, die ins Werk nur fragmentarisch, verstellt und auch zerstört entäußert werden können, aber auch im Einklang mit Pasolinis These von den Teilwahrheiten und antihistoristischen Situierungen existenzieller Selbstentwürfe, bildet den Abschluss der vorliegenden Abhandlung ein offener Katalog von Fragen und Aspekten:

- Es drängt sich in erster Linie die Frage nach dem Politischen auf, nach der Insistenz und Resistenz der Utopien in der gegenwärtigen Welt.
- Gibt es eine argumentative Auflösung der Irritation an den Denunziationen und Verwerfungen in den anhaltenden wütenden Polemiken Pasolinis?
- Stimmt die Diagnose vom sozialen und ästhetischen Genozid, von den tödlichen Wirkungen des Konsumismus, die negative Auszeichnung einer Liquidation ganzer Lebensformen, einer unerbittlich nivellierenden Globalisierung?
- Und wenn ja: Darf man in der Weise vom Völkermord sprechen, dass etwas Symbolisches für etwas Physisches gehalten werden kann?
- Ist die Epoche der Dissidenz abgeschlossen und endgültig vorbei?
- Ist Pasolinis Entscheidung für wechselnde Teilwahrheiten im schmerzenden, aber unerbittlich vollzogenen Verzicht auf einen übergreifenden Wahrheitsanspruch Ausdruck einer freien Wahl oder eines Zurückweichens vor einem historisch unmöglich Gewordenen?
- Kann man Pasolinis Konzept des Intellektuellen darin für zukunftsträchtig halten, dass verformende, zuweilen gar zersetzende Aneignungen und Anverwandlungen, dass einzig stetige Transformationen für eine umfassende Poetik der Übersetzungen besorgt sein können?
- Liegt auch der politischen Kritik der Medien und der Gesellschaft das für die

Dichtung, Kunst und Literatur begründende Prinzip zugrunde, dass alle poetische Artikulation zum Erfahrungsprozess und der Autor zum Vemittler an der Stelle eines originären Genies wird?

- Muss man nicht stets beim Schwierigsten ansetzen, hier also bei der Exegese des schrecklichen, erschreckenden Satzes: »Es gibt keinen Plan eines Täters, der nicht vom Blick des Opfers inspiriert wäre«?[170] Kontext war hier nicht der Abschied vom Leben, wohl aber der vom Kino anlässlich des Drehens des erschreckenden, schrecklichen wie schreckenerregenden, eines ganz und gar unerträglich werden wollenden letzten Films *Salò*. Genau besehen, dies zumindest sei hier der Vorschlag, ist dies keine Rechtfertigung der Täter oder gar der Folterer, sondern die unverfügbare Zurückweisung der Instrumentalisierung des Opfers schlechthin (aller Opfer) und damit jeder im Namen eines Kollektivs oder eines überhöhenden Sinns erfolgenden Stilisierung von etwas Konkreten zu einem geschichtsphilosophisch Allgemeinen. Daran schließen sich Anti-Positionen an. Pasolini ist gegen Macht, gegen Ohnmacht, gegen Gegenmacht, gegen jede Dialektik von Macht und Ohnmacht. Er wendet sich gegen den formierten Körper des enthusiasmierten Kollektivs, gegen jede Geschichtsphilosophie. Pasolini, der Marxist, ist strikter Antihegelianer.

Pasolini, der radikale Christ aus pantheistischem Anti-Deismus heraus, ist zudem Kritiker des linken Totalitarismus oder Linksfaschismus. Als heilig gilt ihm nur das Profane, transzendent ist einzig das durch Erleuchtung transformierte Säkulare. Die Numinosität des Alltäglichen markiert den strikten Gegenpol zu jeder ästhetischen Theo-Phanie, ist prozessierende Immanenz, kreativer Materialismus oder, mit Erich Auerbach, Ausdruck eines ›kreatürlichen Realismus‹. Die Situierung des Momentanen, Ephemeren erzwingt Partikularität und Partialität. Ein stetiger Aspektwechsel ist bedingend und bestimmend zugleich. Das gilt für alle Akte des Denkens und alle Weisen des Handelns, für die Formen des Ästhetischen wie die des Poetischen.

Pasolini verwirft die teleologische Form des historistischen Denkens und sein gegenständliches Substitut, den ›Sinn‹ von Historie. Mittels apokalyptischer Melancholie als homoöpathischem Training gegen die Verführungen zum Sinn von Geschichte – Theodor Lessings ›Geschichte als Sinngebung des Sinnlosen‹ – verwirft er das Historische insgesamt. Damit entrückt die revolutionäre Aktion in eine ultimative Setzung kraft antihistorischer Entscheidung, wird zum existenziellen Entwurf jenseits der historischen, irreversiblen Zeit, kehrt zurück zur anarchischen und archetypologischen Mythologie und in sich kreisenden mythischen Zeitenthobenheit, wird erneut ›Natur‹ als dynamische, von allen Interpretationen entlastete Kraft, reine vitale Potenz in dynamischer Artikulation eines Sprach- und Begrifflosen.

Dies impliziert ein konstitutives, jederzeit geltendes Setzen auf Archaik, Kreiszeit, wobei die antitemporalistische Stillstellung nicht zur Allegorie führt, sondern zur lebendigen Ungleichzeitigkeit, Rettung / Sicherung der Unerlöstheit.

Wir blicken ein letztes Mal, kurz, zurück: Pier Paolo Pasolini beginnt als Poet und – in Einheit damit – Forscher, der mit untergehenden oder ›entlegenen‹ Dialekten und Sprachformen, besonders dem Rätoromanischen, experimentiert. Zur

Zeit seines Todes ist er ein international renommierter Filmer und weltberühmt. In den Jahren und kaum zählbaren Werken dazwischen bleibt eine der hauptsächlichen Quellen des Poeten und Filmers, der in entscheidender Weise selbst die Kameraeinstellungen und Schnitte, die Sequenzen und Blickwinkel seiner Filme festlegt, die gesamte europäische Geschichte der visuellen Künste. Besonders inspiriert ist er von Masaccio, Piero della Francesca und Pontormo sowie generell vom ›sfumato‹ der späten Renaissancemalerei und der ›zarten Farbgebung‹, den Nuancen der barocken Bilderkunst.

Der Literat, Künstler, Regisseur und politische Kämpfer Pasolini ist nach seinem Tod zu einer mythischen, zumindest einer mystifizierten Figur geworden – verklärt verehrt oder hasserfüllt geschmäht. Das ist bedauerlich, weil er selbst zwar durchaus eine Verbindung, vielleicht gar Verschmelzung von Mystik und Technik angestrebt, Mystifikationen aber immer als repressive Ideologien zurückgewiesen hat. Sie erschienen ihm als allzu billiger Tribut an den internationalen Konsumismus, der ihm ohnehin zunehmend als die größte Gefahr und soziale Bedrohung weltweit erschien, ja gar als ein letzter, zudem erfolgreicher ›apokalyptischer Faschismus‹ nach dem Ende der Ära, in der sich dieser noch als solcher gewaltsam und explizit formiert hat.

Fazit: Pasolinis Denken ist ein ästhetisches Denken, das Herstellen und Aneignen nicht trennt. Das eine geht stetig und ständig in das andere über. Man kann nur rezipieren und etwas sich anverwandeln durch Herstellen und Erzeugen. Damit wird sein Werk, im lebendigen Vollzug wie als dessen werkförmige Dokumentation nach dem ›Verschwinden des Autors‹, zu einem bleibenden Lehrstück der Destruktionspotenziale des Kreativen, aber auch der schöpferischen Anteile in bewusst vollzogenen, destruierenden und dekonstruierenden Umformungsprozessen. Jede Metamorphose hat ein Sterben zur Folge – und zur Voraussetzung zugleich.

160 Vgl. Siti, Das verlassene Werk.
161 Ebd., S. 110.
162 Ebd.
163 Vgl. weiterführend Felix Philipp Ingold: *Der Autor am Werk. Versuche über literarische Kreativität*, München und Wien 1992; ders.: *Im Namen des Autors. Arbeiten für die Kunst und Literatur*, München 2004.
164 Siti, Das verlassene Werk, S. 124.
165 Ebd., S. 125.
166 Ebd., S. 126.
167 Pasolini, *Chaos*, S. 11.
168 Vgl. Pier Paolo Pasolini, Abiura della ›Trilogia della vita‹, in: ders.: *Trilogia della vita: Il Decameron/I racconti di Canterbury/Il fiore delle Mille e una Notte*, Bologna, S. 9–13.
169 Z.B. bei einer Roundtable im Fernsehen, die Ivo Barnabò Micheli in seinem gelungenen und verdienstvollen Dokumentarfilm über Pasolini in Ausschnitten zeigt: *A futura memoria*, 1986; die Stelle, in der Pasolini zudem nochmals seinen Hang zum Wundersamen in allen Bereichen des menschlichen Lebens bekräftigt, findet sich nach ca. 90 Minuten.
170 Pier Paolo Pasolini: *Freibeuterschriften. Die Zerstörung der Kultur des Einzelnen durch die Konsumgesellschaft*, hg. von Peter Kammerer, Berlin 2006, S. 137.

Abraham, Karl: *Psychoanalytische Studien*, Gießen (Psychosozial-Verlag) 1999.
Abraham, Karl, und Sigmund Freud: *Briefe 1907—1926*, hg. von Hilda C. Abraham und Ernst L. Freud, 2. Aufl, Frankfurt am Main (S. Fischer) 1980.
Alain: *Spielregeln der Kunst*, Frankfurt am Main (Fischer TB) 1985.
Auerbach, Erich: *Mimesis. Dargestellte Wirklichkeit in der abendländischen Literatur*, 7. Aufl., Bern und München (Francke) 1982.
Berns, Jörg Jochen: *Film vor dem Film. Bewegende und bewegliche Bilder als Mittel der Imaginationssteuerung in Mittelalter und Früher Neuzeit*, Marburg (Jonas) 2000.
Betti, Laura, und Michele Gulinucci (Hg.): *Pier Paolo Pasolini. Le regole di un' illusione. Il film, il cinema*, Rom (Associazione ›Fondo Pier Paolo Pasolini‹) 1991.
Binswanger, Ludwig: *Grundformen und Erkenntnis menschlichen Daseins*, Zürich (Niehans) 1942.
Binswanger, Ludwig: *Drei Formen mißglückten Daseins. Verstiegenheit—Verschrobenheit—Manieriertheit*, Tübingen (Niemeyer) 1956.
Binswanger, Ludwig: *Melancholie und Manie. Phänomenologische Studien*, Pfullingen (Neske) 1960.
Chiesi, Roberto: Das träumende Ich. Das Motiv der Vision im Werk Pasolinis, in: Bernhart Schwenk und Michael Semff (Hg.): *P.P.P.—Pier Paolo Pasolini. Pier Paolo Pasolini und der Tod*, Kat. Pinakothek der Moderne München, 2005/06, Ostfildern-Ruit (Hatje Cantz) 2005, S. 83—106.
Deleuze, Gilles, und Félix Guattari (1980): *Mille plateaux*, Paris (Ed. de Minuit) 1980.
Ehrenzweig, Anton: *The Hidden Order of Art. A Study in the Psychology of Artistic Imagination*, Berkeley, Los Angeles (University of California Press) 1967; dt.: *Ordnung im Chaos. Das Unbewußte in der Kunst. Ein grundlegender Beitrag zum Verständnis der modernen Kunst*, München (Kindler) 1974.
Eliade, Mircea: *Das Okkulte und die moderne Welt. Zeitströmungen in der Sicht der Religionsgeschichte*, Salzburg (Müller) 1978.
Eliade, Mircea: *Schmiede und Alchemisten. Mythos und Magie der Machbarkeit*, Freiburg i.Br., Basel und Wien (Herder) 1992.
Elias, Norbert: *Mozart. Zur Soziologie eines Genies*, hg. von Michael Schröter, Frankfurt am Main (Suhrkamp) 1991.
Fieschi, Jean-André: Pasolini l'enragé—Porträt in der Reihe ›Cinéastes de notre temps‹ (Dokumentarische Reihe von INA/institut national de l'audiovisuel, konzipiert und redigiert von Jeanine Bazin und André S. Labarthe, Ortf 2ème chaîne 1966, gedreht in Rom 1966; Dauer: 58'; wieder ausgestrahlt z.B. auf arte 1992).
Freud, Sigmund: *Der Witz und seine Beziehung zum Unbewußten*, Frankfurt am Main (Fischer TB) 1983.
Gombac, Boris M.: *Triste—Triest. Zwei Namen, eine Identität. Spaziergang durch die Historiographie der Stadt Triest 1719—1980*, St. Ingbert (Röhrig Universitätsverlag) 2002.
Groß, Bernhard: *Pier Paolo Pasolini. Figurationen des Sprechens*, Berlin (Vorwerk 8) 2008.
Gumbrecht, Hans Ulrich: *Production of Presence—What Meaning Cannot Convey*, Stanford, California (Stanford University Press) 2004.
Heubach, Friedrich Wolfram: *Die Ästhetisierung. Eine psychologische Untersuchung ihrer Struktur und Funktion*, Diss. Universität Köln 1974.
Hocke, Gustav René: *Die Welt als Labyrinth. Manierismus in der europäischen Kunst und Literatur*, durchg. u. erw. Ausg., hg. v. Curt Grützmacher, Reinbek (Rowohlt) 1987.
Ingold, Felix Philipp: *Der Autor am Werk. Versuche über literarische Kreativität*, München und Wien (Hanser) 1992.
Ingold, Felix Philipp: *Im Namen des Autors. Arbeiten für die Kunst und Literatur*, München (Fink) 2004.
Jehle, Werner: Pier Paolo Pasolini und die christliche Ikonographie, in: Johannes Reiter (Hg.): *Pier Paolo Pasolini: Zeichnungen und Gemälde*, Basel (Balance Rief SA) 1982, S. 41—49 (zuvor in: *Pier Paolo Pasolini*, red. von Werner Jehle, *Cinema* 2/76, Zürich, Juli 1976, S. 5—13).
Joubert-Laurencin, Hervé: *Pasolini. Portrait du poète en cinéaste*, Paris (Cahiers du cinéma) 1995.
Kammerer, Peter: Der Traum vom Volk. Pasolinis mythischer Marxismus, in: Peter W. Jansen et al. (Hg.): *Reihe Film 12: Pier Paolo Pasolini*, München (Hanser) 1977, S. 13—34.
Kammerer, Peter: Eine politische Vision Pasolinis: La Rabbia 1962/3, in: Christoph Klimke (Hg.): *Kraft der Vergangenheit. Zu Motiven der Filme von Pier Paolo Pasolini*, Frankfurt am Main (Fischer) 1987, S. 78—96.
Köhler, Wolfgang: *Die Aufgabe der Gestaltpsychologie*, Berlin und New York (de Gruyter) 1971.

Kris, Ernst: *Psychoanalytic Explorations in Art*, New York (Schocken Books) 1967.
Lidz, Theodore: *Das menschliche Leben. Die Entwicklung der Persönlichkeit im Lebenszyklus*, Frankfurt am Main (Suhrkamp) 1968.
Liva, Walter: Linguaggi, in: Gian Mario Villalte und Walter Liva (Hg.): *I soj tornat di estàt. I luoghi casarsesi di Pier Paolo Pasolini nelle fotografie di Piergiorgio Branzi, Elio Ciol, Frank Dituri*, Casarsa della Delizia (Centro Studi PPP) 2008.
Lo Bianco, Giuseppe / Rizza, Sandra: *Profondo nero. Mattei, De Mauro, Pasolini – Un'unica pista all'origine delle stragi di stato*, Milano (Chiarelettere) 2009
Lurzer, Renate: *Triest. Eine italienisch-österreichische Dialektik*, Klagenfurt (Wieser) 2002.
Macciocchi, Maria Antonietta: Cristo e il marxismo, in: *L'Unità* 22.12.1964, S. 3.
Marin, Biagio: *Solitàe. Poesie scelte, a cura di Pier Paolo Pasolini*, Milano (All'insegna del pesce d'oro) 1961.
Moravia, Alberto: Mein Freund Pasolini, in: Pier Paolo Pasolini, *Wer ich bin*. Mit einer Erinnerung von Alberto Moravia, Berlin (Wagenbach) 1995, S. 59–78.
Murri, Serafino: Pasolini und der naive Blick. Das ›Comic-Drehbuch‹ ›Die Erde vom Mond aus gesehen‹ und der Trümmerhaufen der Kultur, Vorwort zu: Pier Paolo Pasolini: *Die Erde vom Mond aus gesehen. Szenario, gezeichnet*, Wien und Bozen (Folio) 1997.
Naldini, Nico: *Pier Paolo Pasolini. Eine Biographie*, Berlin (Wagenbach) 1991.
Naldini, Nico: *Una striscia lunga come la vita, a cura e con un saggio di Francesco Zambon*, Venezia (Marsilio) 2009.
Navratil, Leo: *Schizophrenie und Kunst*, München (dtv) 1965.
Navratil, Leo: *Schizophrenie und Sprache. Schizophrenie und Kunst. Zur Psychologie der Dichtung und des Gestaltens*, München (dtv) 1976.
Pasolini, Pier Paolo: *La Divina Mimesis*, Torino (Einaudi) 1975.
Pasolini, Pier Paolo: *Scritti corsari. Saggi*, Milano (Garzanti) 1975.
Pasolini, Pier Paolo: *Trilogia della vita: Il Decameron / I racconti di Canterbury / Il fiore delle Mille e una Notte*, Bologna (Cappelli) 1975.
Pasolini, Pier Paolo: *Lettere luterane. Il progresso come falso progresso*, Torino (Einaudi) 1976.
Pasolini, Pier Paolo: Das ›Kino der Poesie‹, in: Peter W. Jansen et al. (Hg.): *Reihe Film 12: Pier Paolo Pasolini*, München (Hanser) 1977, S. 49–77.
Pasolini, Pier Paolo: Anmerkungen zur Einstellungssequenz, in: Peter W. Jansen et al. (Hg.): *Reihe Film 12: Pier Paolo Pasolini*, München (Hanser) 1977, S. 77–84.
Pasolini, Pier Paolo: *Il Caos*, Roma (Editori Riuniti) 1979.
Pasolini, Pier Paolo: *Ketzererfahrungen. Schriften zu Sprache, Literatur und Film*, München und Wien (Hanser) 1979.
Pasolini, Pier Paolo: *Descrizioni di descrizioni*, a cura di Graziella Chiarcossi, Torino (Einaudi) 1979.
Pasolini, Pier Paolo: *Chaos. Gegen den Terror*, Berlin (Medusa) 1981.
Pasolini, Pier Paolo (1982): *Amado mio preceduto da Atti impuri con un scritto di Attilio Bertolucci*, a cura di Concetta d'Angeli, Milano (Garzanti) 1982.
Pasolini, Pier Paolo (1984): *Affabulazione oder Der Königsmord / Pylades*, Frankfurt am Main (Fischer TB) 1984.
Pasolini, Pier Paolo: *Calderòn*, Freiburg a.Br. (Beck und Glückler) 1985.
Pasolini, Pier Paolo: *»Ich bin eine Kraft des Vergangenen ...« Briefe 1940–1975*, hg. von Nico Naldini, Berlin (Wagenbach) 1991.
Pasolini, Pier Paolo: Abiura della Trilogia della vita, in: Laura Betti und Michele Gulinucci (Hg.), *Pier Paolo Pasolini. Le regole di un' illusione. Il film, il cinema*, Rom (Associazione ›Fondo Pier Paolo Pasolini‹) 1991, S. 315ff.
Pasolini, Pier Paolo: Freud kennt die Schliche der großen Erzähler, in: ders.: *Literatur und Leidenschaft. Über Bücher und Autoren*, München (Piper) 1994.
Pasolini, Pier Paolo: *Petrolio*, hg. von Maria Careri und Graziella Chiarcossi, Berlin: (Wagenbach) 1994.
Pasolini, Pier Paolo: *Literatur und Leidenschaft. Über Bücher und Autoren*, München (Piper) 1994.
Pasolini, Pier Paolo: *Pasolini über Pasolini. Im Gespräch mit Jon Halliday*, Wien und Bozen (Folio) 1995.
Pasolini, Pier Paolo: Eine verzweifelte Vitalität, in: ders.: *Wer ich bin*. Mit einer Erinnerung von Alberto Moravia, Berlin (Wagenbach) 1995.
Pasolini, Pier Paolo: *Geschichten aus der Stadt Gottes*, Berlin (Wagenbach) 1996.
Pasolini, Pier Paolo: *Kleines Meerstück und Romàns. Zwei Erzählungen*, Wien und Bozen (Folio) 1996.
Pasolini, Pier Paolo: *Die Erde vom Mond aus gesehen. Szenario, gezeichnet*. Mit einer Einleitung von Serafino Murri, Wien und Bozen (Folio) 1997.
Pasolini, Pier Paolo: *Romanzi e racconti*, a cura di Walter Siti ... [et al.]; con due saggi di

Walter Siti, cronologia a cura di Nico Naldini, 2 Bde., Milano (Mondadori) 1998.
Pasolini, Pier Paolo: *La longue route de sable*, Paris (Arléa) 1999.
Pasolini, Pier Paolo: *La longue route de sable*, Paris (Éditions Xavier Barral) 2005.
Pasolini, Pier Paolo: *La lunga strada di sabbia*, Fotografie Philippe Seclier, Roma (Contrasto) 2005.
Pasolini, Pier Paolo: *Freibeuterschriften. Die Zerstörung der Kultur des Einzelnen durch die Konsumgesellschaft*, hg. von Peter Kammerer, Berlin (Wagenbach) 2006.
Pasolini, Pier Paolo: *Der heilige Paulus*. Mit einem Geleitwort von Dacia Maraini, hg. von Reinhold Zwick und Dagmar Reichardt. Marburg (Schüren) 2007.
Pasolini, Pier Paolo: *Die lange Straße aus Sand*, Hamburg (Edel) 2009.
Pasolini, Pier Paolo: Da Cimabue a Morandi, in: *Descrizioni di descrizioni*, a cura di Graziella Chiarcossi, Torino (Einaudi) 1979.
Prinzhorn, Hans: *Bildnerei der Geisteskranken. Ein Beitrag zur Psychologie und Psychopathologie der Gestaltung*, Berlin (Springer) 1922.
Reck, Hans Ulrich: Mythische Verweigerung und totale Person. Zu Werk, Leben und Rezeption Pier Paolo Pasolinis, in: *Merkur. Deutsche Zeitschrift für europäisches Denken*, Nr. 424, 1984, S. 165—171.
Reck, Hans Ulrich: Aleatorik in der bildenden Kunst, in: Peter Gendolla und Thomas Kamphusmann (Hg.): *Die Künste des Zufalls*, Frankfurt am Main (Suhrkamp) 1999, S. 159—195.
Reck, Hans Ulrich: Vom regulären Spiel der Einbildungskräfte zur Suggestivität des offenen Kunstwerks—Aspekte zu einer Kunstgeschichte des Improvisierens, in: Walter Fähndrich (Hg.): *Improvisation V*, Winterthur (Amadeus) 2003, S. 61—98.
Reck, Hans Ulrich: *Singularität und Sittlichkeit. Die Kunst Aldo Walkers in bildrhetorischer und medienphilosophischer Perspektive*, Würzburg (Königshausen & Neumann) 2004.
Reck, Hans Ulrich: *Index Kreativität*, Köln (König) 2007.
Reck, Hans Ulrich: *Spiel Form Künste. Zu einer Kunstgeschichte des Improvisierens*, Hamburg (Philo Fine Arts) 2010.
Reck, Hans Ulrich: *Traum. Enzyklopädie*, München (Fink) 2010.
Reck, Hans Ulrich: *Pier Paolo Pasolini*, München (Fink) 2010.
Reck, Hans Ulrich: *Pier Paolo Pasolini—Poetisch Philosophisches Porträt*, 2 CDs mit Booklet, 151 Minuten. Königs Wusterhausen (Edition Apollon) 2012.
Rubin, William (Hg.): *Primitivismus in der Kunst des 20. Jahrhunderts*, München (Prestel) 1984.
Salber, Wilhelm: *Der psychische Gegenstand*, Bonn (Bouvier) 1959.
Salber, Wilhelm: *Psychästhetik*, Köln (König) 2000.
Schmitz, Norbert M.: Pasolinis Filmanthropologie—Die Schrift des Lebens, in: Hans Jürgen Wulff und Hans Edwin Friedrich (Hg.): *Scripta cinematographica. Texttheorie der Schrift in audiovisuellen Medien*, Trier: WVT 2013, S. 203—223.
Schweitzer, Otto: *Pier Paolo Pasolini mit Selbstzeugnissen und Bilddokumenten*, Reinbek (Rowohlt) 1986.
Siti, Walter: Das verlassene Werk, in: *Schreibheft. Zeitschrift für Literatur*, Nr. 73, September 2009, S. 109—126.
Stallschus-Ternes, Stefanie: *Zwischen den Bildern. Der Film als Experimentalfeld der Pop Art*, Dissertation Freie Universität Berlin 2010.
Volli, Ugo: *Semiotik. Eine Einführung in ihre Grundbegriffe*, Tübingen und Basel (A. Francke) 2002.
Weis, Marc: Erleuchtung beim Lichtbildvortrag. Von der Wirkung der Kunstinterpretation Roberto Longhis auf Pasolini, in: Bernhart Schwenk und Michael Semff (Hg.): *P.P.P.—Pier Paolo Pasolini. Pier Paolo Pasolini und der Tod*, Kat. Pinakothek der Moderne München, 2005/06, Ostfildern-Ruit (Hatje Cantz) 2005, S. 53—64.
Zigaina, Giuseppe (1982): Das Zeichen, unter dem ich arbeite, ist die Kontamination, in: Johannes Reiter (Hg.): *Pier Paolo Pasolini: Zeichnungen und Gemälde*, Basel (Balance Rief SA) 1982, S. 29—31.

Viele Menschen, Anlässe, Orte haben über lange Jahre bis Jahrzehnte Recherchen, Materialbeschaffungen, Berichte, Editionen und Texte seit 1981 (*Tages Anzeiger Magazin* Zürich, Feuilleton der *Basler Zeitung*, *Kunstnachrichten* Zürich, *Merkur. Deutsche Zeitschrift für europäisches Denken* Stuttgart / München, *Die Wochenzeitung* Zürich, *IMAGO. Interdisziplinäres Jahrbuch für Psychoanalyse und Ästhetik*, ein Buch, eine Audio-Doppel-CD), Zwischenberichte, Lehrveranstaltungen, Filmabende, Expositionen und Ausarbeitungen des nun vorliegenden Buches, seines Themas und seiner Teile ermöglicht. Dazu kamen dann Lektorat, Korrekturlektüren, Redaktion sowie Übersetzung des vorliegenden Textes. Ich danke unnamentlich allen Beteiligten, namentlich Konstantin Butz, Claus Bredenbrock, der Bibliothek (Birgit Trogemann), dem Tonstudio (Robert Keilbar, Ralf Schipke) und der Öffentlichkeitsarbeit der Kunsthochschule für Medien Köln (Ute Dilger, Juliane Kuhn), Mischa Kuball, Gloria Custance, Almut Elhardt, dem Verlag Herbert von Halem Köln. Für Einladungen zu Vorträgen und Podiumsdiskussionen dem Emerson College Boston (Joseph D. Ketner II), den Kunstmuseen Basel und Bern, der Kunstakademie Münster (Peter Schumbrutzki, Mike Löbbert), der Hochschule für Gestaltung Offenbach (Hans Zitko, Zeitschrift *IMAGO*), der Zürcher Hochschule der Künste, dem ZOOM Kino Brühl-Bonn (Thorsten Kleinschmidt), der Universität Siegen (Peter Gendolla), dem italienischen Kulturinstitut Köln, dem Kölner Rathaus, der Società Dante Alighieri Comitato di Darmstadt, dem 10. internationalen Literaturfest ›Poetische Quellen / Aqua magica‹ in Bad Oeynhausen-Löhne, der Buchhandlung Klaus Bittner Köln, dem Frankfurter Kunstverein mit der Bewegtbildbiennale B 3, den Berliner Festspielen mit dem Martin Gropius Bau Berlin, dem Institut für Theater-, Film- und Medienwissenschaft der Universität Wien (Klemens Gruber). Sowie allen von Spector Books Leipzig, besonders Jan Wenzel und Jan-Frederik Bandel.

Hans Ulrich Reck, Köln im Januar 2020

Impressum

Reihengestaltungskonzept
Florian Lamm, Helmut Völter.
Gestaltung, Lithographie
Florian Lamm, Caspar Reuss
www.lamm-kirch.com
Lektorat
Jan-Frederik Bandel
Druck
Gutenberg Beuys Feindruckerei

Erschienen im Verlag Spector Books
Harkortstraße 10, 04107 Leipzig
www.spectorbooks.com

Vertrieb
Deutschland, Österreich: GVA, Gemeinsame Verlagsauslieferung Göttingen GmbH & Co. KG, www.gva-verlage.de
Schweiz: AVA Verlagsauslieferung AG, www.ava.ch

Erste Auflage
ISBN 978-3-95905-235-1

Copyright

Der Verlag hat sich nach besten Kräften und sorgfältiger Prüfung bemüht, die erforderlichen Reproduktionsrechte für alle Abbildungen einzuholen. Für den Fall, dass etwas übersehen wurde, sind wir für Hinweise dankbar und erbitten eine entsprechende Mitteilung an die Herausgeber.

Abbildungsnachweis
Abb. 1, 6, 7, 11, 12, 18: Archiv des Autors
Abb. 2, 3, 4, 5, 8, 9, 10, 13, 14, 17, 19, 20, 21, 22: *Roma. Pasolini*, Katalogbuch zur gleichnamigen Ausstellung in Paris, Rom, Barcelona, Berlin, München (Prestel) 2014, S. 62, 76, 123, 137, 150, 166, 195, 201, 205, 206, 214, 215, 250
Abb. 15: Foto: Angelo Novi © I. P. Z. S. – Libreria dello Stato, Piazza G. Verdi, 10-Roma)
Abb. 16: PASOLINI. Dal Laboratorio. Mostra documentaria dei materiali conservati presso l'Archivio Contemporaneo ›A. Bonsanti‹ del Gabinetto G. P. Vieusseux Florenz, 2011 (www.vieusseux.fi.it/pasolini/pasolini.zip; abgerufen 16. 11. 2010; s. auch: *Roma. Pasolini*, Katalogbuch zur gleichnamigen Ausstellung in Paris, Rom, Barcelona, Berlin, München (Prestel) 2014, S. 214 f.).